모차르트의 고백

일러두기

♪ 이 책은 볼프강 아마데우스 모차르트가 남긴 편지들 중 그의 젊은 시절(1769~1781)의 기록을 중심으로 엮은 것입니다. 번역은 독일의 학자 루트비히 놀(Ludwig Nohl)이 편찬한 서간집을 레이디 월리스(Lady Wallace)가 영역한 서간집 「THE LETTERS OF WOLFGANG AMADEUS MOZART.(1769-1791.) In Two Volumes. Vol. I.」을 주된 텍스트로 삼았습니다. 해당 판본에는 편지와 함께 그에 대한 해설이 이미 포함되어 있습니다. 이 해설들은 319쪽의 해설을 제외하고 모두 해당 판본을 토대로 옮기고 다듬었습니다.

♪ 독자의 이해를 돕고 원문의 느낌을 살리기 위해, 일부 인명, 지명, 음악 전문 용어 등은 최초 등장 시 원어를 병기했습니다.

♪ 확인 가능한 인물에 대한 각주는 가능한 한 전체 이름을 명기하는 것을 원칙으로 했습니다. 다만, 일부 인물의 경우 역사적 기록이 불분명하여 정확한 신원이나 생몰 연도 파악에 어려움이 있었습니다. 이런 경우에는 번역의 주된 텍스트로 삼은 영문판 서간집의 주석을 최대한 존중하여 따랐습니다.

♪ 이 책에 실린 각주는 원 판본의 원주(原註)를 바탕으로 하되, 독자의 이해를 돕기 위한 설명을 덧붙이고 수월한 이해를 위해 편집 과정에서 새롭게 구성하였습니다. 또한, 원문에 사용된 소괄호( )는 모차르트가 직접 쓴 내용이므로 번역문에도 최대한 그대로 살렸습니다. 원문 편집자가 독자의 이해를 돕기 위해 추가한 대괄호[ ] 안의 내용은, 본문의 흐름을 위해 각주로 옮기거나 본문에 자연스럽게 녹여내는 것을 원칙으로 했습니다.

♪ 독자들이 이야기의 흐름에 온전히 몰입할 수 있도록 최대한 제목을 간결하게 표기하는 것을 원칙으로 했습니다. 오페라나 희곡, 서적 등 명확한 고유 제목을 가진 작품은 겹낫표「 」를 사용하였습니다. 작품 속 개별 곡인 아리아의 제목은 한글 병기 없이 큰따옴표" "를 사용했습니다. 협주곡, 소나타 등 나머지 모든 음악 작품은 본문의 자연스러운 흐름을 위해 별도의 표기를 생략했습니다.
예: 「이도메네오, 크레타의 왕Idomeneo, re di Creta」
예: "Non so d'onde viene"

♪ 편지 본문에 인용된 대화는 큰따옴표" "로, 대화 속의 인용은 작은따옴표' '로 표기하는 것을 원칙으로 했습니다.

♪ 20쪽의 악보 이미지는 저작자 'Pensierarte'의 사진 해상도와 명암을 수정한 것으로, 원본은 CC BY-SA 4.0에 따라 이용 가능합니다. 원본은 다음 링크에서 확인하실 수 있습니다.
commons.wikimedia.org/wiki/File:Mozart_trascrive_passaggi_di_voce_di_Lucrezia_Agujari.jpg

모차르트의 고백

Wolfgang Amadeus Mozart

모차르트 지음   지콜론북 편집부 편역

천재의 가장 사적인 편지들

*Cuperem scire, de qua causa, a quam plurimis adolescentibus
ottium usque adeo oestimetur, ut ipsi se nec verbis,
nec verberibus ad hoc sinant abduci.*

지콜론북

서문 편지를 쓰기 전의 모차르트   *8*

1부

이탈리아, 남쪽의 빛 속으로
1769년 ~ 1776년

첫 번째 편지 · 잘츠부르크, 1769년	*14*
두 번째 편지 · 밀라노, 1770년 3월 3일	*16*
세 번째 편지 · 볼로냐, 1770년 3월 24일	*18*
네 번째 편지 · 로마, 1770년 4월 21일	*21*
다섯 번째 편지 · 나폴리, 1770년 5월 19일	*23*
여섯 번째 편지 · 로마, 1770년 7월 7일	*26*
일곱 번째 편지 · 볼로냐, 1770년 7월 21일	*27*
여덟 번째 편지 · 볼로냐, 1770년 8월 4일	*28*
아홉 번째 편지 · 밀라노, 1772년 12월 18일	*30*
열 번째 편지 · 뮌헨, 1774년 12월 28일	*33*
열한 번째 편지 · 뮌헨, 1775년 1월 14일	*34*
열두 번째 편지 · 뮌헨, 1775년 1월 18일	*36*
열세 번째 편지 · 잘츠부르크, 1776년 9월 4일	*38*

2부

첫 번째 사랑, 첫 번째 굴욕
1777년 ~ 1778년

열네 번째 편지 · 바서부르크, 1777년 9월 23일	45
열다섯 번째 편지 · 뮌헨, 1777년 9월 26일	49
열여섯 번째 편지 · 뮌헨, 1777년 9월 29일	54
열일곱 번째 편지 · 뮌헨, 1777년 10월 2일	59
열여덟 번째 편지 · 아우크스부르크, 1777년 10월 17일	68
열아홉 번째 편지 · 아우크스부르크, 1777년 10월 23일	78
스무 번째 편지 · 아우크스부르크, 1777년 10월 25일	85
스물한 번째 편지 · 만하임, 1777년 10월 30일	89
스물두 번째 편지 · 만하임, 1777년 11월 8일	90
스물세 번째 편지 · 만하임, 1777년 11월 29일	95
스물네 번째 편지 · 만하임, 1777년 12월 3일	101
스물다섯 번째 편지 · 만하임, 1777년 12월 6일	107
스물여섯 번째 편지 · 만하임, 1777년 12월 10일	111
스물일곱 번째 편지 · 만하임, 1777년 12월 20일	117
스물여덟 번째 편지 · 만하임, 1777년 12월 27일	120
스물아홉 번째 편지 · 만하임, 1778년 1월 7일	123
서른 번째 편지 · 만하임, 1778년 1월 17일	124
서른한 번째 편지 · 만하임, 1778년 2월 2일	129
서른두 번째 편지 · 만하임, 1778년 2월 7일	136
서른세 번째 편지 · 만하임, 1778년 2월 14일	140
서른네 번째 편지 · 만하임, 1778년 2월 19일	146
서른다섯 번째 편지 · 만하임, 1778년 2월 22일	151

서른여섯 번째 편지 · 만하임, 1778년 2월 28일	*154*
서른일곱 번째 편지 · 만하임, 1778년 3월 7일	*160*
서른여덟 번째 편지 · 만하임, 1778년 3월 11일	*162*

3부

파리에서의 고난과 어머니의 죽음
1778년 ~ 1779년

서른아홉 번째 편지 · 파리, 1778년 3월 24일	*166*
마흔 번째 편지 · 파리, 1778년 5월 1일	*172*
마흔한 번째 편지 · 파리, 1778년 7월 3일	*180*
마흔두 번째 편지 · 파리, 1778년 7월 3일	*183*
마흔세 번째 편지 · 파리, 1778년 7월 9일	*190*
마흔네 번째 편지 · 파리, 1778년 7월 18일	*205*
마흔다섯 번째 편지 · 파리, 1778년 7월 31일	*218*
마흔여섯 번째 편지 · 파리, 1778년 9월 11일	*231*
마흔일곱 번째 편지 · 슈트라스부르크, 1778년 10월 15일	*242*
마흔여덟 번째 편지 · 슈트라스부르크, 1778년 10월 20일	*247*
마흔아홉 번째 편지 · 만하임, 1778년 11월 12일	*254*
쉰 번째 편지 · 만하임, 1778년 12월 3일	*260*
쉰한 번째 편지 · 카이저스하임, 1778년 12월 18일	*263*
쉰두 번째 편지 · 뮌헨, 1778년 12월 29일	*270*
쉰세 번째 편지 · 뮌헨, 1778년 12월 31일	*273*
쉰네 번째 편지 · 뮌헨, 1779년 1월 8일	*276*

4부

불멸의 멜로디
1780년 ~ 1781년

쉰다섯 번째 편지 · 뮌헨, 1780년 11월 8일	283
쉰여섯 번째 편지 · 뮌헨, 1780년 11월 13일	286
쉰일곱 번째 편지 · 뮌헨, 1780년 11월 22일	290
쉰여덟 번째 편지 · 뮌헨, 1780년 11월 24일	294
쉰아홉 번째 편지 · 뮌헨, 1780년 12월 1일	300
예순 번째 편지 · 뮌헨, 1780년 12월 13일	304
예순한 번째 편지 · 뮌헨, 1780년 12월 16일	308
예순두 번째 편지 · 뮌헨, 1781년 1월 3일	311
예순세 번째 편지 · 뮌헨, 1781년 1월 10일	315
예순네 번째 편지 · 뮌헨, 1781년 1월 18일	317

서문
편지를 쓰기 전의 모차르트

볼프강 아마데우스 모차르트는 1756년 1월 27일 잘츠부르크에서 태어났다. 그의 아버지 레오폴트는 자유 도시 아우크스부르크의 유서 깊은 상인 가문 출신이었다. 자신이 지닌 비범한 지적 재능을 자각하고 있던 그는 더 높은 지위를 향한 열망에 이끌려, 당시 명성이 높았던 잘츠부르크 대학교에 법학을 공부하러 들어갔다. 그러나 곧바로 법조계에서 일자리를 구하지 못하자, 궁핍한 형편 때문에 툰 백작 참사회[1]의 시종으로 들어갈 수밖에 없었다. 하지만 당시 많은 학생들이 그랬던 것처럼, 그는 자신의 해박한 음악 지식을 생계 수단으로 삼았고, 그 재능 덕분에 더 나은 지위를 얻게 되었다. 1743년, 그는 지기스문트 대주교[2]에 의해 잘츠부르크 대성당 악단에 들어갔다. 바이올리니스트로서 그의 역량과 명성이 높아지자, 대주교는 곧 그를 궁정 작곡가와 오케스트라의 지휘자로 승진시켰으며, 1763년에는 궁정 부악장으로 임명되었다.

1747년 레오폴트는 장크트 길겐 수녀원의 양녀였던 안나 마리아 페르틀린과 결혼했다. 두 사람 사이에서는 일곱 자녀가 태어났으나, 오직 두 명만이 살아남았다.[3] 넷째인 마리아 안나는 '난네를'이라는 별명으로 불렸고, 막내는 바로 볼프강 아마데우스 모차르트였다. 난네를은 아주 어린 나이부터 음악에 놀라운 재능을 보였고, 아버지가 그녀에게 교습을 시작하자, 세 살배기 남동생에게서도 이 예술에 대한 타고난 열정적인 사랑이 뚜렷이 드러났다. 그는 기존의 모든 경험을 뛰어넘어 실로 경이로움에 가까운 천재성을 즉시 보여주었다. 네 살에는 피아노로 온갖 소품을 연주할 수 있었고, 미뉴에트를 배우는 데는 30분, 더 긴 악장을 익히는 데는 한 시간이면 충분했다. 그리고 다섯 살에는 실제로 아름다운 짧은 곡들을 작곡했는데, 그중 몇몇은 지금도 남아 있다.

두 아이의 놀라운 재능에, 모차르트가 곧 능숙하게 다루게 된 바이올린과 오르간 연주 실력까지 더해지자, 아버지는 그들

---

1 가톨릭 교구의 중심이 되는, 대성당을 운영하는 고위 성직자 모임.
2 지기스문트 폰 슈라텐바흐 백작(Count Sigismund von Schrattenbach 1698~1771). 잘츠부르크의 영주 대주교. 모차르트의 초기 후원자다.
3 다른 자녀들은 모두 유아기에 사망했다.

을 데리고 여행을 떠나기로 결심했다. 1762년 1월, 모차르트가 막 여섯 살이 되었을 때 그들은 먼저 뮌헨으로 갔고, 가을에는 빈으로 향했다. 아이들은 여정 내내 가는 곳마다 엄청난 반향을 일으켰고 후한 보수를 받았다. 이에 고무된 레오폴트는 곧 온 가족을 이끌고 더 긴 순회 여행을 떠나기로 결심했다. 이 여행은 3년 이상 이어졌으며, 서독의 작은 도시들에서 시작하여 파리와 런던까지 이르렀고, 돌아오는 길에는 네덜란드, 프랑스, 스위스를 방문했다. 아버지가 아들에게 꾸준히 베푼 세심한 음악 교육은 훌륭한 인성 교육과 함께 이루어졌고, 소년은 곧 그의 비범한 재능만큼이나 사랑스러운 성품과 순수함, 솔직함으로 널리 사랑받게 되었다.

고향에서 거의 1년을 보내며 끊임없는 음악 교육과 다양한 악기 연습 및 작곡에 매진한 후, 레오폴트는 다시 한번 온 가족과 함께 빈으로 떠났다. 이번 여행의 목적은 볼프강이 오페라 작곡을 통해 이탈리아로 가는 길을 닦는 것이었다(당시 이탈리아는 음악의 엘도라도였다). 그는 오페라 부파[4] 「가짜 바보La Finta semplice」의 작곡 의뢰를 받는 데 성공했다. 그러나 작품이 완성되었을 때, 요제프 2세[5] 황제 자신이 직접 소년에게 작곡을 맡겼음에도 불구하고 시기심 많은 가수들의 음모 때문에 결국 공연을 하지 못했다. 하지만 열두 살 소년이 그 시기에 쓴 또 다른 독일 오페레타 「바스티안과 바스티엔Bastien und Bastienne」은 란트슈트라세 교외에 있는 메스머 가문의 여름 별장에서 사적으로 공연되었다. 아버지 또한 황제가 아들에게 새로운 고아원 교회 봉헌을 위한 장엄 미사곡 작곡을 의뢰함으로써 어느 정도 보상을 받았다. 이 미사곡은 1768년 12월 7일, 황실 가족이 참석한 가운데 볼프강이 직접 지휘봉을 잡고 지휘했다.

집으로 돌아오자마자, 어린 거장은 대주교의 악장으로 임명되었다. 그는 1769년에 거의 대부분의 시간을 잘츠부르크에서 보내며 주로 미사곡 작곡에 몰두했다. 또한, 이미 2년 전에 이미 라틴어로 된 희극 「아폴로와 히아킨투스Apollo et Hyacinthus」를 작곡했음에도 불구하고, 라틴어 지식을 갈고 닦는 데에 열중했다. 이 공부의 결과물로 처음 작성된 것으로 추정되는 모차르트의 편지들 중 하나가 쓰였다.

---

4   오페라 부파(Opera buffa). 일상적 인물들이 등장하는 유쾌하고 희극적인 희극 오페라.
5   요제프 2세(Joseph II, 1741~1790). 신성 로마 제국 황제.

1부

이탈리아, 남쪽의 빛 속으로
1769년 ~ 1776년

Cuperem scire, de qua causa, a quam plurimis adolescentibus
ottium usque adeo oestimetur, ut ipsi se nec verbis,
nec verberibus ad hoc sinant abduci.

잘츠부르크
1769년

사랑하는 아가씨[6]께.

 이 짧은 글로 아가씨를 귀찮게 해드리는 무례를 용서해주시길 바랍니다. 하지만 어제 아가씨께서 라틴어로 이해하지 못할 것이 아무것도 없으며, 제가 그 언어로 쓰고 싶은 것은 무엇이든 써도 좋다고 말씀하셨기에, 라틴어 몇 줄을 쓰고자 하는 대담한 충동을 참을 수가 없었습니다. 이 글을 해독하신 후에는, 하겐아우어[7] 댁 하인을 통해 답장을 보내주시면 감사하겠습니다. 제 심부름꾼은 기다릴 수가 없거든요. 기억하세요, 반드시 편지로 답장해주셔야 합니다.

"Cuperem scire, de qua causa, a quam plurimis adolescentibus ottium usque adeo oestimetur, ut ipsi se nec verbis, nec verberibus ad hoc sinant abduci."[8]

볼프강 모차르트

※

한편, 이탈리아에서 아들의 평판을 쌓아 놓으려는 아버지의 계획은 1769년 12월 초에 실현되었다. 여행 중에, 당시 막 열다섯 살에 접어들던 소년은 아버지의 기록에 자신이 쓴 짤막한 글들을 덧붙였다. 그는 소년답게 온갖 언어와 재치 있는 농담을 구사했지만, 음악에 대한 견해에 있어서는 항상 면밀한 관찰, 진지한 생각, 그리고 날카로운 판단력을 보여주었다. 또한 누나, 어머니와의 관계에서 가족 사이의 사랑과 친밀함을 보여주기도 했다. 밀라노 체류의 주된 성과는, 이 젊은 거장이 다음 시즌의 오페라 작곡 의뢰를 받아낸 것이었다. 대본은 나중에 보내주기로 했으므로, 그들은 먼저 편안한 마음으로 이탈리아의 다른 곳을 여행할 수 있었다. 그 오페라는 「미트리다테, 폰토의 왕Mitridate, re di Ponto」이었다.

---

6   카타리나 길로프스키(Katharina Gilowsky, 1750~1802)로 추정된다.
7   요한 로렌츠 하겐하우어(Johann Lorenz Hagenauer, 1712~1792). 잘츠부르크의 향신료 상인이자 모차르트 가족의 친구. 모차르트 집의 주인이기도 했다.
8   다음과 같이 해석된다. "저는 수많은 젊은이들이 왜 나태함을 그토록 소중히 여겨, 말로 하든 매를 들든 좀처럼 거기서 깨어나려 하지 않는지 그 이유를 알고 싶습니다."

밀라노
1770년 3월 3일

나의 사랑하는 누나에게.

누나가 즐거운 시간을 보냈다니 나도 너무 기뻐. 누나는 내가 누나만큼 재미있게 놀았을까 싶겠지만, 천만의 말씀! 우리가 여기서 한 일들을 전부 다 말하기도 힘들 정도라고. 우리는 오페라랑, 오페라가 끝난 뒤에 시작되는 무도회에 적어도 대여섯 번은 갔던 것 같아. 빈에서처럼 말이야. 하지만 빈의 춤이 더 질서 정연하다는 차이가 있어. 우리는 파키나타와 키케라타도 봤어. 파키나타는 가면무도회인데, 남자들이 파키니, 즉 짐꾼으로 분장하는 재미있는 축제 광경이었어. 사람들로 가득 찬 배 한 척도 있었고, 그 외에도 걸어 다니는 수많은 사람들이 있었지. 그리고 바이올린과 다른 악기들로 구성된 여러 악단 외에도, 다섯 여섯 무리의 트럼펫과 케틀드럼이 있었어. 키케라타 역시 가면무도회야. 밀라노 사람들이 키케레[9]라고 부르는 것을 우리는 멋쟁이 또는 맵시꾼이라고 부르지. 그들은 모두 말을 타고 있었는데, 꽤 멋진 광경이었어.

누나가 편지에 써줬던 아만 씨의 사고 소식을 듣고는 정말 슬펐는데, 이제 괜찮아지셨다니 슬펐던 만큼 기뻐.[10] 로사 부인과 몰크 씨, 그리고 쉰덴호펜[11] 씨는 어떤 가면을 썼어? 혹시 안다면 제발 내게 써서 보내줘. 그렇게 해주면 정말 고마울 거야. 어머니 손에 천만 번 입을 맞춰주고, 누나에게는 나 '여기 있지롱!'이 천 번의 키스를 보낸다! 이런, 잡혔네!

---

9 키케레(chicchere). 당시 밀라노 지역에서 쓰이던 은어로, 유행에 민감하고 외모를 꾸민 젊은 남성들을 의미한다.
10 모차르트의 아버지는 이전 편지에 이렇게 썼다. "네가 편지에 쓴 아만 씨의 사고 소식은 우리를 매우 슬프게 했을 뿐만 아니라, 볼프강을 울게 했단다. 그 애가 얼마나 섬세한지 너도 알잖니."
11 요한 밥티스트 폰 쉰덴호펜(Johann Baptist von Schiedenhofen, 1747~1808). 잘츠부르크의 귀족이자 모차르트 가족의 친구. 아마추어 음악가.

볼로냐
1770년 3월 24일

오, 부지런한 누나 같으니!

하도 게으름을 피워서, 다시 일 좀 해야겠다 싶었어. 독일에서 편지가 오는 날에는, 먹고 마시는 모든 게 평소보다 더 맛있어. 오라토리오[12]는 누가 노래하는지, 제목은 뭔지 꼭 알려줘. 하이든[13]의 새 미뉴에트[14]는 어떤지, 예전 것들보다 나은지도 궁금하네.

아만 씨가 완전히 회복했다니 정말 기뻐. 몸조심하고 절대 무리하면 안 된다고 꼭 좀 전해줘.

조만간 피크 씨가 무대에서 췄던 미뉴에트 악보를 보내줄게. 밀라노 무도회에서 다들 추는 춤인데, 여기 사람들이 얼마나 느리게 추는지 누나도 한번 보라고 보내는 거야. 미뉴에트 자체는 아주 아름다워. 물론 빈에서 온 거니까, 텔러나 슈타르처[15]의 곡이겠지. 음표가 엄청나게 많아. 왜냐고? 극장용이라 느리게 추는 미뉴에트거든. 여기 미뉴에트들은 음표도 많고, 느리고, 마디 수도 길어. 1부가 16마디, 2부는 20마디, 심지어 24마디나 된다니까.

우리는 파르마에서 한 가수를 알게 됐는데, 그 집에서 정말 인상적인 노래를 들었어. 바로 그 유명한 바스타르델라[16] 말이야. 첫째, 목소리가 훌륭하고, 둘째, 목청이 아주 유연하고, 셋째, 믿을 수 없을 만큼 음역이 높아. 그녀가 내 앞에서 이런 곡을 불렀어.

---

12 오라토리오(Oratorio). 주로 종교적인 내용을 다루는 대규모 극음악. 오페라와 달리 무대장치, 의상, 연기가 없는 콘서트 형식으로 연주된다.
13 요제프 하이든(Joseph Haydn, 1732~1809). 교향곡의 아버지로 불리는 당대 최고의 작곡가. 동시대 잘츠부르크 궁정에서 활동했던 그의 동생 미하엘 하이든(Michael Haydn, 1737~1806)과는 다른 인물이다.
14 미뉴에트(Menuet). 17~18세기 유럽 궁정에서 유행했던 우아한 3/4박자의 춤곡.
15 당시 오스트리아 빈에서 활동하던 유명한 작곡가들이다.
16 당대 유명 소프라노 가수 루크레치아 아구야리(Lucrezia Aguiari, 1743~1783)의 별명.

로마
1770년 4월 21일

나의 사랑하는 누나에게.

부디 누나가 베껴두었던 암호술 책을 찾아줘. 그걸 잃어버리는 바람에 아무것도 모르겠어. 그러니 부디 다시 한번 필사를 해서, 다른 계산 문제들과 함께 이곳으로 보내줘.

만추올리[17]는 밀라노 사람들과 내 오페라에서 노래하기로 계약을 맺었어. 이 계약 때문에 그는 피렌체에서 내게 네다섯 곡의 아리아를 불러줬고, 내가 작곡한 곡 몇 개도 불렀어. 내가 오페라를 쓸 능력이 있다는 사실을 증명하기 위해 밀라노에서 작곡을 해야만 했거든(내 극장용 작품 중 아무것도 그곳에서 연주된 적이 없어서). 만추올리는 1,000두카트를 요구했어. 가브리엘리[18]가 올지는 아직 확실하지 않아. 어떤 사람들은 드 아미치스[19] 부인이 노래할 것이라고 말하더라고. 우리는 그녀를 나폴리에서 볼 거야. 나는 그녀와 만추올리가 함께 연기할 수 있기를 바라고 있어. 그러면 우리는 확실히 훌륭한 친구 둘을 얻게 될 거야. 대본은 아직 정해지지 않았어. 나는 돈

페르디난도[20]와 폰 트로이어[21] 씨에게 메타스타시오[22]의 작품 중 하나를 추천했어. 나는 지금 이 순간 "Se ardire e speranza"라는 아리아를 작업하고 있고.

17 조반니 만추올리(Giovanni Manzuoli, 1720~1782). 당대 소프라노 가수.
18 카테리나 가브리엘리(Caterina Gabrielli, 1730~1796). 당대 유명 프리마돈나.
19 안나 루시아 데 아미치스(Anna Lucia De Amicis, 1733~1816). 당대 유명 프리마돈나.
20 돈 페르디난도(Don Ferdinando). 카를 폰 요제프 피르미안 백작의 집사.
21 폰 트로이어(von Troyer). 카를 폰 요제프 피르미안 백작 휘하의 관리.
22 피에트로 안토니오 도메니코 트라파시(Pietro Antonio Domenico Trapassi, 1698~1782). 18세기 오페라 대본가. 메타스타시오는 필명.

나폴리

1770년 5월 19일

카사 소렐라 미아CARA SORELLA MIA.[23]

부디 빨리, 매 우편일마다 편지를 써줬으면 해. 암호술 책을 보내줘서 고마워. 그리고 혹시라도 골머리를 썩히고 싶다면, 이런 책들을 좀 더 보내줬음 하고. 글씨를 너무 못 써서 미안하지만, 그 이유는 나도 머리가 좀 아팠기 때문이야.

누나가 보내준 하이든의 12번째 미뉴에트는 아주 마음에 들어. 누나는 흠 하나 없이 흉내 낼 수 없는 베이스를 작곡했더라고. 부디 그런 연습을 자주 하면 좋겠네. 어머니는 총 두 자루를 닦아두는 걸 잊으시면 안 돼.[24] 카나리아 선생은 어떻게 지내? 아직도 노래하고, 또 휘

---

23 이 편지는 이탈리아어와 영어로 쓰였다. 'CARA SORELLA MIA'는 '나의 사랑하는 누나에게'라는 의미다.
24 레오폴트는 당시 사격 협회의 열성적인 회원이었다.

파람을 불어? 내가 왜 카나리아 생각을 하는지 알아?[25] 객실에 있는 카나리아가 우리 것과 똑같이 G# 음을 짹짹거리거든. 참, 요하네스 씨는 우리가 보내려 했던 축하 편지를 틀림없이 받았겠지? 만약 못 받았다면, 잘츠부르크에서 만났을 때 내가 직접 그 편지에 적은 내용을 말해줄 거야. 어제 우리는 새 옷을 입었어. 마치 천사처럼 아름다웠지. 난들 양에게 내 다정한 안부를 전해줘. 그녀가 나를 위해 부지런히 기도하는 걸 잊으면 안 돼.

요멜리[26]의 오페라는 30일에 공연될 예정이야. 우리는 포르티치 궁정 예배당의 미사에서 왕과 왕비를 뵈었고, 베수비오 화산도 봤어. 나폴리는 아름답지만, 빈이나 파리처럼 사람들로 붐벼. 런던과 나폴리 이야기를 하자면, 사람들의 무례함이라는 점에서는 나폴리가 런던을 거의 능가한다고 생각해. 왜냐하면 여기 라차로니[27]들은 그들만의 우두머리가 있고, 그 우두머리는 라차로니들을 잘 통제하는 대가로 왕에게서 매달 25은화 두카트를 받거든.

드 아미치스 부인이 오페라에서 노래해. 우리도 거기 갔었지. 카파로[28]가 두 번째 오페라를, 치치오 디 마요[29]가 세 번째 오페라를 작곡할 예정이지만, 네 번째는 누가 할지 아직 알려지지 않았어. 미라벨 궁전에 규칙적으로 가서 성모 호칭 기도를 꼭 듣고, 「레지나 챌리Regina Caeli」30나 「살베 레지나Salve Regina」31를 경청하도록 해. 그리고 잠 푹 자고, 나쁜 꿈을 꾸지 않도록 조심하고.

쉬덴호펜 씨에게도 내 안부 전해줘. 트랄랄리에라! 트랄랄리에라!32 그에게 그 반복 미뉴에트 좀 피아노로 배우라고 해줘. 꼭 그렇게 하라고, 그리고 절대 잊지 말라고! 언젠가 내가 직접 반주해주는 날이 올 테니, 꼭 그렇게 해야만 한다고 말이야. 내 안부를 모든 친구들에게도 전해주고, 늘 행복하게, 죽지 말고, 꼭 살아남아서 내

---

25 모차르트는 동물을 지극히 사랑했고, 훗날 그의 방에는 항상 새들이 있었다.
26 니콜로 요멜리(Niccolò Jommelli, 1714~1774). 이탈리아의 오페라 작곡가.
27 라차로니(Lazzaroni). 나폴리의 최하층민들을 의미한다.
28 파스칼레 카파로(Pasquale Cafaro, 1715~1787). 이탈리아의 오페라 작곡가.
29 치치오 디 마요(Ciccio di Majo, 1732~1770). 이탈리아의 오페라 작곡가.
30 가톨릭 교회에서 삼종기도 대신 바치는 찬가.
31 성모 마리아를 찬미하는 성가.
32 특별한 뜻이 없는, 기분이 좋을 때 콧노래를 흥얼거리는 흉내를 낸 의성어.

편지 또 받아야지. 나도 누나한테 또 쓸 거고. 그렇게 우리끼리 계속 편지나 주고받다 보면, 언젠가 뭔가 가치 있는 일을 하게 되겠지. 뭐, 나는 어차피 할 일이 없어질 때까지는 계속 뭔가 하고 있을 사람이긴 하지만. 그런 내 할 일을 하면서, 이렇게 서명할게.

당신의 W. M.

로마
1770년 7월 7일

나의 사랑하는 누나에게.

누나가 이렇게나 매력적으로 작곡을 할 수 있다는 사실에 정말 놀랐어. 한마디로, 그 노래는 아름다워. 종종 비슷한 노래를 써보도록 해. 하이든의 나머지 미뉴에트 여섯 곡도 빨리 보내줘. 아가씨, 저는 당신의 지극히 겸손한 하인이자 오라비가 되는 영광을 누립니다.

기사 드 모차르트[33]

볼로냐
1770년 7월 21일

어머니의 영명 축일을 축하드려요.

그리고 앞으로 수백 년 더 사시면서 건강을 유지하시기를 바랍니다. 저는 늘 하느님께 그것을 구하며, 매일 두 분을 위해 기도한답니다. 제가 돌아갈 때 로레토의 종과 밀랍초, 모자, 그리고 얇은 천 외의 것으로는 이 축일을 기릴 수가 없네요. 그동안 안녕히 계십시오, 어머니. 어머니의 손에 천 번 입 맞추며, 죽을 때까지 당신의 아들로 남겠습니다.

---

33 모차르트는 이 편지를 쓰기 직전인 1770년 7월, 로마에 머무는 동안 교황 클레멘스 14세(Papa Clemente XIV, 1705~1774)를 알현했다. 당시 바티칸의 시스티나 성당에서만 연주되던 그레고리오 알레그리의 「미제레레Miserere」라는 비밀스러운 합창곡은 악보 반출이 엄격히 금지되었는데, 14살의 모차르트는 이 복잡한 9부 합창곡을 단 한 번 듣고서 전체 악보를 기억으로 완벽하게 그려냈다. 이 소식을 들은 교황은 소년의 재능에 감탄하여 그에게 황금박차 훈장을 수여하고 기사 작위를 내렸다.

볼로냐
1770년 8월 4일

마르테 아가씨가 여전히 아프다는 소식을 들으니 마음이 아파.

매일 그녀가 낫기를 기도하고 있어. 너무 무리하지 말고, 소금 간을 한 음식만 먹으라고 내 말 좀 전해줘. 참, 내 편지는 로빈지게를[34]에게 줬겠지? 편지 쓸 때 그 언급이 없어서. 그를 만나면 나를 완전히 까먹지는 말라고 전해줬으면 해. 도저히 더 잘 쓸 수가 없네. 내 펜은 편지가 아니라 음악을 쓰는 데 더 맞거든. 내 바이올린은 새로 줄을 갈았고, 매일 연주하고 있어. 어머니가 제가 아직도 바이올린을 연주하는지 알고 싶어 하셔서 이 말을 하는 거야. 나는 이곳의 화려한 의식에 참석하려고 적어도 여섯 번은 혼자서 교회에 가는 영광을 누렸지. 그동안 이탈리아풍 교향곡 네 곡에, 아리아 대여섯 곡이랑 모테트[35] 한 곡도 작곡했어.

다이블 씨는 자주 누나를 보러 와? 그가 여전히 그의 재미있는 대화로 누나를 즐겁게 해줘? 그리고 콧대 높은 카를 폰 포크트 씨는 여전히 누나의 지겨운 목소리를 귀 기울여 들어주시고? 쉔덴호펜 씨는 누나가 미뉴에트를 쓰는 것을 자주 도와줘야 해. 그렇지 않으면 사탕과자를 받지 못할 거야.

시간이 허락한다면 몰크 씨와 쉬덴호펜 씨에게 몇 줄의 글을 적어 폐를 끼치는 것이 내 의무이겠지만, 가장 필수적인 '시간'이 부족하기에, 이 게으름을 용서해주고 앞으로 이 영광스러운 의무에서 나를 면제해주시길. 나는 여러 카사치오네[36]를 쓰기 시작했으니, 누나의 소망에 응답한 셈이야. 문제의 그 곡이 내 것일 리는 없다고 생각해. 대악장의 아들이 실제로 작곡했고, 그의 어머니와 누나가 같은 도시에 있는데, 누가 감히 그것을 자신의 작품이라고 발표하겠어? 안녕―잘 있어! 내 유일한 여흥은 잉글랜드 호른파이프 춤을 추고 까부는 거야. 이탈리아는 잠의 나라야. 나는 여기서 항상 졸려. 안녕, 잘 가!

---

34 모차르트의 친구 지크문트 로비니히(Sigmund Robinig, 1760~1823)의 애칭.
35 모테트(Motet). 서양 고전 음악, 특히 교회 음악에서 매우 중요한 위치를 차지하는 종교적인 내용을 다루는 다성(**多聲**) 합창곡의 한 종류.
36 카사치오네(Cassation). 18세기에 유행했던 다악장 기악곡.

이제 우리는 1771년 12월 중순에 아버지와 아들이 다시 잘츠부르크에 있는 것을 본다. 지기스문트 대주교가 사망하고, 1772년 3월 14일에 히에로니무스[37] 대주교가 선출되었는데, 그는 모차르트에게 많은 시련을 안겨줄 운명이었다. 곧이어, 새로운 군주의 행렬과 경의를 표하기 위해, 그는 알레고리적인 극작품 「스키피오의 꿈 Il sogno di Scipione」을 작곡했다. 10월에 그는 밀라노와 베네치아 양쪽에서 다가오는 카니발을 위한 작곡 의뢰를 맡아 다시 여행을 재개했다.

밀라노
1772년 12월 18일

사랑하는 누나, 잘 지내고 있기를!

이 편지가 닿을 때쯤이면, 사랑하는 누나, 내 오페라가 무대에 오를 거야!

나를 생각해 줘, 사랑하는 누나. 그리고 온 힘을 다해 상상해 줘, 사랑하는 우리 누나가 그걸 직접 보고 듣고 있다고 말이야. 정말이지, 지금이 밤 11시라 말하기는 좀 그렇지만, 나는 낮이 부활절보다 더 환하다고 믿어 의심치 않아.

나의 사랑하는 누나, 내일 우리는 마이어[38] 씨 댁에서 저녁을 먹어. 왜 그런지 알아? 맞춰봐! 그가 우리를 초대했기 때문이야. 내일 리허설은 극장에서 할 거야. 그런데 공연 주최자인 카실리오니 씨가 나한테 이 일에 대해 아무에게도 한마디도 하지 말라고 간청했어. 온갖 사람들이 몰려들 텐데, 우리는 그걸 원치 않거든.

그러니 누나, 부탁인데 말이야, 이 주제는 누구에게도 한마디도 하지 말아 줘. 안 그러면 사람들이 너무 많이 몰려들 테니까, 알았지, 누나?

아 참, 여기서 일어난 '역사적인 사건' 알아? 내가 들려줄게. 우리가 피르미안 백작[39] 댁에서 집으로 곧장 가고 있었어. 그리고 우리 거리에 와서 대문을 열었지. 무슨 일이 일어났게?

---

37 히에로니무스 폰 콜로레도(Hieronymus von Colloredo, 1732~1812). 잘츠부르크의 새로운 군주가 된 대주교. 추후 모차르트와 사사건건 충돌하며 그의 삶에 큰 굴레가 된다.
38 알베르트 폰 마이어(Albert von Mayer). 합스부르크 제국 관리.
39 카를 요제프 폰 피르미안(Count Karl Joseph von Firmian, 1716~1782). 모차르트의 후원자.

…우리가 집 안으로 쏙 들어갔지!
잘 있어, 내 사랑.
너의 변변찮은 오라비frater

볼프강

＊

그들은 카니발을 더 즐긴 후 3월 중순경에 다시 잘츠부르크에 도착했다. 그곳, 혹은 그곳에서의 궁정 지위는 두 사람 모두에게 지극히 불쾌했다. 그래서 아버지는 여행 중에 투스카니 대공에게 아들을 위한 일자리를 간청했다. 그러나 그곳에서 아무것도 얻지 못하자, 그는 제국의 수도 쪽으로 눈을 돌렸다. 여행자들은 빈에서 9월 말에 집으로 돌아왔다. 빈에서도 일이 없었기 때문이다. 사실, 그들은 그곳에서 공개 연주회조차 열지 않았다. 볼프강은 이듬해 내내 고향에 머물며 기악곡과 교회 음악을 작곡했다. 마침내 그는 바이에른의 선제후 막시밀리안 3세[40]로부터 1775년 카니발을 위한 오페라 부파 「가짜 여정원사La finta Giardiniera」의 작곡을 의뢰받았다.

---

40 막시밀리안 3세(Maximilian III Joseph, 1727~1777). 예술을 적극적으로 후원하여 뮌헨을 중요한 음악 도시로 만든 선제후. 선제후는 신성로마제국 황제를 선출할 권리를 가진 최고위 군주를 뜻한다.

뮌헨
1774년 12월 28일

나의 가장 사랑하는 누나에게.

여행을 떠나기 전에, 누나가 약속했던 것, 즉 '거기'에 방문을 하기로 한 걸[41] 절대 잊지 말아줘. 나에게는 그럴 만한 이유가 있어. 부디 그쪽에 내 다정한 안부를 전해 줬으면 해. 하지만 가장 인상적이고 다정하게, 정말 다정하게 말이야. 그리고, 오! 이 일에 내가 그렇게 불안해할 필요는 없겠지. 나는 내 누나와 누나의 유별나게 다정한 성품을 아니까. 그리고 나는 누나가 나를 기쁘게 하기 위해 할 수 있는 모든 것을 하리라고, 아니, 누나 자기 자신을 위해서라도 하리라고 믿어.[42] 확실히, 이건 좀 심술궂은 한 방이네!

---

41 누나 난네를 역시 뮌헨에서 초연될 새로운 오페라 「가짜 여정원사」를 보고 싶어 했고, 아버지 레오폴트는 마침내 그녀를 위해 과부였던 폰 두르스트 부인의 집에 숙소를 마련해주었다.
42 난네를은 가족들 사이에서 약간 이기적이라고 여겨졌다.

뮌헨

1775년 1월 14일

어머니께.

하느님께 감사를! 제 오페라가 어제 13일에 공연되었는데, 너무나 성공적이어서 그 모든 열광적인 분위기를 도저히 묘사할 수가 없습니다. 우선, 극장 전체가 꽉 차서 많은 사람들이 발걸음을 돌려야만 했습니다. 각 아리아가 끝날 때마다 어김없이 엄청난 환호와 박수갈채, 그리고 "비바 마에스트로!"라는 외침이 터져 나왔습니다. 제 맞은편에 계셨던 선제후비 전하와 대비께서도 "브라보!"라고 외치셨습니다. 오페라가 끝난 후, 보통 발레가 시작될 때까지 조용한 막간에도, 박수와 "브라보!"라는 함성이 다시 시작되었습니다. 함성은 잠시 잦아드는가 싶다가도, 더 큰 함성으로 터져나오기를 반복했습니다.

그 후에 저는 아버지와 같이 선제후와 모든 궁정 인사가 지나갈 방으로 갔습니다. 저는 선제후와 선제후비, 그리고 다른 왕족들의 손에 입을 맞추었는데, 모두 매우 자애로우셨습니다. 오늘 아침 일찍, 킴제 주교[43]께서 사람을 보내 오페라가 모든 면에서 눈부신 성공을 거둔 것을 축하해주셨습니다.

집으로 돌아가는 것에 관해서는, 당분간 돌아갈 생각은 없으니, 어머니께서도 너무 바라지는 않으셨으면 합니다. 숨 돌릴 틈이 있다는 게 얼마나 좋은 일인지 잘 아실 테니까요. 어차피 그곳잘츠부르크으로는 금방 돌아가야 할 테니까요…. 제가 이곳에 머물러야 하는 가장 확실한 이유는, 제 오페라가 다음 주 금요일에 다시 공연될 예정이며, 그 공연에 제가 꼭 필요하다는 점입니다. 안 그러면 제 오페라가 완전히 다른 곡이 되어버릴지도 모르니까요. 이곳 방식은 아주 이상하거든요. 빔벌 양[44]에게 1000번의 키스를.

---

[43] 페르디난트 크리스토프 폰 발트부르크차일 백작(Count Ferdinand Christoph von Waldburg-Zeil, 1719~1786). 당시 킴제 지역의 주교이자, 모차르트 가족의 중요한 후원자 중 한 명.

[44] 모차르트 집안이 기르던 개.

뮌헨
1775년 1월 18일

나의 사랑하는 누나에게.[45]

   시계가 기어코 7시 15분을 울리겠다는데, 나더러 어쩌라는 건지. 물론 아빠 탓도 아니지. 시시콜콜한 이야기는 어머니께나 해드리고.

   지금 내 신세가 영 편치만은 않아. 대주교께서 이곳에 와 계시거든. 오래는 아니지만. 들리는 소문으로는, 그분께선 떠나실 때까지는 여기 계신다나 뭐라나! 대주교[46]께서 첫 가면무도회를 못 보신다니, 아쉬워서 어쩌나!

너의 충실한, 프란츠 폰 코피[47]

✣

재의 수요일⁴⁸ 직후, 세 사람은 잘츠부르크로 돌아왔고, 모차르트는 그곳에서 또다시 1년 반 동안 중단 없이 머물며 자신의 직무에 활발히 종사했다. 그는 1776년 9월 4일, 볼로냐의 유명한 마르티니 신부[49]에게 다음의 편지를 썼다.

---

45   이 편지를 쓸 당시 누나 난네를은 뮌헨에 함께 있었다. 하지만 이 글은 그녀에게 보낸 것이 아니라, 아버지의 편지 말미에 덧붙여 멀리 있는 어머니를 웃게 하려는 장난스러운 추신이다.

46   모차르트의 고용주였던 히에로니무스 폰 콜로레도를 가리킨다. 오페라의 대성공으로 한껏 들뜬 모차르트에게, 그가 싫어하는 군주가 같은 도시에 있다는 사실은 상당한 스트레스였을 것이다.

47   프란츠 폰 코피(Franz v. Nasenblut). '코피((Nosebleed)의 프란츠'라는 뜻의, 모차르트가 지어낸 장난스러운 서명이다.

48   유럽의 축제인 카니발(Carnival)이 끝나는 날이자 사순 시기가 시작되는 첫 번째 수요일을 의미한다.

49   조반니 바티스타 마르티니(Giovanni Battista Martini, 1706~1784). 당시 유럽에서 가장 존경받던 음악 이론가이자 작곡가, 교사였다. 모차르트는 볼로냐에서 그에게 대위법을 배웠으며, 평생 그를 스승으로 존경하며 편지를 통해 음악적 조언을 구했다.

잘츠부르크
1776년 9월 4일

지극히 경애하는 스승이자 신부님께.

   신부님의 고귀한 인품에 제가 품고 있는 외경과 존경심에 이끌려, 이렇게 편지를 올리는 무례를 범하며 제 미천한 악곡 하나를 보내드리오니, 부디 대가로서의 고견을 들려주시길 바랍니다. 저는 작년 카니발 기간에 바이에른 뮌헨에서 오페라 부파 「가짜 여정원사」를 썼습니다. 그곳을 떠나기 며칠 전, 선제후 전하께서 저의 대위법 음악을 듣고 싶어 하셨습니다. 그리하여 저는 전하를 위한 악보를 필사하고, 다음 일요일 대미사의 봉헌 시간에 연주할 수 있도록 파트보를 정리할 시간을 벌기 위해 이 모테트를 서둘러 작곡해야 했습니다.

   지극히 사랑하고 존경하는 스승님! 부디 이 모테트에 대한 솔직하고 거리낌 없는 의견을 들려주시길 간절히 청합니다. 우리는 언제나 부지런히 배우고, 토론을 통해 서로를 일깨우며, 학문과 순수 예술의 진보를 위해 힘껏 정진하고자 이 세상에 살고 있습니다. 아, 존경하는 신부님과 더 가까이에서 대화하고 토론할 수 있기를 얼마나, 얼마나 많이 바랐는지요!

저는 음악이 별로 환영받지 못하는 고장에 살고 있습니다. 비록 우리를 떠난 이들도 있지만, 여전히 훌륭한 전문가들, 특히 깊이와 지식, 품격을 갖춘 작곡가들이 있습니다. 극장 사정은 성악가들의 부재로 좋지 않습니다. 저희에게는 무지코[50]가 없으며, 쉽게 구할 수도 없을 것입니다. 그들은 후한 보수를 요구하는데, 관대함은 궁정의 미덕이 아니니까요.

저는 그동안 실내악과 교회 음악을 작곡하며 스스로를 즐겁게 하고 있습니다. 여기에는 미하엘 하이든과 아들가서[51]라는 두 명의 훌륭한 대위법 작곡가도 있습니다. 제 아버지는 대성당의 악장이시라, 제가 원할 때마다 교회를 위해 작곡할 기회를 주십니다. 더욱이, 제 아버지는 이곳 궁정에서 36년간 봉직하셨고, 지금의 대주교께서 나이 든 사람을 좋아하지 않는다는 것을 아시기

---

[50] 무지코(Musico). 17~18세기 오페라에서 여성의 소프라노 음역으로 노래하던 거세된 남성 가수, 즉 카스트라토(Castrato)를 의미한다.

[51] 안톤 카예탄 아들가서(Anton Cajetan Adlgasser, 1729~1777). 독일 작곡가이자 오르간 연주자.

에, 더는 그 일을 마음에 담아두지 않으시고 늘 좋아하시던 학문인 문학에 전념하고 계십니다.

저희 교회 음악은 이탈리아의 그것과는 상당히 다릅니다. 키리에, 글로리아, 크레도, 서간 후 소나타, 봉헌송, 상투스, 아뉴스 데이를 모두 포함하는 미사곡, 심지어 대주교님께서 직접 집전하시는 가장 장엄한 미사조차도 길어야 45분을 넘어서는 안 된다는 점에서 더욱 그렇습니다. 이런 종류의 작곡에는 특별한 연구가 필요합니다. 게다가 전쟁 트럼펫과 팀파니 등 모든 악기가 편성된 미사곡이 어떠해야 하겠습니까!

아! 사랑하는 스승님, 우리가 이토록 멀리 떨어져 있다니요. 신부님께 드릴 말씀이 얼마나 많은지요! 필라르모니치[52] 회원분들 모두에게 경건한 안부를 전합니다. 감히 신부님의 좋은 평가를 바라며, 제가 세상에서 가장 사랑하고, 외경하며, 존경하는 분과 이토록 멀리 떨어져 있음을 영원히 안타까워할 것입니다.

존경하는 신부님의 가장 겸손하고 헌신적인 종복,

볼프강 아마데우스 모차르트 올림

52 필라르모니치(Filarmonici). 볼로냐 음악 단체 아카데미아 필라르모 니카(Accademia Filarmonica)를 의미한다.

2부

첫 번째 사랑, 첫 번째 굴욕
1777년 ~ 1778년

*Cuperem scire, de qua causa, a quam plurimis adolescentibus
ottium usque adeo oestimetur, ut ipsi se nec verbis,
nec verberibus ad hoc sinant abduci.*

1777년 12월 22일, 모차르트의 아버지는 볼로냐의 마르티니 신부에게 다음과 같이 편지를 썼다.

제 아들은 이제 5년째 명목상의 급여만 받으며 저희 대주교님을 섬겨왔습니다. 아들의 진지한 노력과 약간의 재능, 그리고 지극한 근면성과 끊임없는 연구가 점차 보상받으리라는 희망을 품었던 것이지요. 하지만 이 희망 속에서 저희는 기만당했다는 것을 알게 되었습니다. 저희 대주교님의 사고방식과 행동에 대해서는 일절 언급을 삼가겠습니다. 하지만 그분께서는 제 아들이 아무것도 모르며, 음악을 배우려면 나폴리의 음악 교육 학교에나 가야 한다고 선언하는 것을 부끄러워하지 않으셨습니다. 그리고 왜 이 모든 말을 하셨을까요? 한낱 젊은이가, 대주교의 입에서 그토록 결정적인 판결이 나온 뒤에도 감히 더 높은 급여를 받을 자격이 있다고 믿는 어리석은 짓을 해서는 안 된다는 점을 넌지시 알리기 위함이었습니다. 이것이 제가 아들의 사직을 허락하게 된 연유입니다. 그리하여 아들은 9월 23일 잘츠부르크를 떠났습니다.

바서부르크
1777년 9월 23일

가장 사랑하는 아버지께.

하느님의 은총으로, 저희는 바깅, 슈타인, 페어베르츠하임, 그리고 이곳 바서부르크까지 무사히 도착했습니다. 저희 여정과 관련하여 간략히 보고를 드립니다. 도시 성문에 도착했지만, 수리 중이라 문이 열리기까지 15분이나 기다려야 했습니다. 쉰 근처에서는 소 떼를 만났는데, 그중 몸 양쪽 색깔이 다른 아주 신기한 녀석도 있었습니다. 그런 소는 처음 봤습니다.

마침내 쉰에 도착했을 때, 마차 한 대를 만났는데 저희 마부가 갑자기 갈아타야 한다고 외치지 뭡니까. "상관없습니다." 제가 말했죠. 어머니와 제가 이 문제로 옥신각신하는 사이, 풍채 좋은 신사 한 분이 다가왔는데, 저는 즉시 얼굴을 알아봤습니다. 메밍겐의 상인이었죠. 그는 저를 한참 쳐다보더니 마침내 말했습니다. "틀림없이 모차르트 씨이시군요?"

"네, 바로 접니다." 제가 답했습니다. "저도 뵌 기억이 있습니다만, 성함은 기억이 나질 않네요. 1년 전, 잘츠부르크 미라벨 궁전 연주회에서 뵈었습니다." 그러자 그가 이름을 말해주었는데, 감사하게도 저는 그 이름을 잊어버렸습니다. 하지만 저에게 더 중요할지도 모를 이름은 기억해 냈습니다. 잘츠부르크에서 이 신사를 봤을 때 그는 한 청년과 함께 있었는데, 지금은 그의 형제라는 분과 함께 있더군요. 그 형제는 메밍겐에 사는데, 이름은 운홀트 씨였습니다. 그는 제게 꼭 메밍겐에 와달라고 간청했습니다. 저희는 그분들 편에 아버지와 우리 말괄량이 누나에게 수천수만 번의 사랑을 전했는데, 꼭 전달하겠다고 약속했습니다. 이 마차 소동은 정말 짜증 나는 일이었습니다. 원래는 바깅에서 마부 편에 이 편지를 부치려 했거든요.

그 후 저희는(간단히 식사를 하고) 그 좋은 역마 덕분에 한 시간 반 만에 슈타인까지 도착하는 '영광'을 누렸습니다. 바깅에서는 잠시 한 성직자와 단둘이 있었는데, 그는 저희의 사정[53]을 전혀 모르는 듯 아주 놀란 표정이었습니다. 슈타인에서 만난 마부는 어찌나 느리고 게으르던지, 다음 역참까지 영영 도착하지 못할 줄 알았습니다. 물론 결국 도착하긴 했지만요. 제가 이 편지를 쓰고 있는 걸 보시면 아시겠지요(어머니는 옆에서 반쯤 졸고 계십니다). 페어베르츠하임에서 바서부르크까지는 모든 것이 순조로웠습니다.

'우리는 왕자처럼 살고 있습니다Viviamo come i principi.' 저희에게는 사랑하는 아버지만 안 계실 뿐, 부족한 것이 아무것도 없습니다. 글쎄요, 이 또한 하느님의 뜻이겠지요. 모든 것이 잘 풀릴 겁니다. 아버지께서도 저처럼 건강하고 행복하시다는 소식을 듣고 싶습니다. 저는 이제 아무것도 걱정하지 않습니다. 완전히 두 번째 아버지가 되어 모든 것을 돌보고 있으니까요.[54] 저는 처음부터 제가 직접 마부들에게 돈을 지불하기로 했습니다. 제가 어머니보다 그런 사람들을 더 잘 다룰 수 있거든요. 바서부르크의 '슈테른' 여관에서는 아주 훌륭한 대접을 받고 있습니다. 정말 왕자 대접이 따로 없지요. 약 30분 전에(어머니가 다른 일로 바쁘실 때) 여관 직원이 여러 가지를

---

53 모차르트 부자가 대주교와의 오랜 갈등 끝에, 궁정 직위를 모두 그만두고 새로운 일자리를 찾아 막 여행을 떠나온 상황을 의미한다.
54 모차르트의 아버지는 의심할 줄 모르는 착한 성품 때문에 더욱 위험에 노출된 그를 혼자 여행 보내는 것에 대해 매우 불안해했다. 어머니 또한 여행에 그다지 능숙하지 않았기 때문이다.

주문받으러 문을 두드렸는데, 저는 제 초상화에 있는 것과 같은 근엄한 표정으로 지시를 내렸습니다. 어머니께서는 이제 막 잠자리에 드시려 합니다. 저희 둘 다 아버지께서 건강에 유의하시고, 너무 일찍 외출하지 마시고, 속상해하지 마시고[55], 웃고 명랑하고 기운 내시기를 간청합니다. 저희는 무프티 H. C.[56]를 '멍청이MUFF'라고 생각하지만, 하느님은 자비롭고, 인자하며, 사랑이 많으신 분이라는 것을 압니다. 아버지 손에 천 번 입 맞추고, 제 말괄량이 누나를 오늘 제가 코담배를 맡은 횟수만큼 껴안습니다. 참, 제가 제 임명장을 집에 두고 온 것 같으니 부디 곧 보내주시길 바랍니다. 제 글씨는 엉망이고, 저는 세련된 사람은 되지 못합니다.

---

55 모차르트의 아버지는 우울증에 걸리기 쉬운 성향이이었다.
56 히에로니무스 콜로레도 대주교를 의미한다.

뮌헨
1777년 9월 26일

가장 사랑하는 아버지,

저희는 24일 오후 4시 반에 뮌헨에 무사히 도착했습니다. 총검을 꽂은 척탄병을 따라 세관으로 가야만 했던 것은 제게는 완전히 새로운 경험이었습니다. 마차를 타고 가다 처음 마주친 지인은 콘솔리 씨였습니다. 그는 저를 즉시 알아보고는 다시 만나게 되어 더할 나위 없이 기쁘다고 했습니다. 다음 날 그는 저희를 방문했습니다. 알베르트[57] 씨가 얼마나 기뻐했는지는 이루 다 묘사할 수가 없습니다. 그는 참으로 정직한 사람이자 저희의 아주 좋은 친구입니다.

---

57 프란츠 요제프 알베르트(Franz Joseph Albert, 1728~1789). 뮌헨 '검은 독수리' 여관의 주인이자 모차르트 가족의 오랜 친구. 모차르트는 뮌헨에 머무는 동안 자주 그의 집에 신세를 졌다.

저는 도착하자마자 피아노로 달려가 저녁 식사 시간까지 연주했습니다. 그때 알베르트 씨는 집에 없었지만 곧 돌아와 같이 저녁을 먹으러 내려갔습니다. 그곳에서 스페르 씨와 그의 친구인 비서 한 분을 만났는데, 두 분 다 아버지께 안부를 전해 달라고 합니다. 여행으로 피곤했지만 늦게야 잠자리에 들었고, 다음 날 아침에는 7시에 일어났습니다. 머리가 엉망이라 10시 반이 되어서야 제아우 백작[58] 댁에 갈 수 있었습니다. 도착했더니 사냥을 가셨다고 하더군요. 기다리는 수밖에요!

그동안 합창단장 베르나르트를 찾아가려 했지만, 그는 슈미트 남작과 시골에 가 있었습니다. 폰 베르발 씨는 아주 바빠 보였지만, 아버지께 수천 번의 안부를 전했습니다. 저녁에는 로시가 왔고, 2시에는 콘솔리, 3시에는 베케[59] 씨와와 폰 베르발 씨가 도착했습니다. 저는 프란체스코 수도회 건물에 묵고 있는 폰 두르스트 부인을 방문했습니다. 6시에는 베케 씨와 잠시 산책을 했지요. 이곳에 후버 교수[60]라는 분이 계신데, 아마 저보다 아버지께서 더 잘 기억하실 겁니다. 마지막으로 저를 본 것이 빈의 메스머 씨 댁에서였다고 하더군요. 그는 극장의 부감독으로, 공연될 희곡들을 읽고 개선하기도 하고 망치기도 하며, 내용을 덧붙이거나 없애는 일을 합니다.

그는 매일 저녁 알베르트 댁에 와서 저와 이야기를 나누곤 합니다.

오늘, 금요일인 26일 8시 반에 제아우 백작을 찾아갔습니다. 제가 댁으로 들어가려는데, 마침 나오던 여배우 니서 부인과 마주쳤습니다. 그녀가 묻더군요. "백작님을 뵈러 오셨나 보군요?"

"네!"

"그분은 아직 정원에 계셔서, 언제 오실지는 하늘만 알 겁니다!" 정원이 어디냐고 물었더니, "저도 그분을 뵈어야 하니 같이 가시죠."라고 했습니다. 저희가 막 집을 나서는데, 열두 걸음쯤 앞에서 백작님이 걸어오고 있었습니다. 백작님은 저를 알아보고 즉시 제 이름을 불렀습니다. 그는 매우 정중했고, 제게 일어난 모든 일을 이미

---

58 요제프 안톤 폰 제아우(Joseph Anton von Seeau, 1713~1799). 오페라 제작의 재정 및 행정 전반을 책임지던, 뮌헨 궁정의 음악 감독이었다.

59 요한 밥티스트 베케(Johann Baptist Becké(1743~1817). 모차르트의 친구이자 당대의 플루트 거장.

60 요한 페터 후버(Johann Peter Huber, 1740~1808). 뮌헨의 극작가이자 극장 부감독.

알고 있는 듯했습니다. 단둘이 천천히 계단을 올라가며, 저는 모든 상황을 간략히 설명해드렸습니다. 그는 제게 즉시 선제후 전하께 알현을 요청하고, 만약 받아들여지지 않으면 서면으로 청원해야 한다고 말했습니다. 저는 이 모든 일을 비밀로 해달라고 부탁했고, 그는 제 부탁을 받아들였습니다. 제가 "이곳에 진정한 작곡가를 위한 자리가 분명히 있을 텐데요"라고 말하자, 그는 "나도 잘 아오"라고 답했습니다.

그 후에 저는 킴제 주교를 찾아가 30분간 이야기를 나누었습니다. 모든 것을 설명드리자, 그는 저를 위해 할 수 있는 모든 것을 하겠다고 약속했습니다. 1시에 그는 님펜부르크로 가면서, 선제후비께 제 이야기를 꼭 전하겠다고 단언했습니다. 일요일에는 백작께서 이곳에 오십니다.

요아네스 크로너 씨가 부악장으로 임명되었는데, 그의 무뚝뚝한 말 한마디 덕분이라고 합니다. 그가 자신의 교향곡 두 곡을 선보였는데(맙소사, 그런 곡들로부터 저를 구원하소서!), 선제후께서 물으셨답니다. "이걸 정말 자네가 작곡했나?"

"네, 전하!"

"누구에게 배웠는가?"

"스위스의 한 교장에게 배웠습니다. 그분은 이곳의 모든 작곡가들을 합친 것보다 더 많은 것을 제게 가르쳐주셨습니다."

오늘 쉰보른 백작과 그의 부인, 즉 잘츠부르크 대주교의 누나가 이곳을 지나갔습니다. 저는 그때 마침 연극을 보고 있었습니다. 알베르트 씨가 그들에게 제가 이곳에 있으며 직위를 그만두었다고 말하자, 모두들 무척 놀라워하며 제 급여가 고작 12플로린 30크로이처였다는 말을 믿지 않으려 했다고 합니다! 그들은 말만 갈아타고 바로 떠났는데, 저와 이야기를 하고 싶어 했지만 제가 너무 늦게 도착했습니다.

이제 아버지께서 무얼 하시는지, 어떻게 지내시는지 여쭤봐야겠습니다. 어머니와 저는 아버지께서 아주 건강하시기만을 바랍니다. 저는 지금 더할 나위 없이 행복합니다. 그 숨 막히는 상황에서 벗어난 뒤로 머리가 깃털처럼 가볍습니다. 벌써 살도 좀 쪘습니다.

뮌헨
1777년 9월 29일

**제게 친절한 친구는 여기 많지만,
안타깝게도 힘 있는 사람은 거의 없습니다.**

어제 10시 반에 제아우 백작을 만났는데, 처음보다 더 딱딱하고 어색해 보이더군요. 하지만 그건 겉모습일 뿐이었습니다. 오늘 차일 공[61]을 만났는데, 그는 온갖 예의를 차리며 제게 말했습니다. "여기서는 별 성과가 없을 것 같군. 님펜부르크 궁 만찬에서 내가 선제후께 따로 여쭤봤더니, 그분께서 '아직 너무 이르오. 그는 이탈리아로 가서 명성을 얻어야지. 내 그를 거절하는 것은 아니지만, 아직은 때가 아니오.'라고 하셨소."

바로 이것입니다! 이 높은 분들께서는 대부분 이탈리아에 발작적인 열광을 가지고 있습니다. 그럼에도 그는 제게 원래 계획대로 선제후께 직접 사정을 아뢰어 보라고 조언하더군요. 오늘 저녁 식사 때 첼로 연주자 보시트카 씨와 허심탄회하게 이야기했고, 그는 내일 9시에 찾아오면 틀림없이 알현 기회를 마련해주겠다고 약속했습니다. 우리는 이제 아주 좋은 친구 사이가 되었습니다.

다시 제아우 백작 이야기로 돌아가서, 그는(모든 이야기를 들은 뒤에) 차일 공에게 이렇게 물었다고 합니다. "모차르트가 가족에게서 지원을 못 받는 모양인데, 우리가 조금만 도와주면 여기 머물 수 있지 않겠소? 정말 붙잡고 싶은 인재인데." 그러자 차일 공이 답했습니다. "나야 모르지. 의심스럽긴 하오만. 직접 물어보는 수밖에." 이것이 바로 제아우 백작이 어제 그토록 신중했던 이유였습니다.

저는 이곳이 좋습니다. 그리고 많은 친구들이 저와 같은 생각입니다. 제가 여기서 1~2년만 머물 수 있다면, 제 작품으로 돈과 명성을 모두 얻을 수 있을 것이고, 그러면 제가 궁정을 찾아다니는 것이 아니라 궁정에서 저를 더 찾게 될 겁니다. 이곳에 온 뒤로 알베르트 씨가 한 가지 계획을 세웠는데, 아주 불가능해 보이지는 않습니다. 친구 열 명이 매달 1두카트씩 모아, 한 달에 10두카트, 그러니까 50굴덴씩 연간 600플로린을 만들어주는 것

---

61 페르디난트 크리스토프 폰 발트부르크차일 백작(Count Ferdinand Christoph von Waldburg-Zeil)을 의미한다.

입니다. 여기에 제아우 백작에게서 연간 200플로린이라도 받는다면, 모두 합쳐 800플로린이 됩니다.

아버지, 이 계획을 어떻게 생각하십니까? 이것이 우정이 아니라면 무엇이겠습니까? 만약 그들이 진심이라면 받아들여야겠지요? 저는 이 정도면 아주 만족합니다. 잘츠부르크 근처에 있을 수 있고, 만약 아버지께서 (진심으로 그러셨으면 좋겠습니다만) 잘츠부르크를 떠나 뮌헨에서 여생을 보내고 싶어 하신다면 얼마나 좋겠습니까! 우리가 504플로린으로 잘츠부르크에서 살았다면, 800플로린으로 뮌헨에서는 충분히 살 수 있을 테니까요.

오늘, 30일에, 보시트카 씨와 이야기한 대로 궁정으로 갔습니다. 모두 사냥복 차림이더군요. 10시에 그가 저를 작은 방으로 안내했는데, 선제후께서 사냥 가시기 전 미사를 드리러 가는 길에 그곳을 지나가실 예정이었습니다. 제아우 백작이 지나가며 아주 다정하게 인사했습니다. "잘 지내나, 사랑하는 모차르트?"

선제후께서 제게 다가오셨을 때, 제가 말씀드렸습니다. "전하, 경의를 표하며 전하를 위해 일할 기회를 얻고 싶습니다."

"그래, 자네가 마침내 잘츠부르크를 떠났군?"

"영원히 떠났습니다, 전하. 저는 여행 허가를 청했으나 거절당했고, 그래서 어쩔 수 없이 이 길을 택했습니다. 사실 잘츠부르크는 제게 맞지 않아 오래전부터 떠날 생각이었습니다."

"허허! 자넨 아직 젊지 않은가. 그런데 자네 아버지는 아직 잘츠부르크에 있지 않나?"

"네, 전하. 아버지께서도 전하께 깊은 경의를 표하십니다. 저는 이미 이탈리아에 세 번 다녀왔고, 오페라 세 편을 썼으며, 볼로냐 아카데미의 회원입니다. 여러 거장들이 네댓 시간 걸리는 시험을 저는 한 시간 만에 통과했습니다. 이는 제가 어떤 궁정이든 섬길 수 있다는 충분한 증거입니다. 저의 가장 큰 소망은 위대한 전하 밑에서 일하는 것…."

"하지만, 나의 선량한 젊은 친구여, 안타깝게도 빈자리가 없네. 자리만 하나 있었더라면!"

"장담컨대, 전하, 저는 뮌헨의 자랑이 될 것입니다."

"그래, 하지만 자리가 없는데 어쩌겠나?"

이 말씀을 남기고 그분은 지나가셨고, 저는 절하며 물러났습니다. 보시트카 씨는 제게 계속 선제후의 눈에 띄라고 조언합니다. 오늘 오후에는 잘레른 백작[62] 댁에 갔는데, 젊은 잘레른 백작 부인이 저를 즉시 알아보고는 계속 손을 흔들어 주었습니다. 이전에 대기실에서 뵈었던 룸링 남작은 이전과는 비교도 안 되게 정중하게 저를 대했습니다.

추신—가장 사랑하는 누나, 다음번에는 누나에게만 편지할게. B. C. M. R.63과 다른 여러 알파벳 친구들에게 안부를 전해줘. 안녕!

어떤 사람이 이곳에 집을 짓고 이렇게 새겨놓았다더군. "집 짓는 즐거움이야 이루 말할 수 없지만, 이리 많은 돈이 들 줄은 몰랐네." 밤사이에 누군가 그 밑에 이렇게 썼대. "그러게 미리 계산부터 했어야지."

---

62 요제프 페르디난트 폰 잘레른 백작(Count Joseph Ferdinand von Salern, 1718~1805). 뮌헨 궁정의 음악 총감독.
63 모차르트 가족 친구들의 이니셜로 추측된다.

뮌헨
1777년 10월 2일

어제, 10월 1일에 저는 또 잘레른 백작 댁에 있었습니다.

오늘은 아예 그분과 저녁 식사까지 함께 했습니다. 지난 사흘 동안 저는 그곳에서 정말이지 마음껏 연주했습니다. 하지만 제가 그 댁의 젊은 아가씨 때문에 잘레른 백작 댁에 자주 간다고 생각하시면 안 됩니다. 그녀는 안타깝게도 시녀로 근무 중이라 집에 거의 없거든요. 그래도 내일 아침 10시에 궁정에서 헤프 부인과 함께 그녀를 만나기로 했습니다. 토요일부터 궁정이 잠시 문을 닫고 20일에야 다시 연다고 합니다. 내일은 브랑카 부인과 따님과 저녁을 먹을 예정인데, 따님은 제게 반쯤은 제자나 마찬가지입니다. 원래 스승인 지글[64] 씨는 거의 오지 않고, 반주를 해주던 베케 씨도 지금은 없으니까요.

지난 사흘간 잘레른 백작 댁에서 저는 많은 곡을 즉

---

64 요한 게오르크 지글(Johann Georg Sigl). 뮌헨에서 활동하던 음악 교사.

흥적으로 연주했습니다. 백작 부인을 위해 카사치오네 두 곡과 피날레 한 곡, 그리고 론도 한 곡을 연주했는데, 론도는 외워서 쳤습니다. 잘레른 백작께서 얼마나 기뻐하셨는지 상상도 못 하실 겁니다. 그분이야말로 진정 음악을 아는 분이셨죠. 다른 신사들이 코담배나 킁킁대고 헛기침이나 하며 장광설을 늘어놓는 동안, 그분은 쉴 새 없이 '브라보!'를 외치셨으니까요.

저는 그분께 말씀드렸습니다. "선제후께서 이곳에 계셔서 제 연주를 들으실 수만 있다면 얼마나 좋겠습니까! 그분은 제가 어떤 사람인지, 제가 무엇을 할 수 있는지 전혀 모르십니다. 고귀한 신사분들이 남의 말만 믿고 스스로 판단하려 하지 않는다는 것이 얼마나 슬픈 일인지요! 하지만 늘 그런 식이지요. 저를 시험대에 올려보라고 하십시오. 뮌헨의 모든 작곡가들을 불러 모으고, 이탈리아, 프랑스, 독일, 영국, 스페인에서 최고라는 자들을 다 데려와도 좋습니다. 제가 그들 모두와 실력을 겨뤄 보이겠습니다." 저는 그에게 이탈리아에서 있었던 일들을 모두 이야기하며, 제 이야기가 나올 때 이 사실들을 언급해달라고 부탁했습니다. 그가 말했습니다. "내가 힘은 없지만, 할 수 있는 작은 일은 기꺼이 하겠소." 그는 또한 제가 이곳에 머물기만 한다면 모든 일이 잘 풀릴 것이라는 의견에 전적으로 동의했습니다.

만약 저 혼자라면, 이곳에서 생계를 꾸리는 것이 불가능하지는 않을 겁니다. 제아우 백작에게서 적어도 300플로린은 받을 수 있을 테고, 식비는 거의 들지 않을 겁니다. 자주 초대를 받을 테니까요. 그렇지 않더라도 알베르트 씨는 언제나 저와 함께 저녁 먹기를 기뻐할 겁니다. 저는 원래 적게 먹고, 물을 마시며, 후식으로는 과일과 와인 한 잔이 전부입니다. 친구들의 조언에 따라, 저는 제아우 백작과 이런 계약을 맺을까 합니다. 매년 부파와 세리아[65]를 섞은 네 편의 독일 오페라를 작곡하고, 작품마다 하룻밤의 공연 수익을 저에게 주는 조건입니다. 이곳 관례가 그러니, 이것만으로도 500플로린은 들어올 것이고, 제 급여와 합치면 800플로린이 될 겁니다. 어쩌면 그 이상일지도 모릅니다. 가수 라이너도 자선 공연으로 200플로린을 벌었으니까요. 게다가 저는 여기서 아주 사랑받고 있습니다. 제가 독일 국립극장의 수준을 한 단계 끌어올린다면 얼마나 더 큰 사랑을 받겠습니까! 그리고

---

[65] 오페라 세리아(Opera Seria). 신화나 영웅의 이야기를 다루는 진지하고 비극적인 오페라.

저라면, 분명히 해낼 수 있습니다. 이곳에서 독일 오페레타를 보고 나니 작곡하고 싶은 열망이 불타오르더군요.

이곳의 프리마돈나는 카이저 양입니다. 아버지가 어느 백작 댁 요리사라고 하더군요. 아주 유쾌한 아가씨인데다, 무대 위에서 보니 참 예뻤습니다. 가까이서 본 적은 없지만, 이곳 토박이입니다. 제가 들었을 때가 고작 세 번째 무대였는데도, 목소리에 힘이 넘치지는 않지만 결코 약하지 않고, 아주 맑으면서도 음정이 정확했습니다. 그녀의 스승은 발레시[66]인데, 그녀의 창법을 보니 노래하는 법뿐만 아니라 가르치는 법도 아는 사람이더군요. 그녀가 두 마디를 길게 끌 때 보여주는 크레센도와 데크레센도는 실로 감탄이 나올 만큼 아름다웠습니다. 트릴을 아직은 느리게 구사하는데, 저는 오히려 그 점을 높이 삽니다. 나중에 빨라지더라도 훨씬 더 깔끔하고 명확해질 것이기 때문입니다. 그저 빠르게만 하는 것과는 차원이 다르지요. 이곳 사람들뿐만 아니라, 제 마음에도 쏙 드는 가수입니다.

어머니께서는 1층 평석에 앉으셨는데, 자리를 맡으려고 4시 반에 가셨습니다. 하지만 저는 6시 반에야 갔습니다. 저는 꽤 알려진 몸이라 어느 좌석이든 갈 수 있거든요. 저는 브랑카 댁 좌석에 있었습니다. 오페라글라스로 카이저 양을 보는데, 몇 번이나 눈물이 핑 돌더군요. 저는 자주 '브라보, 브라비시모!'를 외쳤습니다. 그녀의 세 번째 무대라는 것을 계속 생각하면서요. 작품은 「어부의 딸Das Fischermädchen」이었는데, 피치니[67]의 오페라를 음악까지 그대로 아주 잘 번역했더군요. 아직 이곳에는 자체 창작극이 없지만, 곧 독일 오페라 세리아를 올리고 싶어 하고, 제가 그 작품을 써주기를 강력히 바라고 있습니다. 예전에 말씀드린 후버 교수가 그중 한 명입니다. 이제 자야겠습니다. 더는 못 앉아 있겠네요. 이제 겨우 10시인데 말입니다. 최근에 룸링 남작이 제게 이런 칭찬을 했습니다. "극장은 제게도 큰 기쁨을 주죠. 좋은 배우와 가수들, 그리고 당신처럼 영리한 작곡가가 있는 곳이니까요." 이것은 단지 말뿐이고, 말은 별 가치가 없지만, 그는 이전에 한 번도 제게 이런 식으로 말한 적이 없었습니다.

---

66 조반니 발레시(Giovanni Valesi, 1735~1816). 요한 밥티스트 발리스하우저(Johann Baptist Wallishauser)로도 알려져 있다. 오랫동안 뮌헨 궁정에서 활동한 가수였다.
67 니콜로 피치니(Niccolò Piccinni, 1728~1800). 파리에서 활동한 이탈리아 오페라 작곡가.

저는 이 편지를 10월 3일에 씁니다.[68] 내일 궁정 인사들이 떠나고, 20일에야 돌아옵니다. 만약 그들이 계속 이곳에 머물렀더라면, 저도 계획했던 대로 여기서 더 머물며 다음 단계를 밟았을 것입니다. 하지만 지금으로서는, 다음 주 화요일에 어머니와 함께 여행을 재개할 수 있기를 바랍니다. 하지만 그사이, 제가 최근에 편지로 썼던 그 후원회 계획이 실현될지도 모릅니다. 우리가 더 이상 여행하고 싶지 않을 때 기댈 수 있는 자금이 생기는 것이지요.

크림멜 씨는 오늘 킴제 주교와 함께 있었는데, 소금 문제로 그와 할 이야기가 많다고 합니다. 크림멜 씨는 좀 이상한 사람입니다. 여기서는 그를 '각하'라고 부르는데, 하인들만 그렇게 부릅니다. 그는 제가 여기 머물기를 간절히 원해서, 저를 위해 공작에게 아주 열렬히 말해주었습니다.

그가 제게 말하더군요. "저에게만 맡겨두십시오. 제가 공작께 말씀드리겠습니다. 저는 그럴 권리가 있습니

---

[68] 편지를 바로 보내지 않고, 앞의 날짜에서 이어서 씀을 의미한다. 모차르트는 종종 이런 식으로 편지를 이어나갔다.

다. 그분을 위해 많은 일을 했으니까요." 공작은 제가 반드시 임명될 것이라고 그에게 약속했지만, 일이 그렇게 빨리 해결될 수는 없습니다. 궁정 인사들이 돌아오면, 그는 가능한 모든 진지함과 열의를 다해 선제후께 말씀드릴 겁니다.

오늘 아침 8시에 저는 제아우 백작을 찾아갔습니다. 저는 아주 간단히 말했지요.

"각하, 제 입장을 명확히 설명해 드리러 왔을 뿐입니다. 저는 이탈리아로 가야 한다는 말을 들었는데, 그것은 제게 모욕입니다. 저는 이탈리아에 16개월이나 있었고, 오페라 세 편을 썼습니다. 이 모든 것은 충분히 알려진 사실입니다. 그 외에 무슨 일이 있었는지는, 이 서류들을 보시면 아실 겁니다." 그리고 제 임명장들을 보여드리며 덧붙였습니다. "이것들을 보여드리는 이유는, 혹시라도 제 이야기가 나왔을 때, 제가 부당한 대우를 받게 되면 각하께서 타당한 근거를 가지고 제 편을 들어주실 수 있도록 하기 위함입니다." 그는 제가 이제 프랑스로 가는지 물었습니다. 저는 독일에 머물 생각이라고 말했습니다. 하지만 그는 이것을 제가 뮌헨에 머문다는 뜻으로 생각하고, 즐겁게 웃으며 말했습니다.

"그래, 결국 여기 머물기로 했군?"

제가 답했습니다. "아닙니다! 솔직히 말씀드리면, 만약 선제후께서 약간의 금일봉이라도 하사하셨다면, 저는 기꺼이 이곳에 머물렀을 겁니다. 그랬더라면 저는 어떤 사심도 없이 각하께 제 작품들을 바칠 수 있었을 테고, 그것이 제게는 큰 기쁨이었을 겁니다." 이 말에 그는 모자를 반쯤 들어 올리더군요.

10시에 저는 잘레른 백작 부인을 뵙기 위해 궁정으로 갔습니다. 그 후에는 브랑카 댁에서 저녁을 먹었습니다. 프랑스 대사의 초대를 받은 브랑카 추밀 고문관은 집에 없었습니다. 그는 '각하'라고 불리는 인물입니다. 잘레른 백작 부인은 프랑스 여성이라 독일어를 거의 못합니다. 그래서 저는 늘 부인과 프랑스어로 대화했지요. 제가 아주 대담하게 말을 거는데도, 그녀는 제가 말을 꽤 잘하며, 특히 천천히 말하는 좋은 습관이 있어 이해하기가 더 쉽다고 하더군요. 아주 훌륭하고 교양 넘치는 분입니다. 그 댁 따님은 연주는 멋지게 하지만, 박자를 놓칩니다. 저는 처음에 그녀의 음감이 부족한 탓이라고 생각했는데, 알고 보니 너무 너그럽고 쉽게 만족하는 그녀의 스승 탓이었습니다. 오늘 그녀와 함께 연습해보니, 장담컨대 제게 두 달만 배우면 아주 훌륭하고 정확하게 연주하게 될 겁니다.

4시에 토손 부인 댁에 갔다가, 그곳에서 어머니와 헤프 부인도 만났습니다. 저는 8시까지 연주를 했고, 그 후에 집으로 돌아왔습니다. 9시 반에는 클라리넷 둘, 호른 둘, 바순 하나로 이루어진 5인조 악단이 찾아왔습니다. (내일이 영명 축일인) 알베르트 씨가 저와 자신을 축하하기 위해 이 연주를 준비한 것이었습니다. 그들은 꽤 훌륭한 합주를 들려주었는데, 알베르트 댁에서 저녁 식사 때 늘 연주하던 바로 그 사람들이었습니다. 피알라[69]에게 훈련 받은 솜씨라는 건 다들 알지요. 그들은 그의 작품 몇 곡을 연주했는데, 아주 훌륭하더군요. 그는 참 좋은 아이디어를 가졌습니다. 내일 저희는 함께 작은 음악회를 열기로 했는데, 거기서 제가 연주를 하게 될 겁니다(그것도 저 형편없는 피아노로 말입니다! 아, 맙소사! 맙소사! 맙소사!).

이 끔찍한 글씨를 용서하십시오. 번지는 잉크와 급한 마음, 잠과 꿈 때문에 정신이 하나도 없습니다. 언제까지나 변함없이, 당신의 충실한 아들인,

A. W. 모차르트

---

[69] 요제프 피알라(Joseph Fiala, 1748~1816). 뮌헨 궁정 오케스트라의 오보에 연주자이자 작곡가.

아우크스부르크
1777년 10월 17일

전쟁성 비서관 함 씨의 따님에 대해 말씀드리자면,

음악적 재능이 있는 것은 분명합니다. 3년밖에 배우지 않았는데도 여러 곡을 훌륭하게 연주하니까요. 하지만 그녀의 연주가 제게 어떤 인상을 주는지 설명하기는 어렵습니다. 기묘할 정도로 경직되어 있고, 길고 앙상한 손가락으로 건반 위를 거미처럼 기어 다니는 모습이 아주 이상하게 보입니다! 확실히 좋은 스승을 만나지 못했고, 이대로 뮌헨에만 머문다면 그녀의 아버지가 원하는 바대로 훌륭한 피아니스트가 결코 되지 못할 겁니다. 만약 그녀가 잘츠부르크의 아버지께 간다면, 음악적으로나 인격적으로나 큰 도움이 될 겁니다. 그녀는 확실히 아는 것이 별로 없거든요. 그녀 덕분에 많이 웃었는데, 아버지께서도 가르치는 수고만큼의 보람은 느끼실 겁니다. 그녀는 너무 순진해서 많이 먹을 생각조차 못 하거든요. 제가 그녀와 함께 연습했냐고요? 너무 웃겨서 할 수가 없었습니다. 제가 가끔 오른손으로 무언가를 연주하면, 그녀는 찍찍거리는 목소리로 즉시 '브라비시모!'

를 외치곤 했습니다.

이제 아우크스부르크에서 있었던 일을 간략히 말씀드리겠습니다. 아버지께 안부를 전했던 폰 핑게를레 씨도 그라프 씨 댁에 있었습니다. 사람들은 아주 정중했고, 제가 제안한 연주회에 대해 모두 이렇게 말했습니다. "아우크스부르크 역사상 가장 화려한 연주회가 될 겁니다. 랑겐만텔[70] 시장님과 친분이 있으니 큰 이점이지요. 게다가 이곳에서 모차르트라는 이름이 가지는 힘은 대단합니다." 그렇게 저희는 만족하며 헤어졌습니다.

젊은 폰 랑겐만텔[71] 씨는 슈타인[72] 씨 댁에서, 귀족들만을 위한 특별 연주회를 카지노[73]에서 열어주겠다고 약속했습니다. 그가 얼마나 열성적으로 장담했는지 상상도 못 하실 겁니다. 저희는 다음 날 아침 답을 듣기로 하

70　야코프 빌헬름 베네딕트 폰 랑겐만텔(Jakob Wilhelm Benedikt von Langenmantel, 1720~1790). 아우크스부르크 시장.
71　젊은 랑겐만텔은 랑겐만텔 시장의 아들인 야코프 알로이스 카를 폰 랑겐만텔(Jakob Alois Karl von Langenmantel)을 의미한다.
72　요한 안드레아스 슈타인(Johann Andreas Stein, 1728~1792). 독일의 오르간 제작자.
73　카지노(Casino). 당시 귀족이나 상류층 시민들만 출입할 수 있었던 사교 클럽.

고 13일에 그를 찾아갔습니다. 그는 매우 정중했지만 아직 확답을 줄 수 없다고 했습니다. 저는 그곳에서 한 시간 동안 연주했고, 그는 다음 날 점심에 저를 초대했습니다. 오전에 그가 전갈을 보내, 전문 음악가들을 초대했으니 11시에 연주할 악보를 가지고 와달라고 하더군요. 저는 즉시 악보를 보내고 11시에 직접 갔습니다. 그때 그는 온갖 서투른 변명을 늘어놓으며 차갑게 말했습니다. "아, 그 연주회 건은 안 되겠소. 어제 당신 때문에 정말 화가 났거든. 카지노 귀족 회원들이 말하기를, 자기들 금고가 비었고, 당신은 1수브렌 도르[74]나 받을 만한 거장은 아니라고 하더군." 저는 그저 미소 지으며 답했습니다. "전적으로 동감합니다." 참고로, 그는 카지노의 음악 감독이고, 그의 아버지는 시장입니다! 하지만 저는 개의치 않았습니다.

식사 자리에 앉았는데, 그의 아버지도 함께 식사했습니다. 그는 아주 정중했지만 연주회에 관해서는 한마디도 하지 않았습니다. 식사 후에 저는 협주곡 두 곡과 즉흥곡, 그리고 하페네더의 3중주를 바이올린으로 연주했습니다. 더 연주하고 싶었지만, 반주가 너무 엉망이라 배가 아플 지경이었습니다. 그가 친절하게 말하더군요. "오늘 이대로 헤어지지 맙시다. 함께 연극을 보고, 다시 이곳에 와서 저녁을 먹읍시다." 우리는 아주 즐거운 시간을 보냈습니다. 극장에서 돌아와서는, 저녁 식사 전까지 다시 연주했습니다.

젊은 랑겐만텔은 오전에 이미 제 십자가 훈장75에 대해 물었고, 저는 그것을 어떻게 받았는지 설명해주었습니다. 그러자 그와 그의 처남이 계속해서 말했습니다. "우리도 십자가를 주문해서 모차르트 씨와 동급이 되어야겠어." 저는 못 들은 척했습니다. 그들은 계속해서 "이봐! 자네! 박차 기사 나으리!"라고 불렀지만, 저는 한마디도 하지 않았습니다. 하지만 저녁 식사 중에는 정말 도가 지나쳤습니다. "그거 얼마요? 3두카트? 그거 차려면 허락받아야 하오? 돈을 더 내야 하나? 우리도 똑같은 걸로 맞춰야겠는데." 바흐라는 이름의 장교가 말했습니다. "부끄러운 줄 아시오! 십자가로 무얼 하려고!" 어린 멍청이 쿠르첸만틀이 그에게 눈짓하는 것을 저는 보았고, 그 역시 제가 본 것을 알았습니다. 잠시 침묵이 흐른

---

74 수브렌 도르(Souverain d'or). 당시 통용되던 금화.
75 모차르트는 아버지의 뜻에 따라, 교황이 수여한 황금 박차 훈장을 차고 있었다.

뒤, 그가 제게 코담배를 권하며 말했습니다. "자, 코담배 한 줌만큼도 신경 안 쓴다는 걸 보여주시지." 저는 여전히 침묵했습니다. 마침내 그가 다시 비꼬았습니다. "그럼 내일 사람을 보내 잠시 십자가를 빌려달라고 하겠네. 금세공인에게 보여주고 바로 돌려주지. 값을 물으면(그 친구가 좀 이상해서) 바이에른 탈러라고 할 걸세. 그 이상은 아닐 거야. 금도 아니고 구리일 테니, 하! 하!"

제가 말했습니다. "천만에요. 납입니다, 하! 하!" 저는 분노로 속이 부글부글 끓고 있었습니다.

그가 받아쳤습니다. "필요하다면 박차는 빼도 되겠지?"

"아, 네." 제가 말했습니다. "당신 머릿속에는 이미 박차가 하나 박혀 있으니까요. 제 머릿속에도 하나 있긴 하지만, 그건 아주 다른 종류의 것이라 당신 것과 바꾸고 싶지는 않군요. 자, 그 이야기는 코담배나 한 줌 맡으며 넘기시지요!" 그리고 저는 그에게 코담배를 권했습니다. 그는 분노로 얼굴이 창백해졌지만, 말을 이었습니다.

"아까 그 훈장이 조끼 위에서 아주 잘 어울리더군."

저는 대답하지 않았습니다. 그러자 그가 하인을 불렀습니다. "이봐! 우리 처남과 내가 모차르트 씨와 같은 십자가를 달면, 우리를 더 존중해야 하지 않겠나? 자, 코담배 한 꼬집 하시지!"

저는 벌떡 일어섰고, 다른 사람들도 모두 당황하며 일어섰습니다. 저는 모자와 칼을 챙기며 말했습니다.

"내일 뵙지요."

"내일은 여기 없을 거요."

"그럼 다음 날 아침에 뵙지요. 그때도 저는 여기 있을 테니."

"허허! 설마 결투라도 하자는 건 아니겠지?"

"아무 뜻도 없소. 당신들은 그저 시골뜨기들이니. 그럼 이만." 그리고 저는 나와버렸습니다.

다음 날 저는 이 모든 이야기를 슈타인 씨, 제니오 씨, 그리고 그라프 감독에게 했습니다. 십자가 훈장에 대한 모욕은 빼고, 그들이 연주회를 열어줄 것처럼 허풍을 떨다가 결국 아무것도 없게 만든 것이 얼마나 역겨웠는지에 대해서만 말입니다. "이건 사람을 바보로 만드는 짓입니다. 제 아버지의 고향인 아우크스부르크에서, 그의 아들에게 이런 모욕을 주다니 믿을 수가 없습니다." 아버지, 이 세 분이 얼마나 분개했는지 상상도 못 하실 겁니다. "오, 당신은 여기서 반드시 연주회를 열어야 합니다. 귀족들 따위는 필요 없습니다." 하지만 저는 뜻을 굽히지 않고 말했습니다. "제 소수의 친구들과 음악을 아는 분들을 위해 슈타인 씨 댁에서 작은 고별 연주회를 여는 것만으로 만족합니다." 감독은 괴로워하며 외쳤습니다. "끔찍하군! 이런 수치가! 랑겐만텔 가문에서 이런 일이 벌어지다니! 맹세컨대, 그가 마음만 먹었다면 연주회는 충분히 성사되었을 거요."

그 후 저희는 헤어졌습니다. 감독은 잠옷 바람으로 문밖까지 저를 배웅했고, 슈타인 씨와 제니오 씨는 집까지 저와 동행해주었습니다. 그들은 제게 며칠 더 머물라고 간청했지만, 제 결심은 확고했습니다.

젊은 랑겐만텔이 아무렇지 않은 얼굴로 제 연주회 소식을 전하며, 귀족들이 여는 다음 주 목요일 연주회에 저를 초대한다고 덧붙인 것도 잊지 말아야겠습니다. 제가 말했습니다. "저는 관객으로 가겠습니다."

"아, 저희는 당신이 연주해주시길 바랍니다."

"글쎄요, 그럴지도 모르지요. 안 될 이유야 없으니까요." 하지만 그런 심한 모욕을 당한 다음 날이었기에, 저는 그와 모든 귀족들을 피하고 아우크스부르크를 떠나기로 결심했습니다.

16일 저녁, 랑겐만텔의 하녀가 저를 찾아와 연주회에 올 것인지, 저녁 식사 직후에 바로 와달라고 하더군요. 저는 약속이 있어(정말이었습니다) 갈 수 없다고 전했습니다. 다만 다음 날 아침, 늦어도 토요일에는 떠날 것이니 작별 인사를 하러 들르겠다고 했습니다.

그동안 슈타인 씨는 다른 개신교 귀족들을 찾아가 이 일을 알렸고, 그들은 크게 격분했습니다. "뭐라고요! 우리 도시를 이토록 영광스럽게 해줄 분을, 연주 한번 듣지 못하고 떠나보내란 말입니까? 폰 랑겐만텔 씨는 자기만 들었으니 그것으로 만족하는 모양이군요."

마침내 그들은 너무나 흥분해서, 훌륭한 청년인 쿠르첸만틀 씨가 직접 슈타인 씨에게 와서 귀족들의 이름으로 제게 연주회에 참석해달라고 간청해야만 했습니다. 다만 큰 기대는 말아달라는 말도 덧붙였고요. 저는 마지못해 그를 따라갔습니다. 주요 귀족들은 아주 정중했고, 특히 벨링 남작은 직접 제 악보를 펼쳐주었습니다. 저는 교향곡 한 곡을 가져가서, 오케스트라와 함께 바이올린 파트를 연주했습니다. 오케스트라 수준은 정말 끔찍했습니다.

그 어린 랑겐만텔놈은 온갖 예의를 차렸지만, 얼굴에는 여전히 거만함이 가득했습니다. 그가 말하더군요. "저는 당신이 우리를 피하거나, 지난밤의 농담에 화가 났을까 봐 두려웠소." 제가 차갑게 답했습니다.

"천만에요. 당신은 아직 젊으니, 앞으로는 좀 더 신중

하라고 조언하고 싶군요. 저는 그런 농담에 익숙하지 않습니다. 당신이 그토록 재치있게 다룬 그 주제는 당신에게 명예를 가져다주지도 못했고, 목적을 달성하지도 못했지요. 보시다시피 저는 여전히 훈장을 차고 있으니까요. 다른 주제를 고르는 편이 나았을 겁니다."

"맹세컨대," 그가 말했습니다. "그건 제 처남이…."

"그만합시다." 제가 말을 잘랐습니다.

"하마터면 당신을 전혀 못 볼 뻔했군요." 그가 대꾸했습니다.

"네, 슈타인 씨가 아니었다면 저는 분명 오지 않았을 겁니다. 그리고 솔직히 말해, 제가 지금 여기 있는 이유는 단 하나, 당신들 아우크스부르크 신사분들이 다른 나라의 웃음거리가 되는 것을 막기 위함입니다. 만약 제가 '내 아버지의 고향에서 8일이나 머물렀는데, 아무도 내 연주를 들으려 하지 않았다'라고 말한다면 분명 그렇게 될 테니까요!"

저는 협주곡 한 곡과 피날레로 소나타 한 곡을 연주했습니다. 반주를 제외하고는 모든 것이 훌륭했습니다. 마지막에 벨링 남작이 참석자들을 대표해 따뜻한 감사를 표하며, 자신들의 호의만을 생각해달라며 2두카트를 선물로 주었습니다.

그들은 제가 다음 주 토요일에 공개 연주회를 열 때까지 저를 가만두지 않을 모양입니다. 하지만 솔직히, 저는 이 모든 것에 진절머리가 납니다. 궁정이 있는 곳으로 어서 가고 싶을 뿐입니다. 진심으로, 제 다정한 사촌이 아니었다면, 아우크스부르크에 온 것을 제 머리카락 수만큼이나 후회했을 겁니다. 제 예쁜 사촌 이야기도 좀 써야 하는데, 이건 내일로 미뤄야겠습니다. 그녀를 제대로 칭찬하려면 아주 정신이 맑아야 하니까요.

17일—이제 아침 일찍 편지를 씁니다. 제 사촌은 예쁘고, 지적이며, 사랑스럽고, 영리하고, 쾌활합니다. 아마도 사교계에서 오래 지내서겠지요. 그녀는 한동안 뮌헨에도 있었습니다. 저희는 정말이지, 천생연분입니다. 그녀도 풍자적인 기질이 있어서, 우리는 함께 친구들을 아주 즐겁게 놀리곤 합니다.[76]

---

76 모차르트 가족은 다소 '날카로운 혀'로 잘 알려져 있고 두려움의 대상이었다.

아우크스부르크
1777년 10월 23일

제 연주회는 어제 열렸습니다.

볼페크 백작께서 큰 관심을 보여주시며 여성 참사회원[77] 몇 분을 데리고 오셨습니다. 제가 도착한 날 바로 댁을 찾아갔으나 그때는 안 계셨습니다. 며칠 전 돌아오셔서, 제가 아직 아우크스부르크에 있다는 소식을 듣자마자 찾아뵙기도 전에, 제가 막 모자와 칼을 챙겨 길을 나서려던 순간에 직접 저를 찾아오셨습니다.

이제 제 연주회 며칠 전의 이야기를 들려드려야겠습니다. 지난 토요일, 이미 말씀드렸듯 저는 성 울리히에 있었습니다. 그 며칠 전에는 사촌이 저를 데리고 신성 십자가 수도원의 원장님, 아주 친절하고 훌륭한 신사분을 소개해주셨습니다. 토요일 성 울리히에 가기 전, 사촌과 함께 그 수도원에 들렀습니다. 처음 갔을 때는 부제님도, 재무 담당 신부님도 안 계셨는데, 사촌 말로는 재무 담당 신부님이 아주 유쾌한 분이라고 하더군요.

어머니: 슈스터의 이중창 악보를 아직도 받지 못하신 게 참 놀랍구나.[78]

볼프강: 아뇨, 아버지는 이미 받으셨어요.

어머니: 아니, 정말로 네 아버지는 항상 받지 못했다고 편지에 쓰시더라.

볼프강: 논쟁하기 싫어요. 장담하는데 받으셨어요. 그러니 끝이에요.

어머니: 네가 틀렸어.

볼프강: 아니에요, 제가 맞아요. 아버지의 친필 글씨로 어머니께 보여드릴게요.

어머니: 그래, 어디 있는데?

볼프강: 여기요. 읽어보세요.

어머니는 지금 이 순간 그걸 읽고 있습니다.

---

77 수도회 회원을 의미하며, 주로 귀족 가문의 미혼 여성들로 이루어졌다.
78 모차르트가 어머니와 함께 여행하던 시기의 편지에는 어머니 안나 마리아가 글의 일부를 직접 작성하거나 아들의 글에 첨언하거나 모차르트가 당시 대화를 그대로 적는 경우가 종종 나타난다.

지난 일요일, 저는 신성 십자가 수도원에서 미사를 드리고, 10시에는 슈타인 씨 댁에 가서 연주회에 쓸 교향곡들을 맞춰보았습니다. 그 후 수도원에서 사촌과 점심을 먹었는데, 식사 중에 악단이 연주를 했습니다. 수도원 악단이 형편없기는 하지만, 그래도 아우크스부르크 시립 오케스트라보다는 낫습니다. 저는 교향곡 한 곡과 반할의 B플랫 장조 협주곡을 바이올린으로 연주했고, 만장일치의 박수를 받았습니다. 수도원장님은 아주 유쾌한 분인데, 돌아가신 잘츠부르크 악장 에벌린의 사촌이었습니다. 이름은 체싱어이고, 아버지를 잘 알고 계셨습니다.

저녁 식사 후, 저는 슈트라스부르크에서 작곡한 협주곡을 연주했습니다. 기름을 바른 듯 매끄럽게 연주했지요. 모두가 그 훌륭한 음색에 감탄했습니다. 그러자 작은 클라비코드를 가져왔고, 저는 전주곡에 이어 소나타와 피셔[79]의 변주곡을 연주했습니다. 몇몇 분들이 수도

---

[79] 요한 크리스티안 피셔(Johann Christian Fischer, 1733~1800). 독일의 오보에 연주자이자 작곡가.

원장님께 제가 오르간 풍으로 연주하는 것을 들어봐야 한다고 속삭였습니다. 저는 주제를 하나 달라고 청했지만 원장님께서 사양했고, 대신 한 신부님이 주제를 내주었습니다. 저는 그 주제를 아주 여유롭게 다루다가, 갑자기(푸가가 G단조였습니다) 같은 박자로 D장조의 생생한 악상을 끼워 넣고, 마지막에는 원래 주제를 뒤집어서 마무리했습니다. 문득 그 생생한 악상 자체를 푸가의 주제로 써도 좋겠다는 생각이 들었습니다. 저는 망설이지 않고 즉시 실행에 옮겼는데, 마치 잘츠부르크의 재단사 다저가 맞춘 옷처럼 정확하게 들어맞았습니다.

수도원장님은 몹시 흥분하셨습니다. "다 끝났군!" 그가 말했습니다. "방금 들은 건 정말 믿을 수가 없소. 당신은 정말 대단한 연주자요. 우리 대수도원장께서도, 평생 당신처럼 완성도 높은 스타일로 오르간을 연주하는 사람은 들어본 적이 없다고 하셨소(며칠 전 제가 연주하는 것을 들으셨습니다)." 마침내 누군가 푸가 형식의 소나타를 가져와 제게 연주해보라고 했습니다. 하지만 제가 말했지요.

"신사분들, 이건 너무 과한 요구입니다. 이런 소나타를 초견으로 연주할 수 있을 것 같지는 않군요."

"물론이지, 너무 과하오. 아무도 할 수 없을 거요!" 수도원장님이 제 편을 들어주었습니다.

"그래도, 한번 해보겠습니다." 제가 말했습니다. 제등 뒤에서 수도원장님이 계속 중얼거리는 소리가 들렸습니다. "오, 이 악동 같으니! 오, 이 대단한 친구!" 저는 11시까지, 말 그대로 푸가 주제들의 포화 속에서 연주를 계속했습니다.

얼마 전 슈타인 씨 댁에서 그가 베케의 소나타를 가져온 이야기는 이미 해드린 것 같군요. 아참, 그의 어린 딸[80]에 대해 말씀드리자면, 그녀가 연주하는 것을 보고도 웃지 않으려면 그 아버지처럼 슈타인[81]이 되어야 할 겁니다. 그녀는 건반 중앙을 피해 고음부 쪽에 앉는데, 그래야 어깨를 으쓱하며 얼굴을 찡그릴 공간이 더 생기기 때문입니다. 눈알을 굴리고 히죽거리며, 같은 악구가 두 번 나오면 두 번째는 더 느리게, 세 번 나오면 세 번째는 훨씬 더 느리게 연주합니다. 음을 칠 때는 팔을 번

---

80 피아노 제작자이자 작곡가, 작가인 마리아 안나 슈타인(Maria Anna Stein, 1769~1833)을 의미한다. 훗날 피아노 제작자 요한 안드레아스 슈트라이허(Johann Andreas Streicher, 1761~1833)의 아내이자 루트비히 반 베토벤(Ludwig van Beethoven, 1770~1827)의 친구가 되었다.
81 Stein. 독일어로 '돌'을 의미한다.

쩍 들어 올리고, 강조해야 할 부분은 손가락이 아니라 팔꿈치로, 최대한 어색하고 무겁게 내리찍습니다. 가장 멋진 부분은, 손가락 번호를 바꿔야 하는 매끄러운 패시지가 나오면, 전혀 신경 쓰지 않고 그냥 손을 들어 올렸다가 아주 태연하게 다시 시작한다는 점입니다. 덕분에 엉뚱한 음을 칠 기회도 많아져서, 종종 기묘한 효과를 내기도 하지요.

제가 굳이 이 이야기를 쓰는 이유는 이곳의 피아노 연주와 교육 수준을 알려드리기 위해서일 뿐입니다. 슈타인 씨는 자기 딸에게 완전히 빠졌습니다. 이제 여덟 살인데 모든 것을 외워서 친다고요. 재능이 있어 언젠가는 잘하게 될지도 모르지만, 이런 식으로는 절대 발전할 수 없습니다. 손만 무거워질 뿐이지요. 음악의 핵심인 박자 감각은 영영 익히지 못할 겁니다. 어릴 때부터 박자를 정확히 지키는 훈련을 한 적이 없으니까요.

슈타인 씨와 저는 이 문제로 최소 두 시간은 이야기했고, 저는 그를 어느 정도 설득했습니다. 이제 그는 모든 일에 제 조언을 구합니다. 그는 원래 베케에게 완전히 빠져있었지만, 이제는 제가 베케보다 훨씬 뛰어나며, 얼굴을 찡그리지 않고도 풍부한 표현으로 연주한다는 것을 알게 되었습니다. 그 자신도 인정하듯, 그의 지인 중 누구도 저처럼 피아노를 다루지는 못합니다. 제가 박자를 칼같이 지키는 것에 모두가 놀라워합니다. 특히 아다지오에서 템포 루바토를 연주할 때 왼손이 오른손과 완전히 독립적으로 움직이는 것을 그들은 도저히 이해하지 못합니다. 그들에게 왼손은 늘 오른손을 따라가는 존재였으니까요. 베케의 열렬한 찬미자였던 볼페크 백작조차, 최근 연주회에서 제가 베케를 완전히 압도했다고 공개적으로 말했습니다. 백작은 방을 돌아다니며 외쳤습니다. "내 평생 이런 연주는 들어본 적이 없소." 그리고 제게는 이렇게 말했습니다. "오늘 같은 연주는 처음 듣소. 잘츠부르크에 돌아가면 당신 아버지께도 꼭 그렇게 말씀드릴 작정이오."

교향곡이 끝난 뒤 첫 곡이 무엇이었을 것 같습니까? 세 대의 피아노를 위한 협주곡이었습니다. 뎀러 씨가 1번, 제가 2번, 슈타인 씨가 3번 피아노를 맡았습니다. 그 다음에는 뒤르니츠 남작을 위한 D장조 소나타를 독주했고, 이어서 B플랫 장조 협주곡을 연주했습니다. 그리고 다시 오르간 풍으로 C단조 푸가를 즉흥 연주하다가, 갑자기 C장조의 화려한 소나타로 넘어가 론도로 마무리했지요. 엄청난 환호가 터져 나오더군요! 슈타인 씨는 그저 놀라서 얼굴을 찡그릴 뿐이었고, 뎀러 씨는 미친 듯이 웃어댔습니다. 그는 무언가에 감동하면 주체하지 못하고 크게 웃는 버릇이 있는데, 이번에는 욕까지 내뱉지 뭡니까! 그럼 안녕히!

아우크스부르크
1777년 10월 25일

연주회 수입은 경비를 제하고 90플로린이었습니다.

카지노 연주회에서 받은 2두카트까지 합치면 100플로린이 조금 넘습니다. 연주회 비용은 16플로린 30크로이처를 넘지 않았고, 공연장은 무료로 사용했습니다. 대부분의 연주자들은 보수를 받지 않을 것이라 믿습니다. 지금까지 저희는 26~27플로린 정도 손해를 봤는데, 그리 큰 액수는 아닙니다.

저는 이 편지를 토요일인 25일에 쓰고 있습니다. 오늘 아침 일찍 오버베라이터린 부인의 부고 소식을 편지로 받았습니다. 이제 토네를 양은 입을 다물거나, 아니면 입을 벌렸다가도 빈손으로 다시 닫아야겠군요. 빵집 딸에 대해서는 드릴 말씀이 없습니다. 저는 이 모든 일을 오래전에 예견했습니다. 제가 그토록 집을 떠나기 싫어했던 이유가 바로 이것입니다. 이 일이 아직 잘츠부르크에 알려지지 않았기를 바랍니다. 가장 사랑하는 아버지, 부디 이 일을 최대한 오래 비밀로 지켜주시길 간청드립니다. 그리고 그사이, 그녀가 수녀원에 들어가는 비용은 그녀의 아버지에게 제 앞으로 달아두십시오. 제가 잘츠부르크로 돌아가면 기꺼이 갚겠습니다.[82]

제 영명 축일을 축하해주셔서 진심으로 감사합니다, 아버지. 제 걱정은 마십시오. 저는 늘 하느님을 제 앞에 모시고 그분의 전능하심을 인정하며 그분의 진노를 두려워합니다. 하지만 저는 또한 그분의 사랑과 자비를 알기에, 그분께서 당신의 종을 결코 버리지 않으시리란 것도 압니다. 그분의 뜻에 기꺼이 순종할 것이니, 저는 언제나 행복하고 만족할 수 있습니다. 또한 아버지의 명령과 조언을 따라 최대한 바르게 살도록 노력하겠습니다.

불링거[83] 씨의 축하에도 수천 번 감사를 전합니다. 곧

---

82 모차르트가 잘츠부르크를 떠나기 전, 그는 '빵집 딸'과 비밀스러운 연애를 하고 있었고 '토네를 양'은 이 관계를 못마땅하게 여기거나, 이 일에 참견을 했던 것으로 추측된다.

직접 편지를 써서 감사 인사를 할 테지만, 그 전까지는 그분보다 더 진실하고 좋은 친구는 없다고 전해주셔도 좋습니다. 잘레를 양에게도 겸허한 감사를 전합니다. 불링거 씨에게 보내는 편지에 그녀를 위한 시 몇 줄을 넣어 감사를 표할 생각이라고 전해주십시오. 누나에게도 고맙다고 전해주십시오. 슈스터 듀엣 악보는 누나가 그냥 가지고, 더는 신경 쓰지 않아도 된다고도요.

첫 편지에서, 아버지께서는 제가 그 풋내기 랑겐만텔에게 한 행동이 제 품위를 떨어뜨렸다고 쓰셨지요. 전혀 그렇지 않습니다! 저는 솔직했을 뿐, 그 이상도 이하도 아닙니다. 아버지께서는 그를 아직 소년이라고 생각하시는 모양인데, 그는 스물한 살이나 스물두 살이고, 기혼자입니다. 결혼한 사람을 소년이라고 할 수 있겠습니까? 저는 그 일 이후로 그와 상종하지 않고 있습니다. 오늘은 명함 두 장만 남기고, 다른 방문할 곳이 너무 많아 들르지 못했다고 둘러댔습니다.

이제 그만 줄여야겠습니다. 어머니께서 저녁 식사 후

---

83 프란츠 요제프 불링거(Franz Joseph Bullinger, 1744~1810). 성직자이자 모차르트 가족의 가까운 친구.

에 무조건 짐을 싸야 한다고 고집하시니까요. 내일 저희는 곧장 발러슈타인으로 갑니다. 아버지께 안부를 전하는 제 사랑스러운 사촌은, 결코 수줍어하는 성격이 아닙니다. 그녀는 어제 저를 기쁘게 해주려고 프랑스풍으로 옷을 입었는데, 덕분에 평소보다 적어도 5퍼센트는 더 예뻐 보였습니다. 그럼 안녕히!

※

10월 26일, 어머니와 모차르트는 만하임으로 떠났다. 그날 어머니가 잘츠부르크의 남편에게 보낸 편지에는 아들의 소식을 대신 전하는 내용이 담겨 있었다.

"볼프강이 아우크스부르크의 사촌에게 편지를 쓰려고 했습니다만, 오늘 쓰는 것은 거의 불가능할 것 같습니다. 지금 오라토리오 리허설에 가 있거든요. 그러니 우선 제 변변찮은 편지라도 받아주시기 바랍니다."

그리고 이 편지에 볼프강이 직접 다음과 같이 덧붙였다.

만하임

1777년 10월 30일

제 변변찮은 글 또한 받아주시길 바랍니다.

저는 오늘 다너[84]와 함께 칸나비히[85] 씨 댁에 갔습니다. 그는 제게 더할 나위 없이 정중했고, 저는 그의 훌륭한 피아노로 몇 곡을 연주해드렸습니다. 저희는 함께 리허설에 갔는데, 악단원들에게 저를 소개할 때 웃음을 참을 수가 없었습니다. 제 명성을 익히 아는 몇몇은 아주 정중하게 저를 대한 반면, 저를 전혀 모르는 나머지 단원들은 아주 우스꽝스럽다는 듯이 저를 쳐다보았기 때문입니다. 제가 작고 어리니, 대단한 구석은 없어 보였겠지

---

84   크리스티안 프란츠 다너(Christian Franz Danner, 1757~1813). 만하임 오케스트라의 바이올리니스트. 악장 칸나비히의 제자였으며, 동시에 모차르트에게 직접 작곡을 배우기도 했다.
85   크리스티안 칸나비히(Christian Cannabich, 1731~1798). 작곡가이자 지휘자. 모차르트는 편지 곳곳에서 그와 그의 가족에 대한 깊은 애정과 우정을 드러낸다.

요. 하지만 그들은 곧 제 실력을 알게 될 겁니다.

칸나비히 씨가 내일 저를 직접 음악 총감독인 사비올리 백작에게 소개해 줄 예정입니다. 한 가지 다행인 점은 선제후[86]의 영명 축일이 다가온다는 것입니다. 지금 리허설 중인 오라토리오는 헨델의 작품이지만, 저는 듣지 않고 나와버렸습니다. 그전에 이곳의 부악장인 포글러[87]의 「마니피캇Magnificat」을 한 시간 넘게 연습하는데, 도저히 참을 수가 없었거든요.

이제 그만 줄여야겠습니다. 사촌에게도 편지를 써야 해서요.

만하임
1777년 11월 8일

**오늘 오전, 칸나비히 씨 댁에서
그의 따님을 위한 소나타 론도를 작곡했습니다.**

그랬더니 온종일 저를 놓아주질 않더군요. 선제후와 선제후비, 그리고 모든 궁정 인사들이 제 연주에 매우 기뻐했습니다. 제가 연주회에서 두 번 연주하는 동안, 두

분께서는 피아노 바로 옆에 서서 들으셨습니다. 연주가 끝나자 칸나비히 씨는 제가 궁정의 주목을 받을 수 있도록 손을 써주었습니다. 제가 선제후의 손에 입을 맞추자, 그분께서 말씀하셨습니다. "자네가 여기 온 지 이제 15년쯤 된 것 같군?"

"네, 전하. 그 영광을 누린 지 15년이 되었습니다."

"자네 연주는 타의 추종을 불허하는군."

이번에는 공주님의 손에 입을 맞추자, 그분께서도 말씀하셨습니다. "장담컨대, 이보다 더 잘 칠 수는 없을 거예요."

어제는 칸나비히와 함께, 어머니께서 편지에 쓰셨던 칼 테오도르 공작의 자녀들을 찾아뵈었습니다. 그곳에서 저는 마치 오랜 친구를 대하듯 선제후와 이야기를 나누었습니다. 그는 참으로 자애롭고 선한 군주입니다. 그

---

86 카를 테오도르(Karl Theodor, 1724~1799)를 의미. 당시 팔츠(Palatinate) 선제후로, 그의 궁정이 있던 만하임(Mannheim)은 유럽 최고의 오케스트라와 음악 수준을 자랑하는 도시였다.
87 게오르크 요제프 포글러(Georg Joseph Vogler, 1749~1814). 독일 작곡가이자 오르간 연주자.

가 제게 물었습니다.

"듣자 하니 자네가 뮌헨에서 오페라[88]를 썼다지?"

"네, 전하. 그리고 허락만 해주신다면 이곳에서 오페라를 쓰는 것이 저의 가장 간절한 소망입니다. 부디 저를 잊지 마십시오. 저는 독일어 오페라도 쓸 수 있습니다. 하느님은 위대하시니까요!" 저는 미소 지으며 말했습니다.

"그거야 쉬운 일이지."

그분께는 아들 하나와 딸 셋이 있는데, 맏딸과 어린 백작이 피아노를 칩니다. 선제후께서는 자녀들에 대해 제게 조용히 물어보셨고, 저는 그들의 스승을 깎아내리지 않는 선에서 솔직하게 답했습니다. 칸나비히도 제 의견에 전적으로 동의했고요. 선제후께서는 떠나시면서 제게 매우 정중하게 작별 인사를 해주셨습니다.

오늘 저녁 식사 후, 2시에는 칸나비히와 함께 플루트 연주자인 벤틀링[89] 씨 댁에 갔습니다. 그 댁 사람들은 모

---

[88] 「가짜 여정원사」를 의미한다.
[89] 요한 밥티스트 벤틀링(Johann Baptist Wendling, 1723~1797). 만하임 오케스트라 수석 플루트 연주자.

두 친절했습니다. 예전에 선제후의 총애를 받았던 따님이 아주 예쁘게 피아노를 연주했고, 그다음에는 제가 연주했습니다. 얼마나 행복했는지 모릅니다. 저는 즉흥 연주를 한 뒤, 난생 처음 보는 바이올린 듀엣 세 곡을 연주했는데, 아직도 작곡가 이름조차 모릅니다. 모두가 너무나 기뻐해서 제가 숙녀분들을 안아주기를 청하더군요. 그 댁 따님과의 포옹은 그리 어려운 일이 아니었습니다. 아주 아름다우셨으니까요.

그러고 나서 저희는 다시 선제후의 자녀들에게 갔습니다. 저는 진심을 다해 세 번 연주했습니다. 선제후께서 매번 직접 청하셨고, 제 바로 곁에 앉아 꼼짝도 하지 않으셨습니다. 저는 그곳에 있던 한 교수님께 푸가 주제를 하나 청하여, 즉석에서 연주하기도 했습니다.

이제, 축하 인사를 드릴 시간입니다!

가장 사랑하는 아버지, 저는 시詩를 써서 마음을 엮어낼 수는 없습니다. 시인이 아니니까요. 빛과 어둠을 던져 감정을 그려낼 수도 없습니다. 저는 화가가 아니니까요. 몸짓으로 생각을 전할 수도 없습니다. 저는 무용가가 아니니까요. 하지만 소리로는, 가능합니다. 저는 음악가이니까요. 그래서 내일, 칸나비히 씨 댁에서 아버지의 영명 축일과 생신을 위한 축하 연주를 할 생각입니다.

가장 사랑하는 아버지, 이 날을 맞아 제가 매일 밤낮으로 기도하는 것—아버지의 건강과 장수, 그리고 유쾌한 마음—을 다시 한번 기원합니다. 또한 제가 잘츠부르크에 있을 때 겪었던 것과 같은 성가신 일들이 더는 없기를 바랍니다. 솔직히 그 일들은 제 탓이 컸습니다. 그들이 저를 부당하게 대했고, 저는 더 나은 대우를 받을 자격이 있었으며, 아버지는 언제나 사랑으로 제 편을 들어주셨지요. 바로 이것이 제가 그토록 서둘러 잘츠부르크를 떠난 가장 큰 이유 중 하나였습니다. 그러니 제 소망이 이루어진 셈입니다.

이제 음악적인 축하로 마무리해야겠습니다. 세상에 더 이상 새로운 음악이 없을 때까지 아버지께서 오래오래 사시기를. 안녕히! 부디 저를 조금만 더 사랑해주십시오. 그리고 이 서투른 축하 인사를 용서해주십시오. 제 작은 지식의 상자에 새로운 선반을 만들어, 이제 막 얻기 시작한 지혜를 채울 때까지는요.

만하임
1777년 11월 29일

24일자 아버지의 편지를 오늘 아침에야 받았습니다.

불운이 닥쳤을 때, 아버지께서는 운명의 변덕을 받아들이지 못하시는군요.[90] 지금까지 우리 가족은 아주 운이 좋지도, 아주 나쁘지도 않았습니다. 그 점에 하느님께 감사합니다. 아버지께서는 저희에게 지나친 비난을 하십니다. 저희는 꼭 필요한 것 외에는 돈을 쓰지 않으며, 여행 경비에 관해서는 아버지께서 저희보다 더 잘 아십니다. 뮌헨에 오래 머문 것은 오로지 저 때문이었고, 저 혼자였다면 아예 그곳에 정착했을 겁니다.

저희가 지난번 아우크스부르크에 14일이나 머물렀던 이유가 궁금하십니까? 그곳에서 보낸 편지들을 못 받으신 게 틀림없습니다. 저는 연주회를 열고 싶었지만 그들이 저를 속이는 바람에 8일을 허비했습니다. 떠나기로

---

[90] 아버지 레오폴트는 24일자 편지에서 아들 볼프강이 돈과 시간을 낭비하고 있다고 길고 장황하게 질책했다.

마음먹었지만, 연주회를 열어달라는 요청이 너무나 강해서 거절할 수가 없었습니다. 저는 그들이 저를 제촉해주기를 바랐고, 실제로 그들은 저를 재촉했습니다. 결국 연주회를 열었고, 그래서 14일이 걸린 것입니다. 왜 곧장 만하임으로 갔는지 지난 편지에서 말씀드렸습니다. 왜 저희가 아직 여기에 있을까요? 제가 타당한 이유 없이 여기에 머물 거라고 어떻게 생각하실 수 있습니까? 하지만 아버지께서는… 글쎄요! 제 이유와 전말을 곧 들으시게 될 겁니다. 다만 저는 확실한 결론이 나기 전까지는 이 문제로 편지를 쓰지 않기로 굳게 결심했었습니다. 아버지께 괜한 걱정과 불안을 안겨드리고 싶지 않았기 때문입니다. 불확실한 소식은 아버지를 조급하게만 만들 뿐이라는 것을 알았기 때문이지요. 하지만 이것을 저의 태만, 경솔, 게으름 탓으로 돌리신다면, 저는 아버지가 저를 그렇게밖에 보지 않으신다는 사실에 유감을 표할 뿐이며, 아들을 이토록 몰라주신다는 것에 마음 깊이 슬플 뿐입니다.

저는 부주의한 것이 아니라, 최악의 상황에 대비하고 있을 뿐입니다. 제 명예와 '모차르트'라는 이름에 흠집이 가지 않는 한, 저는 모든 것을 인내할 수 있습니다. 어쩔 수 없는 일이 일어난다면, 그냥 흘러가도록 내버려

두십시오. 저는 단지 아버지께서 섣불리 기뻐하시거나 슬퍼하지 않으시길 바랄 뿐입니다. 무슨 일이 일어나든, 건강하기만 하다면 모두 다 괜찮을 테니까요. 행복이란 어차피 상상 속에나 존재하는 것입니다.

지난주 목요일 오전, 저는 사비올리 백작을 찾아뵙고 선제후의 자녀들을 가르치기 위해 이곳에 머물 수 있도록 주선해 줄 수 있는지 여쭈었습니다. 그는 "선제후께 말씀드려보겠소. 내게 권한이 있다면, 반드시 성사시키겠소."라고 답했습니다. 오후에 칸나비히 댁에 갔더니, 그가 제게 사비올리 백작을 만났는지 바로 묻더군요. 모든 사정을 전하자 그가 말했습니다.

"자네가 우리와 함께 겨울을 보내면 정말 좋겠지만, 더 나아가 안정적인 직위를 얻었으면 하네."

저는 이렇게 답했습니다. "백작님 곁에 정착하는 것보다 더 좋은 일은 없겠지요. 하지만 이미 악장이 두 분이나 계시니, 제가 무슨 직책을 맡을 수 있을지 모르겠습니다. 포글러 씨 밑에서 일하고 싶지는 않거든요."

"절대 그럴 일은 없을 걸세. 여기서는 누구도 악장 밑에 있지 않아. 선제후께서 자네를 실내악 작곡가로 임명하실 수도 있네. 조금만 기다리게. 내가 사비올리 백작에게 말해보겠네."

그다음 목요일 연주회에서 백작은 축제 때문에 아직 선제후께 말씀을 못 드렸다며 사과했습니다. 축제가 끝나는 다음 주 월요일에는 꼭 말씀드리겠다고 했지요. 저는 사흘을 기다렸지만 아무 소식이 없어 직접 그를 찾아갔습니다.

그가 말했습니다. "친애하는 모차르트(이 대화를 나눈 것은 바로 어제, 금요일이었습니다). 오늘 사냥이 있어서 선제후께 여쭐 수가 없었네. 하지만 내일 이 시간에는 꼭 답을 주겠네." 저는 잊지 말아 달라고 부탁했습니다.

솔직히, 그와 헤어지고 나니 화가 치밀어 올라, 젊은 백작을 위해 이곳에서 작곡한 피셔 미뉴에트 변주곡 중 가장 쉬운 것을 들고, 그 기회를 빌려 선제후와 직접 이야기하기로 결심했습니다. 제가 찾아갔을 때, 저를 정중히 맞이한 가정교사가 얼마나 기뻐했는지 모릅니다. 제가 변주곡을 꺼내 젊은 백작을 위해 준비했다고 하자, 그녀가 말했습니다.

"아! 정말 멋지네요. 하지만 백작 부인께 드릴 것도 준비하셨겠지요."

"아직은요. 하지만 이곳에 더 머물게 된다면 작곡할 시간이 있겠지요."

"아, 참!" 그녀가 말했습니다. "이번 겨울에 여기에 머무신다니 정말 기쁩니다."

"제가요? 저는 금시초문인데요."

"놀랍네요! 참 이상한 일이군요! 선제후께서 최근에 제게 직접 말씀하셨거든요. '그런데, 모차르트는 이번 겨울 내내 여기 머문다더라'라고요."

"음, 그분께서 그리 말씀하셨다면, 그럴 수 있는 유일한 분도 그분이시지요. 그분의 허락 없이는 이곳에 머물 수 없으니까요." 그러고 나서 저는 그녀에게 모든 이야기를 털어놓았습니다. 저는 그 가정교사와 다음 날(즉 오늘입니다) 4시에 백작 부인을 위한 악보를 가지고 오기로 약속했습니다. 그녀는 제가 오기 전에 선제후께 미리 말씀을 드려, 제가 그분을 뵐 수 있도록 해주기로 했습니다. 오늘 찾아갔지만, 선제후께서는 안 계셨습니다. 하지만 내일 다시 갈 겁니다. 저는 백작 부인을 위해 론도를 작곡했습니다.

제가 이곳에 머물러 결과를 기다릴 충분한 이유가 있지 않겠습니까? 이 중요한 순간에 이르렀는데, 당장 떠나야 할까요? 이제 선제후와 직접 이야기할 기회가 생겼습니다. 저는 아마 이번 겨울을 여기서 보내게 될 겁니다. 저는 전하의 총애를 받고 있고, 그분은 저를 높이 평가하시며, 제가 무엇을 할 수 있는지 아시니까요.

다음 편지에서는 좋은 소식을 전해드릴 수 있기를 바랍니다. 다시 한번 부탁드리건대, 섣불리 기뻐하거나 불안해하지 마시고, 이 일을 불링거 씨와 제 누나 외에는 누구에게도 말씀하지 마십시오. 누나에게는 제가 칸나비히 양을 위해 쓴 소나타의 알레그로와 안단테 악보를 보냅니다. 론도는 곧 보내겠습니다. 함께 보냈더라면 꾸러미가 너무 무거웠을 겁니다. 원본으로 만족해야 할 겁니다. 제가 24크로이처를 내는 것보다 아버지께서 6크로이처만 내고 복사하는 편이 더 쉬우니까요. 요금이 너무 비싸지 않나요? 안녕히!

이 소나타의 일부를 들어보셨을지도 모르겠네요. 칸나비히 댁에서는 하루에 세 번은 연주되니까요. 노래로도, 피아노와 바이올린으로도, 아니면 휘파람으로도요. 물론, 아주 조용히 말입니다.

만하임
1777년 12월 3일

제 운명이 어찌 될지는 아직 확실히 말씀드릴 수 없습니다.

지난 월요일, 사흘 내내 아침저녁으로 선제후의 '고귀한' 자제분들을 가르치러 다닌 끝에, 마침내 선제후를 뵙는 행운을 누렸습니다. 너무 늦은 시간이라 또 허탕을 쳤다고 생각했는데, 드디어 선제후께서 오시는 것을 보았습니다. 가정교사가 어린 백작 따님을 피아노에 앉히고 제가 막 교습을 시작했을 때, 선제후께서 들어오셨습니다. 저희가 황급히 일어서자, 그는 괜찮다는 듯 손짓하며 교습을 계속하게 했습니다.

따님이 연주를 마치자, 가정교사가 다가가 제가 아름다운 론도를 작곡했다고 말씀드렸습니다. 제가 그 곡을 연주하자, 그분은 대단히 기뻐했습니다. 마침내 그분께서 물었습니다.

"이 아이가 이 곡을 배울 수 있겠소?"

"아! 네, 전하. 제가 직접 가르치는 영광만 누릴 수 있다면요." 제가 답했습니다. 그가 미소 지으며 말했습니다. "나도 그랬으면 좋겠네만, 이 아가씨에게 스승이 둘이나 있는 것이 해롭지는 않겠는가?"

"아닙니다, 전하!" 제가 말했습니다. "그건 좋은 스승을 두었느냐, 나쁜 스승을 두었느냐에 달린 문제입니다. 부디 저를 믿어주시길 바랍니다."

"물론이지." 그가 말했습니다.

그러자 가정교사가 말했습니다. "모차르트 씨는 젊은 백작님을 위해 이 피셔 미뉴에트 변주곡도 작곡했습니다." 제가 그 곡을 연주하자, 선제후께서는 무척 마음에 들어 하시는 듯했습니다. 그는 이제 따님과 농담을 하기 시작했습니다. 저는 시계를 선물해주신 것에 대해 감사를 표했습니다. 선제후께서 말씀하셨습니다.

"자네의 소원은 조금 더 생각을 해봐야겠네. 여기 얼마나 머물 생각인가?" 제 대답은 "전하께서 명하시는 동안입니다."였고, 그렇게 알현은 끝났습니다.

저는 오늘 아침에도 그곳에 갔는데, 선제후께서 어제 여러 번 이렇게 말씀하셨다고 들었습니다. "모차르트는 이번 겨울 내내 여기 머문다." 보시다시피, 이제 저는 꼼짝없이 얽매인 몸이라 기다릴 수밖에 없습니다.

오늘 벤틀링 씨 댁에서 저녁을 먹은 것까지 포함하면 벌써 네 번째 식사를 벤틀링 씨와 함께 했습니다. 저녁 식사 전에 사비올리 백작이 어젯밤 도착한 슈바이처

[91] 악장과 같이 들어왔습니다. 사비올리가 제게 말하더군요. "어제 선제후께 다시 여쭈었지만, 아직 결정을 못 내리셨소."

제가 답했습니다. "개인적으로 드릴 말씀이 있습니다." 저희는 창가로 갔습니다. 저는 선제후께서 내비치셨던 우려를 다시 언급하고, 일이 너무 지체되는 것에 대한 불평과 함께, 이곳에서 이미 얼마나 많은 돈을 썼는지 말씀드렸습니다. 그리고 저를 정식으로 고용해달라고 그를 설득해주시길 간청했습니다. 겨울 동안만 임시로 머물게 된다면, 너무 적은 보수를 받게 되어 버틸 수가 없을 테니까요.

"그저 일만 주십시오. 저는 일하는 것을 좋아합니다."

그는 반드시 선제후께 건의하겠다고 했지만, 오늘 저녁은 궁정에 가지 않아 불가능하며, 내일은 꼭 확답을 주겠다고 약속했습니다. 이제 어떻게 되든 상관없습니다. 만약 그가 저를 고용하지 않는다면, 저는 여비라도 청구

---

[91] 안톤 슈바이처(Anton Schweitzer, 1735~1787). 독일의 오페라 작곡가.

할 생각입니다. 론도와 변주곡을 공짜로 줄 생각은 없으니까요. 솔직히 말씀드리면, 저는 이 문제에 대해 아주 평온합니다. 무슨 일이 일어나든, 결국에는 만사가 잘 풀릴 것이라고 확신하기 때문입니다. 저는 모든 것을 하느님의 뜻에 맡겼습니다.

27일자 아버지의 편지는 어제 받았습니다. 소나타의 알레그로와 안단테 악보도 받으셨으리라 믿습니다. 이제 론도를 동봉합니다.

슈바이처 악장은 좋고 훌륭하며 정직한 사람입니다. 우리의 미하엘 하이든처럼 무뚝뚝하고 솔직하지만, 말투는 더 세련되었지요. 그의 새 오페라에는 아름다운 부분이 몇 군데 있어서, 분명 성공하리라 믿습니다. 「알체스테 Alceste」[92]는 아주 인기가 많지만, 「로자문데 Rosamunde」[93]만큼 훌륭하지는 않습니다. 최초의 독일 오페레타라는 점이 인기에 한몫했겠지요. 하지만 이제는, 특히 새로운 것만 좇는 사람들 사이에서는 예전만큼의 인기는 없습니다. 그 대본을 쓴 빌란트[94] 씨도 이번 겨울에 이곳에 온다고 하니, 꼭 한번 만나 뵙고 싶습니다. 일이 어찌 될지는 아무도 모르지요. 아버지께서 이 편지를 읽으실 때쯤에는 부디 모든 것이 잘 해결되어 있기를 바랍니다.

만약 제가 이곳에 머물게 된다면, 사순절 기간에 벤틀링 씨, 오보에를 훌륭하게 연주하는 람 씨, 그리고 발레 감독 코셰리 씨와 동행하여 파리로 여행을 갈 생각입니다. 벤틀링 씨는 제가 결코 후회하지 않을 거라고 장담합니다. 그는 파리에 두 번이나 다녀왔고, 바로 얼마 전에도 그곳에서 돌아왔습니다. 그가 말하길, "사실, 진정한 명성이나 돈을 얻을 수 있는 곳은 파리가 유일합니다. 당신은 천재이니, 제가 길을 안내하지요. 오페라 세리아와 코미크, 오라토리오 등 온갖 종류의 작품을 써야 합니다. 파리에서 오페라 두어 편만 성공시키면 연금을 받을 수 있습니다. 게다가 '콩세르 스피리튀엘'[95]과 '아마추어 아카데미'에서는 교향곡 한 곡에 5루이도르를 받을 수 있습니다. 교습을 한다면 12회에 3루이도르가 관

---

92 슈바이처가 작곡하고 빌란트가 대본을 쓴 최초의 독일 오페레타.
93 슈바이처가 작곡하고 빌란트가 대본을 쓴 독일 오페레타. 모차르트는 이 새로운 오페레타가 알체스테보다 뛰어나다고 말하고 있다.
94 크리스토프 마르틴 빌란트(Christoph Martin Wieland, 1733~1813). 독일 계몽주의 시대의 시인이자 작가.
95 콩세르 스피리튀엘(Concert Spirituel). 18세기에 파리에서 열렸던, 권위 있는 공개 연주회 시리즈다. 당시 작곡가들에게는 이곳에서 자신의 작품을 성공시키는 것이 파리 데뷔의 관문과도 같았다.

례이고, 구독 형식으로 소나타나 3중주, 4중주를 출판할 수도 있지요. 칸나비히와 퇴스키도 그들의 작품 대부분을 파리로 보냅니다."

벤틀링 씨는 여행에 아주 능통한 사람입니다. 이 여행 계획을 어떻게 생각하시는지 의견을 들려주십시오. 저는 아주 현명하고 유익한 방안이라고 생각합니다. 파리의 속사정을 훤히 아는 사람과 함께 여행하게 되는 셈이니까요. 요즘 파리는 예전과 많이 달라졌다고 합니다. 경비는 아주 적게 들 겁니다. 지금 쓰는 돈의 절반도 안 될 겁니다. 어머니께서는 이곳, 아마도 벤틀링 씨 댁에 머무르시면 되고, 저는 제 몫만 내면 되니까요.

이달 12일에는 바순을 멋지게 연주하는 리터 씨가 파리로 떠납니다. 저 혼자였다면 절호의 기회였을 텐데요. 그가 제게 직접 제안하기도 했습니다. 오보에 연주자 람은 아주 유쾌하고 훌륭한 사람입니다. 서른다섯 살쯤 되었고, 여행 경험도 많습니다.

---

96 이그나츠 홀츠바우어(Ignaz Holzbauer, 1711~1783). 만하임 오케스트라의 악장.

이곳 최고의 음악가들은 저를 아주 좋아하고 존경합니다. 그들은 늘 저를 '악장님'이라고 부릅니다. 제 미사곡 악보 사본을 단 한 부라도 가져오지 않은 것이 얼마나 후회되는지 모릅니다. 얼마 전 홀츠바우어[96]의 미사곡을 들었는데, 저희 스타일과 아주 비슷해서 제 곡도 분명 연주되었을 텐데요. 「미제리코르디아스Misericordias」 사본만 있었어도 좋았을 겁니다! 하지만 어쩔 수 없지요. 여기서 악보를 필사할 수도 있었겠지만, 필사 비용이 너무 비쌉니다. 아마 미사곡 한 편으로 버는 돈보다 필사비가 더 많이 들었을 겁니다. 이곳 사람들은 결코 너그럽지 않거든요.

만하임

1777년 12월 6일

아직 확실하게 드릴 말씀이 없습니다.

솔직히 이 장난이 슬슬 지겨워지기 시작하는군요. 결과가 어떻게 될지 궁금할 따름입니다. 사비올리 백작이 선제후께 세 번이나 여쭈었지만, 대답은 늘 어깨를 으쓱하며

"곧 답을 주겠소만, 아직 결정을 못 내렸소"라는 것이었습니다. 제 친구들과 저는 이 망설임이 나쁜 징조라기보다는 오히려 좋은 징조라고 생각합니다. 만약 선제후께서 저를 고용할 마음이 없으셨다면, 진작에 그렇다고 말씀하셨을 테니까요. 그래서 저한테는 이 지연의 이유가 'Denari siamo un poco scrocconi(우리는 돈에 좀 인색하다네)'로 들립니다. 게다가 저는 선제후가 저를 좋아한다는 것을 확실히 알고 있습니다. 그러니 기다려야지요. 이제 와서 말이지만, 만약 일이 잘 풀린다면 저에게는 아주 반가운 일이라고 말할 수 있습니다. 일이 잘 안 풀린다면, 여기서 너무 오래 머물고 너무 많은 돈을 쓴 것을 후회하게 되겠죠. 결과가 어떻든, 그것이 하느님의 뜻이라면 결코 나쁜 일이 될 수는 없습니다. 그리고 제 매일의 기도는 결과가 그 뜻에 부합하기를 바라는 것입니다.

가장 사랑하는 아버지, 아버지께서는 칸나비히 씨가 제게 친절을 베푸는 결정적인 이유를 정확히 짐작하셨습니다. 하지만 그가 저를 필요로 하는 일이 또 하나 있습니다. 바로 자신의 발레곡들을 피아노용으로 편곡해서 출판하는 일인데, 그가 직접 하기에는 실력이 부족한 것이지요. 이런 목적 때문에 저는 그에게 아주 환영받는 손님입니다(이미 그의 콩트르당스[97] 한 곡을 그렇게 편곡해주었습니

다). 그는 지난주 내내 사냥을 갔다가 다음 주 화요일에
나 돌아온다고 합니다. 이런 일들이야말로 우리의 굳건
한 우정에 참으로 큰 도움이 되지요! 하지만 이런 점을
떠나, 그는 적어도 제게 적대적이지는 않을 겁니다. 사
람이 정말 많이 변했으니까요. 나이가 들고 자식들이 다
크면, 생각도 조금은 달라지는 법이지요.[98]

그의 맏딸인 열다섯 살 로제 양은 아주 예쁘고 유쾌
한 아가씨입니다. 나이에 비해 분별력이 있고 태도가 매
력적입니다. 다소 진지해서 말수는 적지만, 한 마디 한
마디가 상냥하고 선량합니다. 어제 그녀가 제 소나타
를 어찌나 놀랄 만큼 훌륭하게 연주하던지, 말로 다 할
수 없는 기쁨을 느꼈습니다. 그녀는 안단테(절대 빠르게 치
면 안 됩니다)를 깊은 감정을 담아 연주하는 것을 무척 좋
아합니다.

아버지께서도 아시다시피, 저는 이곳에 온 지 이틀
만에, 로제 양을 딱 한 번 보고 나서 그 소나타의 알레그
로를 완성했습니다. 젊은 다너가 제게 안단테는 어떻게

---

97 콩트르당스(Contredanse). 18세기에 유행하던 사교계 춤.
98 모차르트는 어린 시절 칸나비히와 만난 적이 있다.

작곡할 거냐고 묻기에, 이렇게 답했지요. "전적으로 로제 양의 성격에 맞춰서요." 제가 그 곡을 연주했을 때, 그녀는 무척 마음에 들어 하는 듯했습니다. 나중에 다녀도 제 말을 떠올리더군요. 정말이지, 그녀는 안단테 그 자체입니다.

오늘로 벤틀링 씨 댁에서 여섯 번째, 슈바이처 씨와는 두 번째 점심을 먹었습니다. 내일은 기분 전환 삼아, 또 그곳에서 저녁을 먹습니다. 사실상 거기서 먹고 자는 셈입니다. 이제 자야 하니, 안녕히 주무십시오.

방금 벤틀링 댁에서 돌아왔는데, 이 편지를 부치고 바로 다시 그리로 갈 예정입니다. 오페라 리허설은, 말하자면 '은밀하게 in camera caritatis'[99] 진행될 예정이기 때문입니다. 그 후에 6시 반에는 칸나비히 댁에 가서 늘 하던 대로 음악 교습을 할 겁니다. 아참, 제 실수를 하나 바로잡아야겠습니다. 어제 로제 양이 열다섯 살이라고 했는데, 알고 보니 이제 갓 열세 살이 된 것 같습니다.

모든 친구들, 특히 불링거 씨에게 다정한 안부를 전해주십시오.

---

99 '사랑의 방에서'라는 뜻의 라틴어로, '비밀리에', '사적으로'라는 의미로 쓰인다.

만하임
1777년 12월 10일

선제후와의 일은 현재로서는, 모두 끝났습니다.

그저께 답을 듣기 위해 궁정 연주회에 갔습니다. 사비올리 백작은 저를 피하려고 했지만, 제가 먼저 다가갔습니다. 그는 저를 보더니 어깨를 으쓱하더군요.

"뭐라고요!" 제가 말했습니다. "아직도 답이 없습니까?"

"미안하오!" 그가 말했습니다. "하지만 유감스럽게도 아무것도 해줄 수가 없구려."

"그러시군요!" 제가 말했습니다. "선제후께서 진작 말씀해주실 수도 있었을 텐데요!"

"맞소." 그가 말했습니다. "하지만 내가 '모차르트가 여기서 너무 오래 머물며 돈만 낭비하고 있다'라고 몰아세우지 않았더라면, 그분은 아직도 결정을 못 내리셨을 거요."

"바로 그 점이 저를 괴롭게 하는 겁니다." 제가 답했습니다. "참으로 불쾌한 일이 아닐 수 없군요. 하지만 백작님(그는 각하라고 불리지는 않습니다), 제 편을 그토록 열렬히 들어주신 점에 깊이 감사드립니다. 부디 저 대신 선제후께도, 다소 늦긴 했지만 소식을 전해주셔서 감사하다고 말씀해주십시오. 또한 장담컨대, 만약 저를 받아주셨더라면 선제후께서는 결코 후회하지 않으셨을 겁니다."

"아!" 그가 말했습니다. "그 점에 대해서는, 나는 당신이 생각하는 것보다도 더 확신하오."

이 최종 결정을 벤틀링 씨에게 전하자, 그는 얼굴을 붉히며 격분하여 말했습니다. "그렇다면 우리가 방법을 찾아야지. 자네는 적어도 다음 두 달은 여기 머물러야 하네. 그 후에 우리가 함께 파리로 가면 되네. 내일 칸나비히가 사냥에서 돌아오니, 그때 다시 이야기해보세."

저는 즉시 연주회장을 나와 곧장 칸나비히 부인 댁으로 갔습니다. 샤츠마이스터[100]가 저와 함께 연주회에서 나왔기 때문에, 그곳으로 가는 동안, 저는 그에게 모든 것을 말했습니다. 그는 훌륭한 사람이자 친절한 친구니까요. 아버지, 그가 얼마나 분개했는지 상상도 못 하실 겁니다. 칸나비히 댁에 들어서자마자 그가 먼저 입을 열었습니다. "궁정과 엮인 자들이 흔히 맞는다는 그 '행복한' 결말을 맞은 사람을 데려왔소."

---

100 샤츠마이스터(Schatzmeister). 독일어로 '재무관'을 뜻하는 직책이다.

"이럴 수가!" 부인이 말했습니다. "결국 모든 게 허사로 돌아갔군요?"

저는 모든 것을 이야기했고, 그들은 제게 이곳에서 있었던 수많은 비슷한 사례들을 들려주었습니다.

그때 로제 양이 (세 방 떨어진 곳에서 세탁물을 정리하다가) 들어와 제게 물었습니다. "이제 수업 시작할까요?"

"원하시는 대로요." 제가 답했습니다.

"아시겠지만," 그녀가 말했습니다. "오늘은 아주 열심히 할 생각이에요."

"그러셔야지요." 제가 답했습니다. "이제 수업이 얼마 남지 않았으니까요."

"네? 그게 무슨 말씀이세요? 왜요?" 로제 양이 어머니에게 달려가자, 부인이 모든 것을 설명해주었습니다. "어떻게 그럴 수가!" 그녀가 말했습니다. "정말인가요? 믿을 수가 없어요."

"네, 정말입니다." 제가 말했습니다.

로제 양은 아주 침울한 표정으로 제 소나타를 연주했습니다. 저는 정말이지 눈물을 참을 수가 없었고, 이내 어머니와 딸, 심지어 샤츠마이스터까지 모두의 눈시울이 붉어졌습니다. 그 소나타는 온 가족이 가장 아끼는 곡이었기 때문입니다.

샤츠마이스터가 말했습니다. "정말로, 악장님(저는 여기서 늘 그렇게 불립니다)이 우리를 떠난다면, 우리 모두 눈물을 흘릴 겁니다."

이곳에는 정말 좋은 친구들이 있습니다. 이런 상황이 되어서야 비로소 진정한 친구를 알게 되는 법이지요. 그들은 말만 앞세우는 것이 아니라 행동으로 보여주는 사람들입니다. 들어보십시오! 요전 날 벤틀링 씨 댁에서 저녁을 먹는데, 그가 제게 말했습니다.

"우리 인도인[101] 친구(유복한 네덜란드인으로, 모든 고전 예술을 사랑하는 아마추어이자 저의 위대한 친구이자 찬미자입니다)가 자네에게 200플로린을 주겠다고 하네. 작고 쉬운 협주곡 세 곡과 플루트 4중주 두 곡을 써주는 대가로 말일세. 칸나비히가 실력 좋은 제자 두어 명을 소개해 줄 테니, 바이올린과 피아노를 위한 듀엣곡을 써서 예약 판매를 하게. 저녁은 늘 우리 집에서 들고, 잠자리는 궁정 재무관 댁에서 제공할 걸세. 그러니 비용은 한 푼도 들지 않을 걸세. 자네 어머니를 위한 저렴한 숙소도 쉽게 구할 수 있고. 일단 아버님께 편지를 써서 답을 받을 때까지 두 달만 이렇게 지내보는 걸세. 그 후에 자네 어머니는 잘츠부르크로 돌아가시고, 우리는 파리로 가는 거지."

어머니께서는 이 계획에 적극 찬성하셨습니다. 이제

아버지의 허락만 남았습니다. 저는 아버지께서 동의하시리라 확신합니다. 당장이라도 떠날 수만 있다면, 아버지의 답장을 기다리지 않고 파리로 갈 겁니다. 자녀들의 행복을 그토록 바라시는 현명한 아버지께서 다른 결정을 내리실 리가 없으니까요. 아버지께 안부를 전하는 벤틀링 씨는, 저희 친구 그림 남작[102]과 아주 가까운 사이입니다. 그림 남작이 이곳에 왔을 때, 벤틀링 씨에게 제 이야기를 많이 했다고 합니다. 이 편지에 대한 답장을 받는 대로, 저도 그림 남작에게 편지를 쓸 생각입니다. 오늘 저녁 식사 때 만난 어떤 분이 그가 지금 파리에 있다고 하더군요. 저희는 3월 8일까지는 이곳을 떠나지 않을 테니, 혹시 가능하다면 빈의 메스머 씨나 다른 분을 통해 프랑스 여왕께 보내는 추천서를 한 통 마련해주실 수 있을지 여쭙니다. 너무 어려운 부탁이라면 어쩔 수 없지

---

[101] 모차르트가 네덜란드 출신의 부유한 음악 애호가 페르난디트 데 장(Ferdinand De Jean, 1731~1797)에게 붙인 별명이다. 그는 네덜란드 동인도 회사 소속이었기 때문에 이러한 별명이 붙었다.

[102] 프리드리히 멜히오르 폰 그림 남작(Baron Friedrich Melchior von Grimm, 1723~1807). 독일 출신의 프랑스 작가이자 외교관. 파리의 유력 인사로, 사교계에 막강한 영향력을 끼쳤다.

만요. 물론 추천서가 있다면 훨씬 좋을 겁니다. 이건 벤틀링 씨의 조언이기도 합니다.

제가 지금 드리는 말씀이 아버지께는 아주 이상하게 들릴지도 모르겠습니다. 아버지께서는 어리석은 적들과 멍청한 친구들만 있는 도시에 계시니까요. 잘츠부르크에서의 그 음울한 하루하루의 밥벌이가 그들에게는 너무나 절실해서, 결국 아첨꾼이 되고 날마다 믿을 수 없는 사람이 되어버리는 것이지요. 사실, 이게 그동안 아버지께 철없는 농담이나 어리석은 이야기만 썼던 이유입니다. 이곳의 상황이 어떻게 될지 지켜보며, 아버지께 걱정을 끼치지 않고 제 친구들이 비난받지 않게 하려 했습니다. 아버지께서는 근거도 없이 그들이 저를 해치려 한다고 비난하시지만, 그들은 결코 그런 적이 없습니다. 결국 아버지의 편지들이 제게 모든 것을 털어놓게 만들었습니다.

부디 이 일로 괴로워하지 마십시오. 모든 것은 신의 뜻입니다. 그리고 우리가 원하는 모든 것을 가질 수는 없다는 진리를 되새겨 주십시오. 우리는 종종 어떤 일은 좋고, 어떤 일은 나쁠 것이라고 생각하지만, 막상 그 일이 닥치고 나면 정반대인 경우가 많지 않습니까.

이제 잠자리에 들어야겠습니다. 앞으로 두 달간 할

일이 많을 겁니다. 협주곡 세 곡, 4중주 두 곡, 피아노 5중주나 6중주도 써야지요. 그리고 새로운 대작 미사곡을 작곡하여 선제후께 헌정할 생각도 있습니다. 안녕히! 다음 편지에는 차일 공에게 편지를 보내 뮌헨에서의 일을 진척시키도록 재촉하겠습니다. 아버지께서도 그에게 편지를 써주시면 정말 기쁠 겁니다. 다만 짧고 간결하게, 아첨은 빼고요! 그런 건 제가 참을 수가 없거든요. 그가 마음만 먹으면 분명히 해낼 수 있을 겁니다. 뮌헨의 모두가 그렇게 말했으니까요.

만하임
1777년 12월 20일

가장 사랑하는 아버지, 새해 복 많이 받으세요.

저에게 무엇보다 소중한 아버지의 건강이, 아내와 자식들의 행복을 위해, 진정한 친구들의 기쁨을 위해, 그리고 아버지의 적들에게는 분통터지는 일이 되도록, 나날이 좋아지기를 기원합니다. 또한 다가오는 새해에도 지금까지처럼 따뜻한 사랑으로 저를 아껴주시길 바랍니다. 저 역시 그런 아버지의 사랑을 받을 자격이 있는 아들이 되도록 최선을 다하겠습니다.

12월 15일자 아버지의 마지막 편지는 제게 큰 기쁨을 주었습니다. 아버지께서 아주 건강하시다는 것을 알게 되었으니까요. 하느님 감사합니다! 저희도 아주 건강합니다. 끊임없이 일하는 것이 건강을 지켜준다면, 저 또한 쓰러질 일은 없을 겁니다.

지금 밤 11시에 이 편지를 씁니다. 다른 여유 시간이 전혀 없기 때문입니다. 저희 방(1층)은 8시 반이 되어야 해가 들어서, 8시 전에는 일어날 수가 없습니다. 그때 허둥지둥 옷을 입고 10시부터 12시 반까지 작곡을 하다가, 벤틀링 씨 댁으로 갑니다. 그곳에서 보통 1시 반까지 또 작곡을 하고, 다 같이 점심을 먹습니다. 3시에는 마인처 호프 호텔로 가서 네덜란드 장교에게 '갈랑 양식'[103] 연주와 통주저음을 가르칩니다. 12회 교습에 4두카트를 주지요. 4시에는 집으로 돌아와 집주인 따님을 가르칩니다. 등불을 켤 때까지 기다려야 해서 4시 반에야 시작합니다. 6시에는 칸나비히 댁에 가서 로제 양을 가르칩니다. 저는 거기서 저녁을 먹고, 이야기를 나누고, 때로는 연주도 합니다. 그러고 나서는 늘 잘츠부르크에서 그랬던 것처럼 주머니에서 책을 꺼내 읽습니다.

지난 편지가 제게 준 기쁨은 진심이었습니다만, 딱 한 가지가 마음에 걸렸습니다. 바로 제가 고해성사를 잊은 것은 아닌지 물으신 부분이었습니다. 이 점에 대해서는 더 이상 말씀드리지 않겠습니다. 다만 아버지께 한 가지 간청 드리고 싶은 것은, 저를 그렇게 나쁘게만 보지 말아 달라는 것입니다.

제가 즐겁게 노는 것을 좋아하기는 하지만, 누구보다 진지할 수 있다는 점은 믿어주셔도 좋습니다. 잘츠부르크를 떠난 이후로, 저는 저보다 열 살, 스무 살, 서른 살이나 많은 사람들이 저라면 차마 부끄러워서 하지 못했을 말과 행동을 하는 것을 보아왔습니다. 그러니 다시 한번, 간절히 부탁드립니다. 저를 좀 더 좋게 보아주십시오.

---

103 갈랑 양식(Style galant). 18세기 중반에 유행했던 우아하고 세련된 음악 양식.

만하임
1777년 12월 27일

종이가 참 멋지군요!

더 좋은 종이가 있었으면 좋았겠지만, 지금 사러 가기에는 너무 늦었습니다. 이전 편지에서 보셨듯, 어머니와 저는 훌륭한 숙소에 머물고 있습니다. 어머니와 떨어져 살 생각은 전혀 없었습니다. 궁정 재무관 세라리우스가 친절하게도 자신의 집에서 지내라고 제안했을 때, 저는 감사하다고만 했을 뿐 결코 수락의 뜻을 비치지는 않았습니다. 다음 날 저는 벤틀링 씨와 데 장 씨(우리의 그 훌륭한 네덜란드인 친구 말입니다)와 함께 그를 찾아갔고, 그가 먼저 그 이야기를 다시 꺼낼 때까지 기다렸습니다. 마침내 그가 다시 제안했을 때, 저는 이렇게 감사 인사를 드렸습니다.

"저를 댁에 머물도록 초대해주시는 것은 진정한 우정의 증표라고 생각합니다. 하지만 안타깝게도 그 친절한 제안을 받아들일 수가 없습니다. 제가 타당한 이유 없이 어머니와 떨어져 지내는 것을 꺼린다고 해서 언짢게 생각하지는 않으시겠지요. 어머니는 도시 이쪽에, 저는 저쪽에 살아야 할 이유가 도무지 없지 않습니까. 나중에 제가 파리에 갈 때 어머니께서 동행하지 않으신다면 큰 경비 절약이 되겠지만, 이곳에서 두어 달 지내는 데 몇 푼 더 들고 덜 드는 것은 큰 문제가 아닙니다."

이 대화 한 번으로 제 바람은 완전히 이루어졌습니다. 즉, 저희 숙식비가 저희를 더 가난하게 만들 일은 없게 된 것입니다. 이제 저녁 먹으러 위층에 가봐야겠습니다. 10시 반까지 저희끼리 수다를 떨었거든요. 얼마 전에는 제 제자인 네덜란드 장교 드 라 포트리 씨와 함께 개혁 교회에 가서, 한 시간 반 동안 마음껏 오르간을 연주했습니다. 저희(칸나비히, 벤틀링, 세라리우스, 그리고 저희 모자)는 루터 교회에도 갈 예정인데, 그곳에서 영광스러운 오르간을 연주하며 즐거운 시간을 보낼 생각입니다. 예전에 리허설 때 그 오르간 소리를 시험 삼아 들어봤는데, 전주곡과 푸가 한 곡만 연주했을 뿐 제대로 쳐보지는 못했습니다.

저는 빌란트 씨와 안면을 텄습니다. 하지만 그는 제가 그를 아는 만큼 저를 알지는 못합니다. 아직 제 이야기를 전혀 듣지 못했기 때문입니다. 직접 만나본 빌란트 씨는 상상했던 모습과는 전혀 다르더군요. 말투는 다소 부자연스럽고, 목소리는 아이 같으며, 눈에는 늘 눈물이 그렁그렁하고, 어딘가 학자 티를 내는 무례함이 있으면서도 때로는 짜증 날 정도로 거만합니다. 하지만 그가 만하임에서 그런 식으로 행동하는 것이 놀랍지는 않습니다. 이곳 사람들은 그를 하늘에서 내려온 사람처럼 쳐다보니까요. 그가 뱉는 말 한마디라도 놓칠세라 모두가 숨을 죽입니다. 불행히도 그가 말을 더듬어서, 듣는 사람들은 꽤 오래 기다려야 합니다. 그 점만 빼면, 우리 모두가 알다시피 그는 훌륭한 재능을 가진 사람입니다. 얼굴은 천연두 자국 때문에 꽤 험상궂고 코는 깁니다. 키는 아버지보다 조금 더 큽니다.

네덜란드인 친구의 보수 200플로린은 걱정하실 필요가 없습니다. 이제 잠시 작곡을 해야 하니 이만 줄입니다. 한 가지 더, 지금 당장은 차일 공에게 편지를 쓰지 않는 편이 좋겠습니다. 그 이유는 아버지께서 이미 알고 계시리라 확신합니다(뮌헨이 만하임보다 잘츠부르크에 더 가까우니까요). 바로 바이에른 선제후께서 천연두로 위독하시다는 소식입니다. 이건 확실한 정보이니, 뮌헨에서 권력 다툼이 있을 겁니다. 안녕히!

어머니의 귀향길에 대해서는, 사순절 기간에 상인들 일행에 합류하시는 것이 가장 좋을 듯합니다. 이건 제 생각일 뿐입니다. 제가 확신하는 것은, 아버지께서 옳다고 생각하시는 것이 무엇이든 최선이라는 점입니다. 아버지께서는 단지 궁정 악장이실 뿐만 아니라, 세상에서 가장 이성적인 분이시니까요. 만약 아버지 같은 분을 아신다면, 그분의 손에 1,000번 입 맞추고, 제 누나를 진심으로 껴안는다고 전해주십시오. 그리고 이 모든 서툰 글씨에도 불구하고, 저는 아버지의 충실한 아들이자 다정한 오라비입니다.

만하임
1778년 1월 7일

두 분 모두 잘 지내시기를 바랍니다.

저는 하느님 은총으로 아주 건강하고 기운이 넘칩니다. 바이에른 선제후의 죽음에 제가 얼마나 '슬퍼하고' 있는지 쉽게 짐작하실 수 있을 겁니다. 저의 유일한 소망은 바로 이곳의 우리 선제후께서 바이에른 전체를 차지하고 뮌헨으로 궁정을 옮기시는 것이니까요. 아버지께서도 저와 같은 마음이시겠지요.

오늘 정오, 이곳 궁정에서 카를 테오도르께서 바이

에른 공작으로 선포되셨습니다. 뮌헨에서는 궁정 마구간 총책임자인 다운 백작이, 선제후께서 서거하시자마자 즉시 카를 테오도르의 이름으로 충성 서약을 받고, 용기병들을 시켜 도시 주변을 돌며 트럼펫과 팀파니를 울려 "우리의 선제후, 카를 테오도르 만세!"를 외치게 했습니다. 모든 일이 순조롭게 진행된다면, 다운 백작은 아주 두둑한 상을 받게 될 겁니다. 소식을 전하러 이곳에 파견된 그의 부관(릴리에나우라는 사람입니다)은 이미 선제후께 3,000플로린을 받았더군요.[104]

만하임
1778년 1월 17일

다음 주 수요일, 저는 며칠간 떠날 예정입니다.

오라녜[105] 공주님의 거처인 키르히하임볼란덴으로요. 이곳에서 공주님에 대한 칭찬을 워낙 많이 들어서, 마침내 가기로 결심했습니다. 제 친구인 네덜란드 장교는 새해 인사를 드리러 갔을 때 저를 데려오지 않았다고 공주님께 단단히 야단을 맞았다고 합니다. 저는 적어도

8루이도르를 받으리라 기대하고 있습니다. 공주님께서 노래를 무척 좋아하신다기에, 그분을 위한 아리아 네 곡을 미리 필사해두었습니다. 교향곡도 한 곡 선물할 생각입니다. 공주님은 아주 훌륭한 오케스트라를 가지고 있고 매일 연주회를 여시기 때문입니다.

아리아 필사 비용은 그리 많이 들지 않을 겁니다. 저와 동행할 베버 씨가 이미 다 해두었거든요. 그에게는 정말 훌륭하게 노래하는 딸[106]이 하나 있는데, 이제 겨우 열다섯 살이지만 목소리가 아주 사랑스럽고 맑습니다. 무대 연기만 보완한다면, 어느 극장에서든 프리마돈

---

104 막시밀리안 3세(Maximilian III Joseph)가 후계자 없이 사망하자 가문의 상속 계약에 따라, 그의 가장 가까운 친척이었던 팔츠의 선제후 카를 테오도르가 바이에른의 지위를 계승하게 되었다. 이 사건은 모차르트에게 만하임보다 더 큰 무대인 뮌헨 궁정에서 일할 수 있다는 새로운 희망을 안겨주었다.

105 카롤리나 판 오라녜나사우(Carolina of Orange-Nassau, 1743~1787). 네덜란드 공화국 통치 가문의 일원으로, 음악에 대한 조예가 깊었다. 모차르트는 어린 시절(1765~66) 네덜란드 여행 중 그녀의 후원을 받은 인연이 있다.

106 알로이지아 베버(Aloysia Weber, 1760~1839). 모차르트가 열정적인 사랑에 빠지게 되는 소프라노 가수로, 훗날 모차르트의 아내가 되는 콘스탄체 베버(Constanze Weber, 1762~1842)의 언니다.

나가 될 수 있을 겁니다. 그녀의 아버지는 자녀 교육을 잘 시키는 정직한 독일인인데, 바로 그 이유 때문에 이곳에서 시기를 받고 있습니다. 베버 씨에게는 딸 다섯에 아들 하나, 이렇게 여섯 아이가 있습니다. 그와 아내, 아이들은 지난 14년간 고작 200플로린의 수입으로 살아야만 했습니다. 하지만 그는 늘 제 역할을 다했고, 최근에 선제후를 위해 아주 뛰어난 가수를 길러냈기에(바로 그의 딸입니다), 이제는 400플로린을 받습니다. 그녀는 제가 드 아미치스를 위해 썼던 아리아를 온갖 화려한 기교까지 완벽하게 소화합니다. 키르히하임볼란덴에서도 그 곡을 부를 예정입니다.

이제 다른 이야기입니다. 지난 수요일 저희 집(세라리우스 재무관 댁)에서 큰 파티가 열려 저도 초대받았습니다. 손님은 열다섯 명이었고, 댁의 따님이 저녁에 협주곡을 연주하기로 되어 있었습니다. 캄머라트 씨와 포글러 씨가 저를 찾아왔더군요. 포글러 씨는 저와 친해지기로 작정한 모양입니다. 자신을 찾아오라고 몇 번이나 성화였는데, 결국 자존심을 굽히고 그가 먼저 저를 찾아온 겁니다. 듣자 하니, 그는 예전과 달리 요즘은 그다지 존경받지 못한다고 합니다. 처음 이곳에 왔을 때는 거의 우상이었는데 말입니다.

저희는 함께 위층으로 올라갔고, 손님들이 모여들며 이야기는 끝이 없었습니다. 저녁 식사 후, 포글러는 사람을 시켜 똑같이 조율된 자신의 피아노 두 대와, 그가 출판한 지겨운 소나타 악보들을 가져오게 했습니다. 제가 그 곡들을 연주해야 했고, 그는 다른 피아노로 저를 반주했습니다. 그의 간곡한 요청에 저도 제 소나타들을 가져왔습니다.

주목할 점은, 저녁 식사 전에 그가 제 소나타(바로 이 댁 따님이 연주하는, 리차우 양에게 헌정한 바로 그 곡[107] 말입니다)를 초견으로 허둥지둥 연주했다는 것입니다. 그는 1악장은 프레스티시모로, 안단테는 알레그로로, 론도는 한술 더 떠 프레스티시모시모로 연주했습니다. 베이스 파트 대부분을 악보와는 전혀 다르게 연주했고, 때로는 완전히 새로운 화성과 선율을 만들어내기까지 했습니다. 그런 속도로 치려면 그럴 수밖에 없겠지요. 눈으로는 음표를

---

[107] '리치우 양'은 안토니아 뤼초프 백작 부인(Countess Antonia Lützow, 1738~1780)을 가리키는 것으로 추정된다. 모차르트는 그녀를 위해 피아노 협주곡 8번을 작곡했으며, 편지에서는 그녀와 관련된 협주곡과 소나타를 언급하고 있다.

볼 수 없고, 손으로는 건반을 잡을 수 없으니까요. 이게 대체 무슨 장점이 있겠습니까? 그저 듣는 이들(들을 자격이 있는 이들이 있다면 말입니다)에게 '음악과 피아노 연주를 구경했다'고 말하게 해줄 뿐입니다. 이 모든 것은 듣는 이들이(포글러 자신처럼) 제대로 듣고, 생각하고, 느끼는 것을 불가능하게 만듭니다. 제가 감히 그에게 "너무 빠릅니다!"라고 말할 수 없었으니, 얼마나 참기 힘들었을지 짐작하실 수 있을 겁니다.

게다가 빨리 치는 것은 느리게 치는 것보다 훨씬 쉽습니다. 몇몇 음표쯤 슬쩍 빼먹어도 아무도 눈치채지 못하니까요. 하지만 그게 진정한 음악입니까? 빠른 연주에서는 오른손과 왼손이 뒤바뀌어도 아무도 보거나 듣지 못합니다. 하지만 그게 잘하는 것입니까? 진정한 초견의 기술이란 이것입니다. 작품을 원래 의도된 박자로, 악보에 쓰인 모든 음표와 꾸밈음을 적절한 품위와 감정을 담아 연주하여, 마치 연주자 자신이 그 곡을 작곡한 것 같은 인상을 주는 것이지요.

그의 운지법 또한 끔찍합니다. 왼손 엄지는 돌아가신 아들가서[108]씨와 똑같더군요. 오른손으로 연주하는 모든 빠른 하강 음계를 오직 검지와 엄지로만 처리합니다!

만하임
1778년 2월 2일

토요일까지 기다릴 수가 없어 이렇게 편지를 씁니다.

아버지와 펜으로나마 대화를 나눈 지 너무 오래되었기 때문입니다. 먼저 키르히하임볼란덴에서도 어찌 지냈는지부터 말씀드리겠습니다. 그 여행은 소풍이나 다름없었습니다.

금요일 아침 8시, 베버 씨와 아침 식사를 마친 뒤 저희는 길을 나섰고, 4시에 키르히하임볼란덴에 도착했습니다. 즉시 궁정에 도착을 알렸고, 다음 날 아침 일찍 로트피셔 악장이 저희를 찾아왔습니다. 저녁(토요일이었습니다)에는 궁정에 갔는데, 그곳에서 베버 양이 아리아 세 곡을 불렀습니다. 그녀의 노래는 더 말할 필요도 없이, 정말 훌륭했습니다. 제가 최근에 그녀의 장점에 대해 아

---

108 아들가서는 오르간을 연주하던 중 뇌졸중으로 사망했다. 모차르트는 여기서 포글러의 서툰 왼손 엄지 운지법이 아들가서와 똑같다고 비꼬고 있다.

버지께 편지를 썼습니다만, 이 편지에서도 그녀 이야기를 더 쓰지 않고는 도저히 끝낼 수가 없군요. 그녀를 제대로 알게 된 것이 최근의 일이라, 이제야 비로소 그녀의 진가를 발견하게 되었기 때문입니다.

저희는 장교 식당에서 저녁을 먹었습니다. 다음 날인 일요일에는 미사를 드리기 위해 조금 떨어진 가톨릭 교회에 다녀왔고, 점심은 또 장교들과 함께 했습니다. 일요일 저녁에는 음악회가 없더군요. 그러니 그들은 일 년에 300번만 음악을 듣는 셈입니다. 저녁에는 궁정에서 식사할 수도 있었지만, 저희 모두 여관에 머무는 쪽을 택했습니다. 장교 식당에서 저녁을 먹는 것조차 궁정 사람들에게 기꺼이 양보하고 싶을 만큼, 저희끼리 있을 때가 가장 즐거웠기 때문입니다. 하지만 여관 밥값이 만만치 않았기에, 돈을 아껴야 한다는 생각이 들었습니다.

월요일, 화요일, 수요일에도 저희는 계속 음악을 연주했습니다. 베버 양은 총 열세 곡을 노래했고, 피아노도 두 번 쳤는데 솜씨가 아주 좋았습니다. 제가 가장 놀란 것은 그녀가 악보를 아주 잘 읽는다는 점입니다. 제 까다로운 소나타들을 초견으로, 조금 느리게나마, 단 한 음도 틀리지 않고 연주하는 것을 상상해보십시오. 맹세컨대, 저는 포글러보다 그녀가 연주하는 제 소나타를 듣는 편이 훨씬 낫습니다. 저는 열두 번 연주했고, 한 번은 소원을 들어주어 루터 교회에서 오르간을 연주했습니다.

저는 공주님께 교향곡 네 편을 선물했는데, 고작 7루이도르를 받았습니다. 우리 가엾은 베버 양은 5루이도르를 받았고요. 이런 결과는 전혀 예상하지 못했습니다! 큰돈을 기대하지는 않았지만, 그래도 각자 8루이도르씩은 받으리라 생각했는데 말입니다. 뭐, 그만두지요! 그래도 손해는 보지 않았습니다. 저는 42플로린의 수익을 얻었고, 무엇보다 훌륭하고 정직한 분들을 알게 되는 기쁨을 누렸으니까요.

4일—이제 답장을 부탁드릴 시급한 일이 있습니다. 어머니와 저는 벤틀링 가족의 생활 방식이 마음에 들지 않는다는 데 의견을 같이했습니다. 벤틀링 씨는 존경할 만한 분이지만, 안타깝게도 신앙심이 전혀 없고 온 가족이 마찬가지입니다. 그의 딸이 평판이 아주 나빴다는 것만 말씀드려도 충분할 겁니다. 람은 좋은 친구지만, 방탕한 사람입니다. 저는 제 자신을 압니다. 저는 신앙심이 깊어 결코 부끄러운 짓을 할 사람이 아닙니다. 하지만 여행 중에 저와(그리고 모든 선한 사람들과) 사고방식이 이토록 다른 사람들과 같이 있다는 생각만으로도 마음이 불편합니다. 저는 그들과 파리로 여행을 갈 마음이 전혀 없습니다. 단 한 시간도 즐거울 것 같지 않고, 무슨 말을 해야 할지도 모르겠습니다. 요컨대, 그들을 신뢰할 수 없습니다. 신앙이 없는 사람과는 깊은 관계를 맺을 수 없습니다.

저는 이미 그들에게 힌트를 주었습니다. 제가 없는 동안 도착한 편지 세 통을 핑계로, 지금으로서는 파리로 동행할 수 없을 것 같다고 말했습니다. 나중에 따라가거나, 어쩌면 다른 곳으로 갈지도 모른다고요. 그러니 저를 믿고 기다리지 말라고 했습니다.

이제 저는 데 장 씨를 위한 음악을 마음 편히 끝낼 수 있을 겁니다. 그는 제게 200플로린을 줄 것입니다. 저는 원하는 만큼 이곳에 머물 수 있고, 숙식비도 전혀 들지 않습니다. 그동안 베버 씨와 연주회를 몇 번 더 열고, 그 후에 함께 여행을 떠날 생각입니다. 그와 함께 있는 것은 아버지와 함께 있는 것과 같습니다. 제가 그를 그토록 좋아하는 이유가 바로 이것입니다. 외모만 빼고, 그는 모든 면에서 아버지를 닮았고, 생각하는 방식도 똑같습니다. 어머니께서 워낙에 느긋한 성품이 아니셨다면, 제가 하는 말과 똑같이 편지를 쓰셨을 겁니다. 그분과의 여행은 정말 즐거웠습니다. 저희는 내내 유쾌했지요. 그분 덕분에 저는 아무것도 신경 쓸 필요가 없었고, 옷이 찢어져도 어느새 다 수선되어 있었습니다. 한마디로, 왕자처럼 대접받았습니다.

저는 이 어려운 처지의 가족에게 너무나 깊은 애정을 느끼고, 그들을 행복하게 해주는 것이 저의 가장 큰 소망입니다. 어쩌면 제가 그 일을 해낼 수 있을지도 모릅니다. 제 생각에 그들은 이탈리아로 가야 합니다. 아버지께서 친구인 루지아티[109]에게 편지를 써서, 베로나에서 프리마돈나가 받을 수 있는 최고 대우가 어느 정도인지 알아봐 주시길 간청드립니다. 많을수록 좋습니다. 낮은 조건을 받아들이는 것은 언제나 쉬우니까요. 어쩌면 베네치아에서 승천 축일 시즌에 공연할 기회를 얻을 수도 있을 겁니다. 그녀의 노래 실력은 제 목숨을 걸고 보장합니다. 이 짧은 시간에도 제게서 많은 것을 배웠는데, 그때가 되면 얼마나 더 발전해 있겠습니까!

만약 이 계획이 실현된다면, 베버 씨와 그의 두 딸, 그리고 저는 잘츠부르크를 거치면서, 사랑하는 아버지와

---

109 피에트로 루지아티(Pietro Lugiati, 1724~1788). 베로나의 지방 세무 관리인.

누나를 2주간 뵙는 행복을 누릴 수 있을 겁니다. 제 누나는 베버 양의 좋은 친구가 되어줄 겁니다. 그녀 역시 누나처럼 훌륭한 교육 덕분에 이곳에서 최고의 평판을 누리고 있으니까요. 베버 씨는 아버지를 닮았고, 온 가족이 저희 모차르트 가족을 닮았습니다. 물론 저희가 당했던 것처럼 그들을 험담하는 사람들도 있습니다만, 막상 결정적인 순간이 오면 그들도 진실을 인정할 수밖에 없을 겁니다. 그리고 진실이야말로 살아남는 법이니까요.

아버지께서 그녀의 노래를 직접 들어보실 수 있도록, 제가 그들과 함께 잘츠부르크에 들를 수 있다면 정말 기쁠 것입니다. 그녀는 제가 드 아미치스를 위해 썼던 아리아는 물론이고, 브라부라 아리아[110]인 "Parto m'affretto"와 "Dalla sponda tenebrosa"까지 그녀는 눈부시게 소화해냅니다. 부디 저희가 같이 이탈리아로 갈 수 있도록 도와주십시오. 제 가장 큰 소망이 오페라를 쓰는 것임을 아버지께서도 아시지 않습니까.

저는 베버 양의 명성을 위해 단돈 30체키니만 받고도 기꺼이 오페라를 쓸 것입니다. 그렇게 하지 않으면 그녀가 희생될까 두렵습니다. 그때까지 저는 다른 곳들을 돌며 돈을 벌어 손해를 메울 생각입니다. 저희는 스위스나 네덜란드로 갈지도 모릅니다. 부디 이 일에 대해 빨리 답장을 주십시오. 저희가 어디서든 오래 머물게 된다면, 요리를 잘하는 맏딸[111]이 큰 도움이 될 겁니다.

빠른 답장을 보내주시길 바랍니다. 오페라를 쓰고 싶은 제 소망을 잊으면 안 됩니다. 저는 오페라를 쓰는 모든 사람을 질투합니다. 아리아를 듣거나 볼 때면 분해서 울음이 터질 지경입니다. 하지만 이탈리아 오페라여야 합니다. 독일 오페라가 아니라요. 세리아여야죠, 부파가 아니고요!

이제 제 마음속의 모든 것을 털어놓았습니다. 어머니께서도 제 계획에 만족하십니다.

*

그러나 어머니는 다음과 같은 추신을 덧붙였다.

동봉한 편지를 보시면 아시겠지만, 볼프강은 새로운 친구를 사귀면 목숨이라도 걸 것처럼 굽니다. 그 아가씨가 비할 데 없이 노래를 잘하는 것은 사실이지만, 우리 자신의 이익을 잊어

---

110   브라부라 아리아(Bravura Aria). 가수의 화려하고 고난도의 기교를 과시하기 위해 작곡된 아리아다.
111   요제파 베버(Josepha Weber, 1758~1819). 훗날 모차르트는 그녀를 위해 오페라 「마술피리Die Zauberflöte」의 '밤의 여왕' 역할을 작곡했다.

서는 안 되지요. 저는 아들이 벤틀링이나 람 같은 사람들과 어울리는 것이 영 마음에 들지 않았지만, 감히 반대하지 못했습니다. 어차피 제 말을 듣지도 않았을 테고요. 하지만 이 베버 가족을 알게 되자마자, 아들은 즉시 마음을 바꿨습니다. 요컨대, 아들은 저보다 다른 사람들을 더 좋아합니다. 제가 가끔 잔소리를 하면, 볼프강이 그걸 싫어하거든요. 저는 지금 볼프강이 저녁 식사를 하는 동안, 아들 모르게 아주 조심히 이 글을 쓰고 있습니다.

며칠 후 볼프강은 아버지에게 더욱 강하게 재촉한다.

만하임
1778년 2월 7일

쉬덴호펜 씨가 곧 결혼한다는 소식을
아버지 편으로 진작 알려주셨더라면

축하의 의미로 새 미뉴에트라도 한 곡 작곡했을 겁니다. 두 분의 행복을 진심으로 기원합니다. 하지만 결국, 그 결혼은 돈 때문에 하는 것, 그 이상도 이하도 아닙니다! 저는 결코 그런 식으로 결혼하고 싶지 않습니다. 저는 제 아내를 행복하게 해주고 싶지, 아내를 통해 부자가 되고 싶지는 않습니다. 그래서 저는 아내와 자식들을 모두 부양할 수 있을 만큼 부유해지기 전까지는, 제 황금 같은 자유를 마음껏 누릴 생각입니다.

쉬덴호펜 씨는 부유한 아내를 택해야만 했습니다. 그의 신분이 그것을 강요했지요. 귀족들은 사랑이나 취향이 아니라, 오직 이익과 온갖 이해관계를 따져 결혼해야 하니까요. 자신의 의무를 다하고 상속자를 낳은 아내를 사랑하는 것은 고귀한 귀족에게는 어울리지 않는 일이겠지요. 하지만 저희처럼 미천한 사람들에게는 우리를 사랑하고 우리가 사랑하는 아내를 택할 수 있는 특권이 있습니다. 우리는 귀족도, 명문가도, 부자도 아닌, 그저 평범하고 가난한 사람들이니까요. 그래서 우리는 부유한 아내가 필요 없습니다. 우리의 부는 머릿속에 있고, 그 누구도 빼앗을 수 없으니까요. 그것을 빼앗으려면 우리의 머리를 잘라야 할 텐데, 그렇게 되면 더는 아무것도 필요 없게 되겠지요.

제가 이 사람들과 함께 파리로 가지 않는 주된 이유는 이미 썼습니다만, 또 다른 이유는 파리에서 제가 무엇을 해야 할지 깊이 생각해보았기 때문입니다. 저는 제자 없이는 생활할 수 없을 텐데, 그 일 자체가 제게 맞지 않습니다. 여기 확실한 예가 하나 있습니다. 저는 제자 두 명을 받을 수 있었습니다. 각각 세 번씩 찾아갔지만, 한 명이 집에 없자 그 뒤로는 다시 가지 않았습니다. 저는 호의로, 특히 재능과 열의가 보이는 사람을 가르치는 것은 기꺼이 할 수 있습니다. 하지만 정해진 시간에 남의 집에 가거나, 집에서 하염없이 기다려야 하는 일은, 지금 버는 돈의 두 배를 준다 해도 참을 수 없습니다. 그건 제게 불가능한 일이니, 피아노나 치는 사람들에게나 맡겨두십시오. 저는 작곡가이며, 궁정 악장이 될 운명으로 태어났습니다. 하느님께서 이토록 넘치게 주신 작곡의 재능을 (이것은 교만에서 하는 말이 아니라, 지금 그 어느 때보다도 더 절실하게 느끼는 바입니다) 헐값에 음악 교습이나 하면서 묻어버릴 수도 없고, 그래서도 안 됩니다. 수많은 제자를 받는 것이 바로 그런 짓이 될 겁니다. 게다가 음악 교습을 하는 건 가장 불안정한 일이기도 합니다.

그리고 저는, 말하자면, 작곡보다는 차라리 피아노를 소홀히 하겠습니다. 피아노는 제게 부차적인 수단일 뿐이니까요(물론, 하느님 감사합니다, 아주 강력한 수단이긴 합니다만).

세 번째 이유는, 친구 그림 남작이 파리에 있는지도 확실하지 않다는 겁니다. 그가 있기만 하다면, 저는 언제든 우편 마차를 타고 갈 수 있습니다. 여기서 스트라스부르를 거쳐 가는 좋은 마차가 있으니까요. 저희는 어차피 그 마차를 타고 갈 생각이었습니다. 그들도 이런 식으로 여행합니다. 벤틀링 씨는 제가 그들과 함께 가지 않는 것에 몹시 서운해합니다만, 저는 이것이 순수한 우정보다는 이기심에서 비롯된 것이라고 믿습니다. 저는 그에게 (제가 없는 동안 편지가 도착했다는 핑계 외에도) 교습 문제를 이야기하며, 제게 '확실한 일자리'를 알아봐 달라고 부탁했습니다. 그런 경우라면 기꺼이 파리로 따라가겠다고 말입니다(언제든지 갈 수 있으니까요). 특히 제 마음속에는 늘 오페라를 쓰고 싶다는 생각이 가득한데, 이왕이면 독일 오페라보다는 프랑스 오페라를, 그보다는 이탈리아 오페라를 쓰고 싶다고 말했습니다.

벤틀링 가족 모두 제 작품이 파리에서 큰 성공을 거두리라 생각합니다. 저 역시 그러리라 확신합니다. 아시다시피, 저는 어떤 작곡 스타일이든 제 것으로 만들 수 있으니까요. 이곳에 온 직후, 구스텔 양(따님입니다)을 위해 프랑스 노래를 한 곡 써주었는데, 그녀가 직접 가사를 주었고 정말 훌륭하게 부릅니다. 아버지께도 보내드리니 한번 들어보십시오. 벤틀링 씨는 이 노래에 완전히 반해서 매일 부른답니다.

만하임
1778년 2월 14일

**2월 9일자 아버지의 편지를 보니,
아직 제 마지막 편지 두 통을 받지 못하셨군요.**

벤틀링 씨와 람 씨는 내일 아침 일찍 이곳을 떠납니다. 만약 제가 파리에 가지 않은 일로 아버지께서 진심으로 언짢아하실 줄 알았다면, 저도 여기 머문 것을 후회했을 겁니다. 하지만 그러지 않으셨으면 합니다. 파리로 가는 길은 아직 제게 열려 있습니다. 벤틀링 씨는 그림 남작의 소식을 알아보는 대로 바로 알려주겠다고 약속했습니다. 파리에 그만한 친구가 있다면, 저는 분명 그곳으로 갈 겁니다. 그가 저를 위해 길을 터줄 것이 틀림없으니까요. 제가 그들과 함께 가지 않은 결정적인 이유는, 어머니께서 아우크스부르크를 거쳐 돌아가실 여정을 아직 정하지 못했기 때문입니다. 여행 경비가 많이 들지는 않을 겁니다. 여기서 저렴하게 마차를 구할 수 있으니까요. 그때까지 어머니의 여비를 마련할 만큼 돈을 벌 수 있기를 바랄 뿐입니다.

지금 당장은 정말 그럴 수 있을 것 같지 않습니다. 데 장 씨가 내일 파리로 떠나는데, 약속드린 협주곡 세 곡과 4중주 네 곡 중 두 곡의 협주곡과 세 곡의 4중주만 완성했기 때문에, 그는 제게 96플로린만 보냈습니다(아마 200플로린의 절반을 계산하다 4플로린을 실수한 모양입니다). 하지만 그는 제게 전액을 지불해야 합니다. 그것이 제가 벤틀링 씨와 맺은 약속이었고, 나머지 곡들은 나중에 보내주면 되니까요.

곡들을 다 끝내지 못한 것은 놀라운 일이 아닙니다. 저는 여기서 단 한 시간도 조용한 시간을 가져본 적이 없으니까요. 저는 밤에만 작곡을 할 수 있어 아침에 일찍 일어나지도 못합니다. 게다가, 사람이 항상 일하고 싶은 의욕이 넘치는 것도 아니지 않습니까. 물론, 하루 종일 휘갈겨 쓸 수도 있겠지만, 이런 작품은 세상에 나가는 것이고, 저는 제 이름이 붙은 작품을 부끄러워할 일을 만들고 싶지는 않다는 각오입니다. 게다가 아버지께서도 아시다시피, 제가 정말 싫어하는 악기[112]를 위해 억지로 계속 작곡해야 할 때면, 머리가 꽉 막혀버립니다.

---

[112] 모차르트는 플루트를 좋아하지 않았다.

그래서 틈틈이 피아노와 바이올린을 위한 듀엣 같은 다른 작업을 했고, 미사곡 작업도 했습니다. 이제는 출판을 목표로 피아노 듀엣 작곡을 본격적으로 시작했습니다. 선제후께서 여기 계셨다면 미사곡도 금방 끝냈을 텐데요. 하지만 어쩔 수 없는 일은 어쩔 수 없는 것이지요!

가장 사랑하는 아버지, 아버지의 마음이 담긴 편지에 진심으로 감사합니다. 저는 그 편지를 보물처럼 간직하고 항상 되새기겠습니다. 부디 어머니께서 잘츠부르크로 돌아가실 일정을 잊지 마시고, 정확한 날짜를 알려주십시오. 그리고 제가 지난 편지에 부탁드렸던 아리아들도 기억해주십시오. 제 기억이 맞다면, 예전에 제가 적어두었던 카덴차[113] 몇 개와, 콜로라투라[114]가 있는 칸타빌레[115] 아리아도 있지 않았습니까? 베버 양의 연습곡으로 쓸 수 있도록, 그것들을 먼저 받아보고 싶습니다. 저는 방금 그녀에게 바흐의 안단티노 칸타빌레를 가르쳐 주었습니다.

어제 칸나비히 댁에서 연주회가 있었는데, 첫 교향곡(칸나비히의 곡)만 빼고 처음부터 끝까지 모두 제 작품이었습니다. 로제 양이 제 B플랫 장조 협주곡을 연주했고, 람 씨가(분위기를 바꾸기 위해) 페를렌디스[116]를 위해 작곡했던 오보에 협주곡을 다섯 번째로 연주했는데, 대단한 반향을 일으켰습니다. 그 곡은 이제 완전히 람의 장기가 되었습니다. 베버 양은 드 아미치스를 위한 제 브라부라 아리아를 아주 매력적으로 불렀습니다. 그다음에는 이곳에서 아주 인기 있는 제 옛 D장조 협주곡을 연주했고, 30분간 즉흥 연주를 한 뒤, 베버 양이 아리아 "Parto, m'affretto"를 불렀습니다. 그리고 마지막으로 오페라 「양치기 왕Il Re Pastore」의 서곡이 교향곡으로 연주되었습니다.

부디 베버 양의 일에 신경을 써주시길 간절히 부탁드립니다. 그녀가 잘되는 것보다 더 큰 행복은 제게 없을 겁니다. 부부와 아이 다섯이 고작 450플로린의 연봉으로 살아가고 있습니다! 이탈리아와 그곳에 가고 싶은 제 소망을 잊지 마십시오. 제 강한 열망을 아버지께서는 아시

---

113 카덴차(Cadenza). 협주곡이나 아리아의 끝부분에 삽입되는 화려한 무반주 독주(또는 독창).
114 콜로라투라(Coloratura) 빠르고 화려하며 장식적인 음표들로 이루어진 고난도의 성악 기교.
115 칸타빌레(Cantabile). 부드럽고 서정적인 선율을 가진 아리아.
116 주세페 페를렌디스(Giuseppe Ferlendis, 1755~1810). 베르가모 출신의 오보에 연주자.

잖습니까. 모든 것이 잘되기를 바랍니다. 저는 저희를 결코 버리지 않으실 하느님을 믿습니다. 이제 안녕히 계시고, 제 모든 부탁을 잊지 말아 주십시오.

※

이 편지들은 아버지를 대단히 놀라게 했고, 그는 아들에게 길고 아주 진지한 편지를 보냈다.

"네 여행의 목적은 부모를 돕고, 사랑하는 누이의 앞날에 보탬이 되며, 무엇보다 세상에서 너 자신의 명예와 명성을 얻는 것이었다. 너는 소년 시절에 이미 어느 정도 그것을 이루었다. 이제 그 어떤 음악가도 닿지 못했던 가장 높은 곳까지 오르는 것은 전적으로 네게 달려 있다. 그것은 자비로우신 하느님께서 네게 내려주신 그 놀라운 재능에 보답하기 위해 네가 마땅히 져야 할 의무다.
세월이 흐른 뒤 잊히는 그저 그런 예술가로 남을 것인지, 아니면 후세 사람들이 책에서 위인으로 읽게 될 위대한 악장이 될 것인가는 오롯이 너의 분별력과 처신에 달려 있다. 예쁜 얼굴에 홀려 언젠가 짚단 위에서 비참하게 죽으며 처자식을 굶주리게 할 것인지, 아니면 경건한 기독교인으로 살다가 명예와 자립 속에서 평화롭게 눈을 감고 가족들에게 안락한 삶을 남겨줄 것인지도 너에게 달려 있다."

그는 계속해서 아들이 지금까지 여행의 목적을 얼마나 하찮게 여겼는지, 그리고 무엇보다 그 어린 소녀를 이탈리아 무대에 프리마돈나로 세우겠다는 생각이 얼마나 어리석은지를 지적했다. 그러기 위해서는 시간과 훌륭한 훈련이 먼저 필요한데도 말이다. 게다가 낯선 이들과 세상을 떠돌며 돈 때문에 되는대로 작곡이나 하는 것은 너에게 전혀 어울리지 않는다고도 했다.

"지체 없이 파리로 떠나거라. 진정으로 위대한 사람들 옆에 네 자리를 만들어라. 카이사르가 되거나, 아무것도 되지 않거나 *Aut Caesar aut nihil*. 파리라는 이름이 가진 무게만 생각했더라면, 모든 덧없는 망상으로부터 네 자신을 지켰어야 마땅했다."

이 편지에 볼프강은 다음과 같이 대답한다.

만하임
1778년 2월 19일

**아버지께서 제가 베버 가족과 함께 여행하는 것을
반대하실 줄은 알고 있었습니다.**

저 역시 그럴 의도는 전혀 없었습니다. 적어도 지금 상황에서는요. 제가 그들에게 명예를 걸고 약속한 이상, 아버지께 그렇게 편지를 쓸 수밖에 없었습니다. 베버 씨는 저희 형편을 모르고, 저는 당연히 아무에게도 말하지 않을 겁니다. 아, 그 누구의 눈치도 볼 필요 없이 우리 모두가 독립적이었다면 얼마나 좋을까요! 하지만 그 순간의 들뜬 마음에, 저는 그 일이 당장은 불가능하다는 사실과, 제가 한 일을 아버지께 먼저 말씀드려야 한다는 사실을 모두 잊었습니다. 제가 지금 파리에 없는 이유는 마지막 두 통의 편지로 분명해졌을 겁니다. 만약 어머니께서 먼저 그 주제(벤틀링 일행과의 여행)를 꺼내지 않으셨다면, 저는 분명 그 친구들과 같이 떠났을 겁니다. 하지만 어머니께서 그 계획을 마음에 들어 하지 않으시는 것을 보고, 저 또한 꺼림직해졌습니다. 사람들이 저에 대한 믿음을 잃으면, 저 역시 제 자신에 대한 믿음을 잃는

경향이 있거든요.

제가 의자에 올라서서 "오라냐 피아구타 파"[117]를 노래하고, 아버지 코끝에 입 맞추던 시절은 이제 지나갔습니다. 하지만 그렇다고 해서 아버지에 대한 저의 존경과 사랑, 순종의 마음이 단 한순간이라도 약해진 적이 있습니까? 더는 말씀드리지 않겠습니다.

뮌헨의 어린 가수에 대한 아버지의 비난[118]에 대해서 말씀드리자면, 제가 그런 터무니없는 거짓말을 늘어놓은 것이 어리석었다고 고백해야겠습니다. 그녀는 아직 노래가 무엇인지도 모릅니다. 물론 3개월 배운 것치고는 놀라울 정도로 잘했고 목소리도 맑았지만, 제가 그녀를 그토록 칭찬한 것은 하루 종일 사람들이 "유럽 최고의 가수다. 그녀의 노래를 듣지 않은 자는 아무것도 듣지 않은 것이다"라고 떠드는 소리를 들었기 때문입니다. 저는 감히 그들의 의견에 반대할 수가 없었습니다. 친구를 사귀고 싶었고, 또 누구에게도 반대하지 않는 잘츠부르크

---

117 이탈리아어처럼 들리지만, 아무런 의미 없이 흥얼거리는 노래.
118 레오폴트는 1777년 10월 2일자 편지에 등장하는 카이저 양에 대한 모차르트의 칭찬이 과장되었다고 말했다.

에서 막 왔으니까요. 하지만 혼자 있을 때면 웃음이 터져 나오는 것을 참을 수 없었습니다. 그렇다면 왜 아버지께는 그녀를 비웃지 않았냐고요? 저도 잘 모르겠습니다.

아버지께서 아버지 형님의 따님(제 사촌)과 저의 명랑하고 순수한 관계를 편지에서 그토록 신랄하게 비난하신 것에 분통이 터질 지경입니다. 하지만 그 관계는 아버지께서 생각하시는 것과는 전혀 다르니, 더 답할 필요도 없겠습니다. 발러슈타인에서의 일에 대해서는 무슨 말을 해야 할지 모르겠습니다. 저는 베케와 함께 있을 때나 장교 식당에서나 아주 진지했고, 누구와도 거의 말을 섞지 않았습니다. 하지만 이 모든 일은 그냥 넘어가겠습니다.[119] 아버지께서는 그저 화가 난 순간에 그렇게 쓰셨을 테니까요.

베버 양에 대한 아버지의 평가는 옳습니다. 제가 아버지께 편지를 썼을 때, 저 역시 그녀가 아직 너무 어리고, 연기를 먼저 배워야 한다는 것을 잘 알고 있었습니다. 하지만 어떤 사람들에게는 단계적으로 접근해야 하는 법입니다. 이 선량한 사람들은(아버지께서도 누구신지 아시지요) 이곳 생활에 지쳤고, 모든 것이 가능하다고 믿고 있습니다. 저는 그들에게 모든 것을 아버지께 써보겠다고 약속했습니다. 하지만 편지를 부친 뒤에도 저는 계속

해서 그녀에게 아직은 너무 어리니 인내심을 가져야 한다고 말했습니다. 그들은 저를 높이 평가하기에 제 말을 전부 호의적으로 받아들입니다. 제 조언에 따라 베버 씨는 딸의 연기 지도를 위해 토스카니 양(여배우)을 고용하기도 했습니다.

아버지께서 베버 양에 대해 쓰신 모든 것은 사실입니다. 단, 그녀가 가브리엘리처럼 노래한다는 것만 빼고요. 저는 그녀가 그런 식으로 노래하는 것은 절대 참지 못했을 겁니다. 가브리엘리를 들어본 사람이라면 누구나 그녀가 기교적인 런[120]과 룰라드[121]에만 능했을 뿐이라고 입을 모아 말할 겁니다. 그녀가 찬사를 받은 것은 그 기교가 독특했기 때문이고, 네 번 이상 들으면 질려버립니다. 그녀는 결국 오래도록 사람의 마음을 사로잡을 수 없었습니다. 롤라드는 금세 지루해지기 마련인데다, 그녀는 불행히도 제대로 노래할 줄 몰랐기 때문입니

---

119 아버지 레오폴트는 아들이 만하임에서 만난 동료 음악가 베케를 낮춰보는 듯한 태도를 꾸짖으며 그의 경솔함을 지적했다.
120 런(Run). 마치 목소리로 계단을 빠르게 오르내리는 것처럼 들리는 기교를 의미한다.
121 룰라드(Roulade). 하나의 모음 위에서 여러 개의 음표를 유연하고 화려하게 굴리듯이 노래하는 기교를 의미한다.

다. 그녀는 긴 음을 제대로 유지할 능력이 없었고, 메사 디 보체[122]도 구사할 줄 몰랐습니다. 음을 길게 끌며 강약을 조절할 수도 없었습니다. 요컨대, 그녀는 기술은 있었지만, 지성은 없었습니다.

반면에 베버 양의 노래는 사람의 마음에 와 닿고, 그녀 자신도 서정적인 칸타빌레를 선호합니다. 제가 최근 그녀에게 화려한 기교를 연습시킨 것은, 만약 이탈리아에 가게 된다면 그런 브라부라 아리아를 불러야 하기 때문입니다. 그녀의 천성은 칸타빌레이므로, 절대 그것을 잃지 않을 겁니다. 아첨꾼이 아닌 라프 씨도, 진솔한 의견을 묻자 이렇게 말했습니다. "그녀는 학생이 아니라, 대가처럼 노래합니다."

이제 모든 사정을 아시겠지요. 저는 여전히 온 마음을 다해 아버지께 그녀를 추천합니다. 부디 그녀를 위한 아리아와 카덴차 등을 잊지 말아 주십시오. 정말 배가 고파서 더는 편지를 쓰기 힘듭니다. 저희 돈 사정은 어머니께서 알려주실 겁니다.

---

[122] 메사 디 보체(messa di voce). 한 음을 점차 강하게(크레센도) 했다가 다시 여리게(데크레센도) 하는 성악 기법이다.

사랑하는 우리 누나에게 제 포옹을 전합니다. 사소한 일에 너무 슬퍼하고 있으면 안 돼. 그러다간 내가 정말 집에 안 돌아갈지도 몰라.

만하임
1778년 2월 22일

저는 지금 이틀째 집에 갇혀 있습니다.

진경제와 검은 가루약, 그리고 땀을 내기 위한 엘더플라워 차를 마셨습니다. 카타르성 염증에 코감기, 인후통, 두통, 안통, 귀앓이까지 겹쳤기 때문입니다. 하지만 하느님 은총으로 이제는 나아졌고, 내일인 일요일에는 외출할 수 있기를 바랍니다. 16일자 아버지의 편지와 파리로 가는 추천서 두 통은 잘 받았습니다. 제 프랑스 아리아가 아버지 마음에 드셨다니 기쁩니다.

이번에 글을 길게 쓰지 못하더라도 용서하십시오. 정말 그럴 수가 없습니다. 두통이 재발할까 두렵고, 오늘은 글을 쓸 기분이 아니니까요. 제 모든 생각을 글로 옮기는 것은 불가능할 것 같습니다. 차라리 직접 말씀드리는 편이 낫겠지요. 지난 편지에 모든 것을 있는 그대로 썼으니, 저를 어떻게 생각하시든 아버지의 자유입니다. 다만, 저를 나쁜 아들이라고만은 생각하지 말아 주십시오. 세상에는 가난한 소녀를 사랑하는 것에는 분명 불순한 의도가 있을 거라고 생각하는 사람들이 있겠지요. 하지만 저는 브루네티[123]도 아니고, 미슬리베체크[124]도 아닙니다. 저는 모차르트입니다. 그리고 비록 젊지만, 지조 있는 모차르트입니다. 제가 너무 격앙된 나머지 흥분했다면 용서하십시오. 제 마음을 그대로 썼을 뿐입니다. 이 주제에 대해서는 정말 할 말이 많지만, 도저히 못하겠습니다. 불가능합니다. 저를 아는 친구라면 저를 온전히 이해해주리라 믿는 것이 제 단점 중 하나입니다. 그렇다면 많은 말이 필요 없겠지요. 만약 저를 몰라준다면, 아! 무슨 말로 다 설명할 수 있겠습니까. 이런 일로 편지를 써야 한다는 것 자체가 고통스러울 뿐입니다. 하지만 이 말은 결코 아버지를 향한 것이 아닙니다, 가장 사랑하는 아버지. 아닙니다! 아버지께서는 저를 너무나 잘 이해하시고, 누구의 명예를 함부로 더럽힐 분이 아니시니까요. 저는 단지 (아버지께서도 누굴 암시하는지 아시겠지요) 그렇게 믿어버리는 사람들을 향해 말한 것뿐입니다.

오늘은 일요일이지만, 눈이 많이 와서 집에 머물기로

했습니다. 내일은 외출해야 합니다. 우리 "집의 요정"이자 제 존경하는 제자인 피에롱 양이, 매주 월요일에 여는 프랑스 연주회에서 저의 '고귀한 리차우 백작 부인을 위한 협주곡'을 엉망으로 연주할 예정이거든요. 저 또한 속죄하는 셈 치고, 그들에게 아무 곡이나 던져달라고 해서 제 초견 실력도 좀 보여줄 생각입니다. 어차피 저는 완전 풋내기라 피아노나 좀 뚱땅거리는 게 전부니까요!

이제 그만 줄여야겠습니다. 오늘은 편지보다는 음악에 더 마음이 가기 때문입니다. 부디 카덴차와 칸타빌레[125]를 잊지 말아 주십시오. 아리아를 그토록 빨리 필사해 주신 점, 진심으로 감사합니다. 아버지께 무언가 부탁드렸을 때 이렇게 들어주시는 것이, 저를 믿어주신다는 증거가 되니까요.

---

[123] 안토니오 브루네티(Antonio Brunetti, 1744~1786). 잘츠부르크 궁정 오케스트라의 바이올리니스트. 여성 편력이 심한 것으로 알려졌다.
[124] 요제프 미슬리베체크(Josef Mysliveček, 1737~1781). 보헤미아 출신의 작곡가. 방탕한 생활로 유명했다.
[125] 앞선 편지에서 언급한, 알로이지아 베버를 위한 카덴차와 칸타빌레를 의미한다.

만하임
1778년 2월 28일

**다음 주 금요일이나 토요일에는 부탁드린
아리아들을 받을 수 있으면 좋겠습니다.**

아버지의 마지막 편지에는 그에 대한 언급이 없으셔서, 22일에 부치셨는지 모르겠습니다. 부디 그러셨기를 바랍니다. 베버 양에게 얼른 연주를 해주고 싶으니까요.

어제 라프[126] 씨 댁에 가서, 그를 위해 새로 쓴 아리아를 드렸습니다. 가사는 "내 입술을 믿지 못한다면, 나의 적이여Se al labbro mio non credi, nemica mia"입니다. 메타스타시오의 작품은 아닌 것 같더군요. 그 아리아는 그를 상상 이상으로 기쁘게 했습니다. 이런 분과 작업할 때는 아주 세심해야 합니다. 제가 일부러 이 가사를 고른 이유는, 그가 예전에 같은 가사로 직접 작곡한 적이 있어서 더 쉽게 부를 수 있을 거라 생각했기 때문입니다. 저는 그에게 혹시라도 마음에 들지 않으면 솔직하게 말해달라고 했습니다. 얼마든지 수정하거나 다른 곡을 써줄 테니 말입니다. "절대 안 되오!" 그가 말했습니다. "이대로 두어야 하오. 이보다 더 아름다울 수는 없을 테니. 다만 내 목으로는 이제 긴 곡을 소화하기가 힘드니, 조금만 줄여주시면 좋겠소."

"물론이지요." 제가 답했습니다. "원하시는 만큼 얼마든지요. 일부러 길게 만들었습니다. 길게 만드는 것보다 짧게 줄이는 것이 훨씬 쉬우니까요." 그가 2부를 부르고 나서는, 안경을 벗고 저를 빤히 쳐다보며 말했습니다. "아름답군! 정말 아름다워! 이 2부는 정말 매력적이오." 그리고는 그 부분을 세 번이나 불렀습니다. 제가 떠날 때 그는 진심으로 고마워했고, 저는 그가 틀림없이 부르고 싶어지도록 다듬어주겠다고 약속했습니다. 제 생각에, 아리아는 잘 맞춘 옷처럼 가수에게 딱 맞아야 합니다.

저는 또한 연습 삼아, 바흐가 멋지게 작곡한 아리아 "Non so d'onde viene"를 편곡했습니다. 저는 바흐의 그 곡을 아주 잘 알고 좋아하기에, 그와는 완전히 다른 곡을 써낼 수 있을지 시험해보고 싶었습니다. 그리고 정말이지, 제 곡은 원곡과 아주 작은 부분조차 닮지 않았습니다. 원래 이 아리아는 라프 씨를 위해 쓰기 시작했지

---

126 안톤 라프(Anton Raaff, 1714~1797). 당시 활동하던 테너 가수다.

만, 시작 부분이 그의 음역에는 너무 높은 것 같았습니다. 하지만 그 시작 부분이 너무 마음에 들어 바꾸고 싶지는 않았고, 관현악 반주 역시 소프라노에 더 어울린다고 생각했습니다. 그래서 이 곡은 베버 양을 위해 쓰기로 결심했습니다.

저는 이 곡을 잠시 제쳐두고, 라프 씨를 위해 "Se al labbro mio non credi, nemica mia"를 쓰기 시작했습니다. 하지만 허사였습니다. 처음 썼던 그 멜로디가 머릿속을 떠나지 않아 다른 곡을 쓸 수가 없었거든요. 결국 저는 다시 그 곡으로 돌아와, 베버 양의 목소리에 완벽하게 맞도록 다듬기 시작했습니다. 짧은 레치타티보 뒤에 안단테 소스테누토[127]가 이어지는 곡입니다. 작업이 끝났을 때, 저는 베버 양에게 말했습니다. "우선 혼자서 이 아리아를 익혀서, 당신만의 느낌대로 한번 불러보세요. 그걸 먼저 들어본 후에, 제 마음에 드는 점과 그렇지 않은 점을 솔직하게 이야기해 드리겠습니다."

며칠 뒤 그녀를 찾아갔을 때, 그녀는 직접 반주를 하며 제게 노래를 불러주었습니다. 맹세컨대, 그녀는 제가 바랐던 그대로, 마치 제가 직접 가르쳐준 것처럼 노래했습니다. 이 곡은 그녀의 최고의 아리아가 될 것이며, 어디를 가든 그녀의 성공을 보장해 줄 겁니다.

어제 벤틀링 댁에서는 부인께 약속했던 아리아를 짧은 레치타티보와 함께 스케치했습니다. 가사는 그녀가 직접 「디도네Didone」에서 고른 "Ah, non lasciarmi, no"였습니다. 그녀와 따님 모두 이 아리아에 완전히 반해버렸습니다. 저는 따님을 위해 프랑스풍 아리아도 몇 곡 써주기로 약속했고, 오늘 그중 하나를 쓰기 시작했습니다.

파리의 '콩세르 스피리튀엘'을 생각하면 마음이 설렙니다. 그곳을 위해 작곡을 의뢰받게 될 것 같기 때문입니다. 그곳 오케스트라가 워낙 훌륭하니, 제가 가장 좋아하는 합창을 제대로 선보일 수 있을 겁니다. 프랑스 사람들이 합창 음악을 높이 평가한다는 이야기를 들으니 더욱 기쁩니다. 피치니의 새로운 오페라 「롤랑Roland」이 전반적으로는 호평을 받았지만, 합창이 너무 빈약하고 음악이 단조롭다는 유일한 결점이 지적되고 있습니다. 파리 사람들은 글루크[128]의 합창곡 외에는 귀에 들어

---

[127] 안단테 소스테누토(Andante Sostenuto). 느린 걸음걸이 빠르기(안단테)로, 음 하나하나를 충분히 이어서(소스테누토) 연주하라는 뜻의 이탈리아어 음악 지시어.

[128] 크리스토프 빌리발트 글루크(Christoph Willibald Gluck, 1714~1787). 독일 작곡가.

오지도 않는다는 말까지 있으니까요.[129] 그러니 믿어주십시오. 저는 '모차르트'라는 이름에 명예를 더하기 위해 최선을 다할 겁니다. 그 점에 대해서는 아무런 두려움도 없습니다.

지난 편지들로 이제 제 상황과 진짜 속마음이 무엇인지 분명히 아셨을 겁니다. 부디 제가 아버지를 잊을 수 있다는 생각은 결코 하지 말아 주십시오. 저는 그런 생각만으로도 견딜 수가 없습니다. 언제나 변함없는 제 가장 큰 바람은 우리가 곧 행복하게 다시 만나는 것입니다. 다만 인내심을 가져야 합니다. 일이 종종 엇나간다는 것을 아버지께서는 저보다 더 잘 아시지 않습니까. 하지만 결국에는 모든 것이 제자리로 돌아올 테니, 조금만 더 참고 기다려 주십시오! 저희를 결코 버리지 않으실 하느님께 의지합시다. 저는 결코 기대를 저버리지 않을 겁니다. 어떻게 저를 의심하실 수 있습니까? 가장 사랑하고 친절한 아버지를 온 마음으로 다시 껴안는 그 기쁨과 행복을 누리기 위해 제 모든 힘을 다해 일하는 것은 당연한 제 의무입니다(물론 빠르면 빠를수록 좋겠지요).

하지만 세상 어느 일인들 사적인 동기에서 완전히 자유로울 수 있겠습니까. 만약 바이에른에서 전쟁이 일어난다면, 부디 즉시 저와 합류하셨으면 합니다. 저에게는 강력하고 적수가 없는 세 친구가 있으니, 바로 하느님, 그리고 아버지의 지혜와 저의 재능입니다. 우리 두 사람의 생각은 정말이지 아주 다르지만, 각자의 방식대로 쓸모가 있지요. 그리고 시간이 지나면, 지금은 아버지께서 저보다 뛰어나신 지식의 분야에서 저의 재능 또한 점차 아버지만큼 성장할 수 있기를 바랍니다. 안녕히! 부디 명랑하고 기운찬 마음으로 지내십시오. 그리고 이것 하나만은 기억해주십시오. 아버지께는 아들이 하나 있습니다. 그 아들은, 단 한 번도 의도적으로 자식 된 도리를 저버린 적 없으며, 존경하는 아버지께 매일 더 어울리는 아들이 되기 위해 노력하고 있습니다.

---

129 모차르트가 파리에 머물던 당시 파리 오페라는 두 개의 파벌로 나누어져 논쟁을 벌이고 있었다. 작곡가 글루크를 지지하는 파벌은 드라마와 극적인 깊이를 강조했고, 작곡가 피치니를 지지하는 쪽은 전통적인 이탈리아 오페라의 멜로디를 옹호했다.

만하임
1778년 3월 7일

2월 26일자 편지는 잘 받았습니다.

아리아 악보를 구해주시느라 애써주셔서 정말 감사합니다. 악보도 아주 정확하더군요. "하느님 다음은 아버지다"는 제 어린 시절 신조였고, 지금도 그 마음은 변함없습니다. "아는 것이 힘이다"라는 아버지의 말씀 또한 옳습니다. 아버지의 수고는 결코 헛되지 않을 테니, 전혀 후회하지 않으셔도 됩니다. 베버 양은 아버지의 친절을 받을 자격이 충분하니까요.

언젠가 아버지께서 제가 새로 만든 아리아를 그녀의 목소리로 직접 들으실 날이 온다면 얼마나 좋을까요. 노래에 담긴 포르타멘토[130]가 무엇인지 진정으로 아시는 아버지 같은 분이라면, 그녀의 노래에서 분명 큰 기쁨을 느끼실 겁니다. 제가 파리에서 성공적으로 자리를 잡고, 하느님의 은총으로 우리 형편이 나아져 모두가 웃을 수 있게 되면, 그때 제 깊은 생각을 말씀드리며 아버지께 큰 부탁을 하나 올리겠습니다.[131]

그리고 이제 꼭 드려야 할 말씀이 있습니다. 아버지

의 마지막 편지에서, 아버지께서 그토록 초라한 차림으로 다니셔야만 한다는 대목을 읽고는 너무나 충격을 받아 눈물이 났습니다. 가장 사랑하는 아버지, 이것이 제 잘못은 아니라는 것을 알아주시리라 믿습니다. 저희는 이곳에서 할 수 있는 모든 방법으로 돈을 아끼고 있습니다. 숙식은 물론 땔감과 등불까지 모두 무료로 제공받고 있으니까요. 다만 옷차림만큼은, 아버지께서도 아시듯 타지에서 남루하게 다닐 수는 없습니다. 체면을 지켜야 하니까요.

이제 제 모든 희망은 파리에 걸려 있습니다. 독일 군주들은 하나같이 인색하니까요. 제가 온 힘을 다해 일해서, 하루빨리 아버지께서 지금의 어려운 형편에서 벗어나시게 해드리는 그 행복을 누릴 수 있기를 간절히 바랍니다.

---

130 포르타멘토(Portamento). 한 음에서 다음 음으로 넘어갈 때, 음을 끊지 않고 부드럽게 미끄러지듯이 연결하는 성악 및 기악 연주 기법이다.

131 모차르트는 이미 알로이지아 베버와의 결혼을 염두에 두고 있었다.

만하임
1778년 3월 11일

2월 26일자 아버지의 편지는 잘 받았습니다.

무엇보다도, 우리의 가장 좋은 친구인 그림 남작이 지금 파리에 있다는 소식을 알게 되어 무척 기뻤습니다.

마부가 저희를 메츠(아시겠지만, 가장 빠른 길입니다)를 거쳐 파리까지 11루이도르에 데려다주겠다고 제안했습니다. 만약 내일 10루이도르에 합의가 되면, 저는 그를 고용할 생각입니다. 어쩌면 11루이도르에도요. 그편이 저희에게는 가장 저렴한 방법이니까요. 가격도 가격이지만, 훨씬 더 편리하기도 합니다. 그가 저희 마차를 가져가는데, 즉 저희 마차의 몸체를 자신의 바퀴 위에 얹어서 가는 방식입니다. 자잘한 짐들을 저희 마차 안에 편하게 실을 수 있으니, 합승 마차에서는 불가능한 일이지요. 게다가 저희끼리만 있으니 마음대로 이야기를 나눌 수도 있고요.

결국 합승 마차를 타게 된다면, 제 유일한 걱정은 다른 사람들과 섞여서 마음대로 말도 못 하고 가야 하는 그 답답함일 겁니다. 물론 가장 저렴한 방법을 택해야 하니, 아직은 합승 마차를 타는 쪽으로 마음이 기울고 있기는 합니다만.

3부
파리에서의 고난과 어머니의 죽음
1778년 ~ 1779년

*Cuperem scire, de qua causa, a quam plurimis adolescentibus
ottium usque adeo oestimetur, ut ipsi se nec verbis,
nec verberibus ad hoc sinant abduci.*

파리
1778년 3월 24일

**어제(월요일, 23일) 오후 4시,
저희는 이곳에 무사히 도착했습니다.**

하느님 감사합니다! 꼬박 9일 반이 걸린 여정이었습니다. 정말이지 이 길의 끝이 오기는 할까 싶었습니다. 제 평생 이렇게 지쳐본 적은 없었습니다. 만하임과 그 소중한 친구들을 떠나, 열흘 가까이 마음 터놓고 말 한마디 나눌 사람 없이 여행하는 것이 어떤 기분일지 쉽게 짐작하실 수 있을 겁니다. 하늘에 감사합니다, 저희는 목적지에 도착했고, 하느님의 도우심으로 모든 일이 잘 풀리리라 믿습니다.

오늘 저희는 마차를 빌려 그림 남작과 벤틀링 씨를 찾아 나설 것입니다. 내일 아침 일찍 팔츠 공국의 공사인 지킹엔 씨를 방문할 생각입니다(그는 위대한 감식가이자 열정적인 음악 애호가이며, 저는 갬밍엔 씨와 칸나비히 씨에게 받은 추천서 두 통을 가지고 있습니다).

만하임을 떠나기 전, 저는 갬밍엔[132] 씨를 위해 예전에 로디의 한 여관에서 하룻밤 만에 썼던 4중주, 5중주,

그리고 피셔 변주곡을 필사하도록 했습니다. 그러자 그는 기뻐하며, 그의 친구인 지킹엔 씨에게 보내는 아주 정중한 추천서를 써주었습니다. 그는 이렇게 덧붙이더군요. "이 편지가 당신을 보증하기보다는, 오히려 당신이라는 인물이 이 편지의 가치를 높여주리라 확신하오." 그리고 악보 필사비로 3루이도르를 보내주었습니다. 그는 제게 우정을 약속하며, 제 우정을 청하기도 했습니다. 모든 궁정 음악가들은 물론이고, 저를 아는 모든 사람들이 제가 떠나는 것을 진심으로 슬퍼하고 아쉬워했다는 것을 말씀드려야겠습니다.

저희는 14일 토요일에 떠났는데, 그 전 목요일에는 칸나비히 댁에서 오후 연주회가 열렸습니다. 그 자리에서 제가 작곡한 세 대의 피아노를 위한 협주곡이 연주되었지요. 로제 칸나비히 양이 1번, 베버 양이 2번, 그리고 저희 '집의 요정'인 피에롱 세라리우스 양이 3번 피아노를 맡았습니다. 저희는 그 협주곡을 세 번이나 연습했고, 연주는 대성공이었습니다.

---

132 오토 하인리히 폰 젬밍엔-호른베르크(Otto Heinrich von Gemmingen-Hornberg, 1755~1836). 만하임의 귀족이자 극작가.

베버 양은 제 아리아 세 곡, 즉 「양치기 왕」의 "Aer tranquillo"와 새로운 아리아 "Non so d'onde viene"을 불렀습니다. 이 마지막 아리아로 제 사랑하는 베버 양은 자기 자신은 물론 저에게까지 정말 큰 영광을 안겨주었습니다. 그 자리에 있던 모든 사람들이 이토록 감동적인 아리아는 없었다고 말할 정도였습니다. 정말이지, 그녀는 그 곡이 마땅히 불려야 할 방식 그대로 노래했습니다. 곡이 끝나자마자 칸나비히가 외쳤습니다. "브라보! 브라비시모, 마에스트로! 진정한 대가의 솜씨요!" 이 곡이 오케스트라와 함께 연주된 것은 처음이었는데, 아버지께서도 그 자리에 계셔서 그 정확한 박자와 품격, 섬세한 표현을 직접 들으셨더라면 얼마나 좋았을까요. 언젠가 아버지께서도 그녀의 노래를 직접 들으실 날이 오겠지요.

만하임의 존경받는 친구들은 제가 그곳에 머물기를 몹시 바랐습니다. 글쎄요, 저는 제대로 된 보수만 받는다면 어디든 좋습니다. 아직 기회가 남아있을지도 모르지요. 그리고 저는 언제나 그렇듯, 희망을 버리지 않습니다.

칸나비히 씨는 훌륭하고 좋은 친구입니다. 다만 한 가지 흠이 있다면, 이제 나이가 들어서인지 다소 건망증

이 있고 정신이 팔려있을 때가 많다는 겁니다. 눈앞에 계속 있지 않으면 사람을 잘 잊어버리곤 하지요. 하지만 진정한 친구의 일이 걸리면, 그는 황소처럼 일하며 온 마음을 다해 헌신합니다. 그가 영향력 있는 사람이라 이건 큰 도움이 됩니다.

하지만 그의 예의나 감사 표시에 대해서는 별로 할 말이 없군요. 제가 그 절반도 챙겨주지 못한 베버 가족은, 그 가난하고 이름 없는 처지에도 훨씬 더 큰 고마움을 표했습니다. 칸나비히 부인과 따님은 제게 고맙다는 말 한마디 한 적이 없습니다. 하다못해 작은 기념품 하나 줄 생각도 않더군요. 그 댁 따님을 가르치느라 그토록 많은 시간을 쏟았는데도 말입니다. 이제 그녀는 누구 앞에서든 완벽하게 연주할 수 있습니다. 겨우 열네 살 아마추어가 말입니다. 그녀가 그렇게 연주하게 된 것은 전적으로 제 덕분이며, 이건 만하임 사람이라면 누구나 아는 사실입니다. 그녀는 이제 예전에는 없었던 정확한 박자 감각과 좋은 운지법은 물론이고, 고른 트릴까지 갖추게 되었습니다. 아마 석 달 뒤면 그들은 저를 몹시 그리워하게 될 겁니다. 저는 그녀가 다시 예전처럼 엉망이 될까 봐 두렵거든요. 실력 있는 스승이 계속 붙어있지 않는 한, 그녀는 더 나아지지 않을 겁니다. 아직 혼자서 꾸준

히 연습하기에는 너무 어리고 제멋대로니까요.[133]

베버 양은 고맙게도 기념이라며 제게 손수 짠 손모아 장갑 두 켤레를 선물해주었습니다. 베버 씨는 제가 필요한 악보는 무엇이든 돈 한 푼 받지 않고 베껴주었고, 악보 종이를 챙겨주었으며, 제가 몰리에르의 희극을 읽어보지 못한 것을 알고는 책을 선물해주기까지 했습니다. 책에는 라틴어로 이런 비문의 따뜻한 헌사도 적혀있었지요. "받게, 나의 친구여, 몰리에르의 작품을, 나의 감사의 표시로. 그리고 종종 나를 기억해주게 Ricevi, amico, le opere di Moliere, in segno di gratitudine, e qualche volta ricordati di me." 한번은 어머니와 단둘이 있을 때, 그가 이렇게 말했습니다. "우리 최고의 친구이자 은인이 곧 우리를 떠나는군요. 아드님께서 제 딸을 위해 얼마나 애써주셨는지 모릅니다. 제 딸이 아무리 감사해도 부족할 겁니다." 제가 떠나기 전날 밤, 그들은 제가 꼭 같이 저녁을 먹어야 한다고 했지만, 저는 대신 저녁 식사 전 두 시간을 그들과 보냈습니다. 그들은 끊임없이 고마워하며, 언젠가 이 마음을 제대로 표현할 날이 오기만을 바란다고 말했습니다. 그리고 제가 떠날 때, 그들은 모두 울었습니다. 용서하십시오, 아버지. 하지만 그때를 생각하면 지금도 눈물이 납니다. 베버 씨는 저와 함께 계단을 내려와, 제가 모퉁이를 돌아 "안녕히!" 하고 외칠 때까지 문 앞에 서 있었습니다.

*

파리에서 그는 곧바로 작업에 몰두하여 한동안 연애 문제는 뒷전으로 밀려났다. '콩세르 스피리튀엘'과 극장, 그리고 여러 음악 애호가들을 위한 곡을 쓰느라 쉴 틈이 없었고, 여기에 교습과 고위층 인사들을 만나는 일까지 겹쳤다. 어머니 안나 마리아는 남편에게 보낸 편지에서 아들의 인기를 다음과 같이 전했다. "볼프강이 여기서 얼마나 사랑받고 칭찬받는지 이루 다 말할 수가 없어요…. 원한다면 매일 노베르[134]나 데피네 부인[135]과도 저녁을 먹을 수 있겠죠." 하지만 정작 어머니 자신은 하루 종일 아들의 얼굴을 거의 보지 못했다. 숙소

---

133 로제 칸나비히는 뛰어난 거장이 되었다. C. L. 융커(C. L. Junker, 1748~1797)는 1783년 그의 음악 연감에서 그녀를 당대의 가장 저명한 예술가 중 한 명으로 언급한다.
134 장-조르주 노베르(Jean-Georges Noverre, 1727~1810). 프랑스의 안무가.
135 루이즈 데피네(Louise d'Épinay, 1726~1783). 파리의 문학 살롱을 운영하던 작가이자 그림 남작의 친구.

가 비좁고 답답해서, 모차르트가 작곡에 집중하려면 르 그로[136] 감독의 집으로 가야만 했기 때문이다. 어머니는 아들이 「미제레레」[137] 작곡에 참여하게 된 소식을 잘츠부르크의 남편에게 알렸지만, 음악적인 세부 사항까지 정확히 알지는 못했던 것으로 보인다.

파리
1778년 5월 1일

어린 첼리스트 지그만토프스키와
그의 파렴치한 아버지가 이곳에 와 있습니다.

이 이야기는 이미 아버지께 썼을지도 모르겠습니다만, 방금 그를 어떤 집에서 마주쳐서 다시 언급합니다. 바로 그 집에 대해 이제 말씀드려야겠습니다. 샤보 공작 부인[138]의 댁 말입니다. 그림 남작이 그녀에게 보내는 소개장을 제게 써주어, 저는 마차를 몰고 갔습니다. 그 소개장의 주된 목적은, 제가 지난번 파리에 왔을 때 수녀원에 계셨던 부르봉 공작 부인[139]께 저를 추천하여 다시 한번 저를 기억하시게끔 하는 것이었습니다.

일주일이 지나도록 아무 소식이 없다가, 8일 전에야 저를 부르더군요. 약속대로 찾아갔더니, 불도 때지 않은 얼음장 같은 방에서 30분을 기다려야 했습니다. 마침내 들어온 공작부인은, 피아노 상태가 좋지 않으니 양해해 달라고 정중하게 말하더군요. 그녀의 악기 중 어느 것도 좋은 상태가 아니지만, 적어도 한번 시험해 볼 수는 있을 거라고요. 저는 손가락이 다 얼어붙어 지금은 연주가 불가능하니, 불이라도 있는 방으로 안내해달라고 청했습니다. "아! 네, 선생님, 말씀이 맞습니다Oh! oui, Monsieur, vous avez raison"가 대답의 전부였습니다. 그녀는 그러고 자리에 앉아, 큰 테이블 주위에 원을 그리며 앉아 있는 여러 신사들과 함께 한 시간 내내 그림만 그렸습니다.

---

136 조제프 르 그로(Joseph Le Gros, 1729~1793). 콩세르 스피리튀엘의 감독이자 테너 가수.
137 이그나츠 홀츠바우어(Ignaz Holzbauer)가 성경 시편을 가사로 하여 작곡한 합창곡. 모차르트가 로마에서 일전에 필사한 알레그리의 「미제레레」와는 다른 작품이다.
138 엘리자베트 루이즈 데 라 로슈푸코(Élisabeth-Louise de La Rochefoucauld, 1740~1786). 당시 파리 사교계의 중심 인물.
139 바틸드 도를레앙(Bathilde d'Orléans, 1750~1822)을 의미한다. 모차르트는 어린 시절 파리 방문 때 그녀의 앞에서 연주한 적이 있다.

저는 그 시간 동안 기다리는 '영광'을 누려야 했지요. 열린 창문 탓에 손발이 꽁꽁 얼고, 머리까지 아프기 시작했습니다. 깊은 침묵 속에서 저는 추위와 두통, 피로감에 어찌할 바를 몰랐습니다. 그림 남작만 아니었다면 당장 자리를 박차고 나왔을 거라고 속으로 몇 번이나 되뇌었는지 모릅니다.

마침내, 저는 그 끔찍한 피아노를 연주하기 시작했습니다. 하지만 저를 정말 화나게 한 것은, 공작 부인과 신사들이 단 한순간도 그림 그리기를 멈추지 않고 자기들 일만 계속했다는 사실입니다. 저는 결국 의자와 탁자, 벽을 향해 연주한 셈이었죠. 그런 상황에서 제 인내심도 바닥나고 말았습니다. 저는 피셔 변주곡을 절반만 연주하고 일어섰습니다. 그러자 그제야 끝없는 찬사가 쏟아지더군요. 저는 쏘아붙일 수밖에 없었습니다.
"이런 피아노로는 제 실력을 보여드릴 수 없으니, 더 좋은 악기가 있는 곳에서 다시 날을 잡는다면 기꺼이 연주하겠습니다."

하지만 공작 부인은 저를 보내주지 않았고, 그녀의 남편이 들어올 때까지 기다려야만 했습니다. 그는 제 곁에 서서 아주 주의 깊게 제 연주를 들어주었고, 그제야 저는 추위와 두통을 잊고 그 형편없는 피아노로도 제 기량을 보여줄 수 있었습니다. 하지만 이것 하나만은 확실합니다. 제게 세상 최고의 피아노를 준다 한들, 음악을 이해하지도, 이해하려 하지도 않는 청중 앞에서는 더 이상 아무런 즐거움도 느낄 수 없습니다. 저는 나중에 이 모든 일을 그림 남작에게 털어놓았습니다.

아버지께서는 사람들을 사귀려면 부지런히 돌아다녀야 한다고 쓰셨지요. 하지만 여기서는 불가능합니다. 파리는 길이 온통 진흙탕이라, 마차를 타자니 하루에 4~5리브르씩 허공에 돈을 뿌리는 꼴이니까요. 사람들은 입에 발린 칭찬만 할 뿐, 거기서 끝입니다. 찾아가 연주를 하면 "오! 경이롭군요! 상상도 못 한 연주입니다!" 따위의 말을 외치고는, 그걸로 끝이죠. 처음에는 사람들을 만나지 못해 허탕만 치며 마차비로 돈을 잔뜩 썼습니다. 여기 살아보지 않으시면 이게 얼마나 성가신 일인지 모르실 겁니다. 게다가 파리는 15년 전과는 너무나 달라졌습니다. 프랑스인들의 예의는 온데간데없고, 이제는 무례하고 혐오스러울 정도로 거만합니다.

'콩세르 스피리튀엘'에 대해 말씀드려야겠습니다. 그 전에, 제 합창곡들이 반쯤은 쓸모없게 되었다는 소식부터 전해야겠군요. 홀츠바우어의 「미제레레」는 그 자체로 너무 길었고, 호평을 받지 못해서, 그들은 합창곡 네 개

중 제 합창곡 두 개만 연주했고 가장 좋은 것을 빼기로 결정했습니다. 하지만 이것은 그리 중요하지 않았습니다. 많은 사람들이 거기서 어떤 음악이 제 것인지 알지 못했고, 대부분은 저를 전혀, 아예 몰랐으니까요. 그럼에도 불구하고, 리허설은 큰 찬사를 받았고, 저 자신도(저는 파리의 찬사에 큰 믿음을 가지고 있지 않으니까요) 제 합창곡에 매우 만족했습니다.

신포니아 콘체르탄테[140]에 관해서는 뭔가 일이 꼬인 것 같습니다. 보이지 않는 손이 악의적으로 움직이고 있다는 생각마저 듭니다. 아무래도 이곳에도 제 적들이 있는 모양입니다. 사실 제가 어디를 간들 적이 없었겠습니까만, 이건 오히려 좋은 징조입니다. 저는 그 교향곡을 아주 서둘러 썼고, 정말 열심히 작업했습니다. 네 명의 연주자들은 그 작품에 완전히 반했고요. 르 그로가 필사를 하겠다며 악보를 가져간 지 나흘이 지났지만, 볼 때마다 악보는 늘 그 자리에 그대로 있었습니다. 그러다 이틀 전에는 악보가 보이지 않기에 찾아봤더니, 구석에 감춰져 있더군요. 저는 아무렇지 않은 척 르 그로에게 물었습니다. "아참, 제 신포니아 필사 맡기셨나요?" "아니요, 깜빡 잊어버렸습니다." 그에게 강요할 힘이 없는 저로서는 아무 말도 할 수 없었습니다.

신포니아가 연주되기로 했던 날, 연주회에 갔더니 람과 푼토[141]가 격분해서 제게 다가와 왜 연주가 취소되었냐고 물었습니다. "모르겠습니다. 저도 지금 처음 듣는 이야기입니다." 람은 거의 미쳐 날뛰며 음악실에서 프랑스어로 르 그로를 향해 이게 얼마나 비겁한 짓이냐며 욕을 퍼부었습니다. 결국 저만 완전히 바보가 된 셈입니다! 하다못해 시간이 부족했다는 둥 변명이라도 한마디 했다면 또 모르겠습니다. 하지만 그는 아무 말도 없었습니다. 저는 이 일의 진짜 원인이 이탈리아 거장인 캄비니[142] 때문이라고 믿습니다. 저희가 르 그로 댁에서 처음 만났을 때, 제가 무심코 그의 콧대를 납작하게 만들었기 때문입니다. 그가 작곡한 5중주 하나를 만하임에서 들은 적이 있었는데, 저는 빼어난 아름다움을 칭찬하며 시작 부분을 연주했습니다. 그 자리에 있던 리터, 람, 푼토

---

140 신포니아 콘체르탄테(Sinfonie Concertante). 교향곡과 협주곡의 성격이 결합된 장르.
141 조반니 푼토(Giovanni Punto, 1746~1803). 보헤미아 출신의 호른 연주자이자 작곡가.
142 주세페 캄비니(Giuseppe Cambini, 1746~1825). 파리에서 활동하던 이탈리아 출신의 바이올리니스트이자 작곡가.

씨가, 제가 기억나지 않는 뒷부분을 즉흥적으로 이어서 연주할 때까지 저를 가만두지 않았습니다. 그래서 저는 그렇게 했고, 캄비니는 아주 흥분하며 "이건 정말 대단한 재능이군!Questa e una gran testa!"이라고 말할 수밖에 없었습니다. 글쎄요, 결국 그는 이 일이 썩 마음에 들지 않았던 모양입니다.

만약 이곳 사람들이 제대로 들을 귀와 느낄 마음이라도 가졌다면, 이런 일들은 그저 한번 웃고 넘어갈 수 있었을 겁니다. 하지만 현실은 어떻습니까. 음악에 관한 한, 저는 그저 짐승 같은 무리에게 둘러싸여 있을 뿐입니다. 아니, 어쩌면 당연한 일인지도 모릅니다. 음악뿐만 아니라 모든 행동과 취향, 열정에 있어서 그들은 똑같은 족속들이니까요. 정말, 세상에 파리 같은 곳은 없습니다! 제가 과장한다고 생각하지 마십시오. 여기서 태어난 프랑스인이 아닌 다른 누구에게라도 물어보십시오. 믿을 만한 사람이라면 똑같은 대답을 들으실 겁니다. 하지만 저는 이제 여기에 있고, 아버지를 위해 견뎌야만 합니다. 제 타고난 음악적 감성이 망가지지 않은 채 이곳을 떠날 수만 있다면, 그것만으로도 신께 감사드릴 겁니다.

저는 매일 하느님께 기도합니다. 이곳에서 굳건히 버텨내어 온 독일 민족의 명예를 드높이고, 그로써 주님의 더 큰 영광을 드러낼 수 있는 은총을 내려달라고 말입니다. 또한 제가 이곳에서 성공하여 많은 돈을 벌게 해주시어, 아버지께서 처한 지금의 어려운 상황에서 벗어나게 해드리고, 우리 가족이 곧 다시 만나 행복하게 살 수 있도록 허락을 해주시길 기도합니다. 하지만 "하늘에서와 같이 땅에서도 그분의 뜻이 이루어지소서." 너무나 사랑하는 아버지, 제가 다시 살아날 수 있도록, 부디 이탈리아에 갈 방도를 알아봐 주시기를 간청합니다. 제게 이 큰 행복을 내려주십시오. 간청합니다! 아버지께서 기운을 내시기를 바랍니다. 저는 제가 할 수 있는 최선을 다해 여기서 제 길을 개척할 것이고, 무사히 벗어날 수 있기를 바랍니다. 그럼 안녕히!

*

얼마 후, 모차르트의 다정했던 어머니 안나 마리아가 병석에 눕게 된다. 사실 그녀의 건강은 만하임 시절부터 좋지 않았다. 파리의 춥고 어두운 숙소는 여비를 아끼기 위한 어쩔 수 없는 선택이었지만, 이는 그녀의 위태로운 건강을 더욱 악화시키는 결과를 낳았다. 결국 병세는 걷잡을 수 없이 깊어졌고, 이는 모차르트가 인생에서 처음으로 마주하는 혹독한 시련의 시작이었다.

다음에 이어질 편지는, 그가 잘츠부르크에 있는 그의 사랑하는 친구에게 보낸 것이다. 그는 로드론 백작 가문의 가정교사였던 불링거 신부였다.

파리
1778년 7월 3일

너무나도 친애하는 친구여,

저와 함께 슬퍼해주십시오! 오늘은 제 인생에서 가장 슬픈 날입니다. 저는 지금 새벽 두 시에 이 글을 씁니다. 사랑하는 제 어머니께서 이제 더는 이 세상에 계시지 않음을 알려드려야겠습니다. 하느님께서 그분을 당신 곁으로 부르셨습니다. 우리에게서 어머니를 데려가신 것이 그분의 뜻이었음을 저는 분명히 알기에, 그 뜻에 순종하는 법을 배우려 합니다. 주신 이도 주님이시요, 거두신 이도 주님이십니다. 지난 14일간 제가 겪어야 했던 고통과 불안을 부디 헤아려 주십시오. 어머니께서는 아무런 의식 없이, 그렇게 생명의 등불이 꺼지듯 돌아가셨습니다. 돌아가시기 사흘 전 고해성사를 하고 성체를 모셨으며, 병자성사도 받으셨습니다. 하지만 마지막 사흘간은 내내 섬망 상태에 시달리셨고, 오늘 오후 5시 20분경에는 모든 감각을 잃고 말았습니다. 제가 손을 잡고 말을 걸었지만, 저를 보지도 듣지도 못하셨습니다. 어머니는 그런 상태로 누워계시다 다섯 시간 뒤인 밤 10시 20분에 숨을 거두셨습니다. 그 자리에는 저와, 아버지께서도 아시는 하이너 씨, 그리고 간호사뿐이었습니다.

이 모든 과정을 글로 다 옮길 수는 없습니다. 다만 저는 어머니께서 돌아가셔야만 했고, 하느님께서 그리 정하셨다는 것을 굳게 믿을 뿐입니다. 지금 제가 친구인 당신께 부탁드리고 싶은 유일한 것은, 이 슬픈 소식에 제 아버지께서 조금씩 마음의 준비를 하실 수 있도록 도와달라는 것입니다. 저는 이번 우편으로 아버지께 편지를 보내, 일부러 어머니께서 위독하시다고만 썼습니다. 이제 당신의 답장을 기다렸다가 그에 맞춰 행동하겠습니다. 부디 하느님께서 아버지께 힘과 용기를 주시기를!

나의 친애하는 친구여, 저는 이미 마음의 평정을 찾았습니다. 하느님의 자비로 저는 이 모든 일을 굳건하게 견뎌냈습니다. 어머니의 임종이 임박했을 때, 저는 하느님께 오직 두 가지, 즉 어머니의 평안한 죽음과 저 자신을 위한 용기를 기도했습니다. 그리고 은혜로우신 하느님께서는 제 기도를 들으시고 이 두 가지를 온전히 내려주셨습니다. 그러므로, 나의 가장 좋은 친구여, 저를 대신해 제 아버지를 돌보아 주시길 간청합니다. 아버지께서 최악의 소식을 들으셨을 때 그 충격에 쓰러지지 않도록 용기를 북돋아 주십시오. 또한 제 누나를 위로해주시길 간절히 바랍니다. 부디 곧장 두 분께 가주시되, 아직 돌아가셨다고는 말하지 마시고, 단지 마음의 준비만 시켜주십시오. 당신이 최선이라 생각하는 대로, 무엇이든 좋으니 말씀해주십시오. 제가 더는 또 다른 불행을 두려워하지 않아도 되도록, 사랑하는 아버지와 누나를 부디 붙들어주십시오.

즉시 답장해주시길 간청합니다. 안녕히!

당신의 충실한 W. A. M.

파리

1778년 7월 3일

드릴 말씀이 있습니다.

아주 가슴 아프고 슬픈 소식입니다. 사실 이것이 제가 11일자 아버지의 편지에 더 일찍 답장하지 못한 이유입니다. 너무나 사랑하는 어머니께서 매우 위독하십니다. 평소 습관대로 사혈을 받으셨고, 그건 정말 꼭 필요한 조치였습니다. 그 덕에 상태가 아주 좋아지셨지만, 며칠 뒤에 오한과 열기를 호소하셨습니다. 그 다음에 설사와 두통이 나타났습니다. 처음에는 저희 집 상비약인 진경제 가루약만 사용했습니다. 기꺼이 검은 가루약을 쓰고 싶었지만, 저희에게는 없었고, 여기서 구할 수도 없었습니다. 어머니의 상태가 순간순간 악화되어, 거의 말씀도 못 하시고 저희가 소리쳐야만 할 정도로 청력을 잃으셨을 때, 그림 남작이 그의 의사를 보내 어머니를 살펴보게 했습니다. 어머니는 매우 쇠약하시고, 여전히 열이 있으며 정신이 혼미하십니다. 사람들은 제게 희망을 주지만, 저는 그리 희망적이지 않습니다. 저는 오랫동안 밤낮으로 희망과 두려움 사이를 오갔지만, 이제는 하느님의 뜻에 온전히 순종하며, 아버지와 누나도 그러시기를 바랍니다. 평온해지기 위해 다른 방법이 어디 있겠습니까? 아니, 완전히 평온해질 수는 없을 테니, 그저 더 평온해지기 위해서라고 해야겠지요.

결과가 어떻게 되든, 저는 하느님의 뜻에 온전히 저를 맡겼으며, 아버지와 누나 또한 그러하시리라 믿습니다. 우리의 평온을 위해 이 외에 다른 길이 어디 있겠습니까? 아니, 완전히 평온해질 수는 없으니, 그저 더 평온해지기 위해서라고 해야겠지요. 저는 세상 모든 일이 우리를 위해 만물을 주관하시는 하느님으로부터 온다는 것을 알기에, 어떤 결과든 받아들일 각오가 되어 있습니다. 이 믿음은 결코 변치 않을 것입니다. 그 어떤 의사도, 인간도, 불행도, 우연도 한 인간의 생명을 구하거나 앗아갈 수 없으며, 오직 하느님만이 하실 수 있다는 믿음 말입니다. 이것들은 그저 그분께서 사용하시는 도구일 뿐, 우리의 때가 오면 모든 의술은 헛될 뿐입니다. 그렇다고 해서 제가 어머니께서 돌아가실 것이라거나 모든 희망이 끝났다고 말씀드리는 것은 아닙니다. 어머니께서는 회복되실 수 있습니다. 하지만 오직 주님께서 원하실 때만 가능한 일입니다. 사랑하는 어머니의 건강과 생명을 위해 온 힘을 다해 기도한 뒤에, 저는 이런 생각들에 잠기며 위안을 얻곤 합니다. 그러고 나면 마음이 한결 더 평온하고 쾌활해지는 것을 느낍니다. 지금 제게 얼마나 큰 위안이 필요한지는 쉽게 짐작하시겠지요.

이제 다른 주제로 넘어가겠습니다. 이 슬픈 생각들은 접어두고, 여전히 희망을 갖되, 너무 많이는 갖지 맙시다. 저희는 주님을 믿고, 모든 것이 전능하신 분의 뜻에 따른다면 잘 될 것이라는 생각으로 스스로를 위로해야 합니다. 모든 것은 결국 우리의 영혼과 삶에 가장 이로운 길로 인도하시는 전능하신 분의 뜻에 따를 테니까요.

저는 '콩세르 스피리튀엘'의 서막을 여는 교향곡을 한 편 썼는데, 성체 축일 날 연주되어 큰 박수갈채를 받았습니다. 들어보니 '유럽 통신'에도 소식이 실릴 만큼 대단한 호평이었다고 합니다. 하지만 리허설 때는 정말이지 가슴이 철렁했습니다. 제 평생 그렇게 엉망인 연주는 들어본 적이 없었기 때문입니다. 그들이 제 교향곡을 두 번이나 얼마나 형편없이 망쳐놓았는지 상상도 못 하실 겁니다. 저는 너무나 불안해서 리허설을 한 번 더 하고 싶었지만, 다른 곡들 때문에 시간이 없었습니다. 결국 저는 아픈 마음과 분노를 안고 잠자리에 들어야 했습니다. 다음 날 아예 콘서트에 가지 않으려 했지만, 저녁에 날씨가 좋아 마침내 가기로 마음먹었습니다. '리허설처럼 엉망으로 연주하기만 해봐라, 당장 오케스트라로 뛰어 들어가 제1 바이올린 주자의 바이올린을 빼앗아 직접 지휘해 버리겠다'라고 굳게 결심했지요. 저는 모든 것이 주님의 더 큰 영광을 위한 것이니 부디 잘 되게 해달라고 기도했습니다.

마침내, 교향곡이 시작되었습니다. 라프 씨가 제 옆에 서 있었죠. 알레그로 한가운데에, 제가 틀림없이 청중의 마음을 사로잡을 거라 확신했던 악절이 나오자 폭발적인 박수갈채가 터져 나왔습니다. 저는 이 곡을 쓸 때부터 어떤 효과를 낼지 정확히 알고 있었기에, 그 악절을 맨 마지막에 한 번 더 등장시켰습니다. 그러자 "다 카포!"라는 함성이 터져 나왔습니다. 안단테도 호평을 받았지만, 마지막 알레그로는 그 이상이었습니다. 저는 파리의 교향곡들이 으레 그렇듯 모든 악기가 동시에 연주를 시작하는 것을 알고 있었기에, 제 곡은 일부러 2대의 바이올린만으로 여리게 시작했습니다. 그러다 갑자기 포르테로 터져 나오게 만들었죠. 제 예상대로, 여린 시작 부분에서 청중들은 "조용!" 하며 숨을 죽였고, 포르테가 터져 나오는 순간 손뼉을 치기 시작했습니다.

교향곡이 끝나자마자 저는 기쁨에 겨워 팔레 루아얄로 달려가, 맛있는 아이스크림을 먹고, 맹세했던 대로 묵주 기도를 바친 뒤 집으로 돌아왔습니다. 저는 언제나 집에서 가장 행복하고, 집이 아니라면, 선하고 진실하며 올곧은 독일인과 함께 있을 때겠지요. 미혼일 때는 경건한 기독교인으로 살다가, 결혼하면 아내를 사랑하고 아이들을 올바르게 키우는 그런 사람 말입니다. 아마 이미 알고 계실지도 모를 소식을 하나 전해드려야겠습니다. 바로 그 신을 모독하던 대악당 볼테르[143]가 개처럼, 짐승처럼 비참하게 죽었다는 소식입니다. 그게 바로 그가 받을 벌입니다!

아버지께서는 제가 여러 이유로 이곳을 좋아하지 않는다는 것을 오래전에 알아차리셨을 겁니다. 하지만 이왕 여기에 왔으니 어쩔 수 없습니다. 저는 언제나 온 힘을 다해 제 최선을 다하고 있습니다. 글쎄요, 하느님께서 모든 것을 바로잡아 주시겠지요. 제 머릿속에 계획이 하나 있는데, 계획의 성공을 위해 매일 하느님께 기도하고 있습니다. 만약 그것이 그분의 뜻이라면 이루어질 것이고, 그렇지 않다 해도 저는 만족합니다. 어쨌든 저는

---

[143] 볼테르(Voltaire, 1694~1778). 계몽주의 철학가. 이성주의 사상가.

제 역할을 다한 셈이니까요. 하지만 이 일이 순조롭게 진행되어 제가 바라는 대로 이루어진다면, 그때는 아버지께서도 아버지의 역할을 해주셔야만 합니다. 그렇지 않으면 이 모든 계획이 미완성으로 남을 겁니다. 아버지의 인자하심을 생각하면, 분명히 그렇게 해주시리라 믿습니다. 부디 그 주제에 대해 쓸데없는 생각으로 마음 쓰지 마시고, 미리 한 가지 부탁만 드리겠습니다. 때가 될 때까지 제게 그 계획을 더 명확히 밝히라고는 요구하지 말아 주십시오.

현재로서는 좋은 오페라 대본을 찾기가 매우 어렵습니다. 가장 좋은 옛것들은 현대 풍류에 맞게 쓰이지 않았고, 새것들은 모두 쓸모가 없습니다. 프랑스가 자랑스러워할 만한 유일한 것인 시가 매일매일 더 나빠지고 있기 때문입니다. 그리고 시는 여기서 좋아야만 하는 유일한 것입니다. 그들은 음악을 이해하지 못하니까요. 지금 제가 작곡할 수 있는 오페라가 두 편 거론되고 있는데, 하나는 2막짜리, 다른 하나는 3막짜리입니다. 2막짜리는 「알렉상드르와 록사나Alexandra et Roxane」인데, 대본 작가는 아직 시골에 있습니다. 3막짜리는 메타스타시오의 「데모폰테Demofonte」로, 합창과 춤을 섞어 프랑스 무대에 맞게 특별히 각색된 작품입니다. 하지만 이 대본은 아직 보지 못했습니다. 잘츠부르크에 슈뢰터의 협주곡이나 휠만델의 소나타가 있는지 써주십시오. 제가 사서 보내드리고 싶습니다. 두 작품 모두 아름답습니다. 베르사유에 관해서는, 그곳에 갈 생각은 전혀 없었습니다. 저는 그 점에 대해 그림 남작과 다른 친구들의 조언을 구했고, 모두 저와 똑같이 생각했습니다. 월급은 얼마 안 되고, 아무것도 얻을 것 없는 곳에서 6개월을 음울하게 살아야 하며, 제 재능은 완전히 묻혀버릴 겁니다. 왕실에 소속되는 순간 파리에서는 잊히는 법인데, 고작 오르가니스트나 되려고요! 물론 좋은 자리라면 저도 대환영입니다. 하지만 오직 악장으로서, 보수가 좋은 자리여야만 합니다.

자, 그럼 안녕히 계십시오! 부디 건강 유의하시고, 하느님께 의지하시어 위안을 찾으시길 바랍니다. 가장 사랑하는 제 어머니는 이제 전능하신 분의 손에 달려 있습니다. 만약 그분께서 제 바람대로 어머니를 저희 곁에 더 머물게 해주신다면, 저희는 그 축복에 감사드릴 것입니다. 하지만 만약 곁으로 데려가신다면, 우리의 모든 고뇌와 비참함, 절망도 아무 소용이 없겠지요. 그러니 차라리 그분의 전능하신 뜻에 굳건히 순종합시다. 그분은 이유 없이 행하시는 일이 없으니, 모든 것이 결국 우리에게 유익하리라는 온전한 확신을 가지고서 말입니다. 안녕히, 가장 사랑하는 아버지! 부디 저를 위해 몸 성히 계십시오.

파리
1778년 7월 9일

**부디 가장 슬프고 고통스러운 소식을 들으실
마음의 준비가 되셨기를 바랍니다.**

지난 3일 자 편지에서 이미 좋은 소식을 기대하기는 어려우리라 언질을 드렸을 겁니다. 바로 그날, 7월 3일 밤 10시 20분에, 어머니께서는 주님 안에서 평화롭게 잠드셨습니다. 사실 제가 아버지께 편지를 썼을 때, 어머니께서는 이미 숨을 거두시고 천상의 행복을 누리고 계셨습니다. 제가 밤 늦게 편지를 쓴 것은 아버지와 사랑하는 누나가 이 사소하지만 어쩔 수 없던 거짓말을 용서하시길 바라서였습니다. 제 자신의 슬픔과 비통함으로 아버지의 슬픔을 짐작해 보건대, 저는 감히 그런 끔찍한 소식을 갑자기 전해드릴 수가 없었습니다. 하지만 이제 아

버지께서 최악의 소식을 감당하실 용기를 내셨기를 바라며, 처음에는 터져 나오는 고통과 눈물에 몸을 맡기시더라도, 결국에는 하느님의 뜻에 순종하고 그분의 헤아릴 수 없는 섭리를 경배하시기를 바랍니다.

제가 어떤 고통을 견뎌야 했는지, 그리고 나날이 악화되는 어머니를 평정심을 갖고 지켜보기 위해 얼마나 큰 용기가 필요했는지 쉽게 짐작하실 수 있을 겁니다. 하지만 은혜로우신 하느님께서는 제게 힘을 주셨습니다. 저 또한 고통받고 울었지만, 그것이 무슨 소용이 있었겠습니까? 그래서 저는 위로를 얻으려 애썼고, 사랑하는 아버지와 누나께서도 그러하시기를 바랍니다. 우십시오, 울지 않을 수 없으니 우십시오. 하지만 끝내 위안을 얻으십시오. 모든 것은 전능하신 하느님께서 정하신 일임을 기억해야 합니다. 저희가 어찌 감히 그분께 반항할 수 있겠습니까? 오히려 어머니께선 평안한 죽음을 맞으셨으니, 그분의 선하심에 감사하며 기도를 드립시다.

이 가슴 찢어지는 상황에서 저를 위로해 준 세 가지가 있었습니다. 첫째는 하느님의 뜻에 대한 저의 완전하고 확고한 순종이었고, 둘째는 어머니의 편안하고 축복받은 임종의 모습이었습니다. 그 모습을 보며 저는 어머니께서 순식간에 얼마나 행복해지셨는지를 느낄 수 있없습니다. 어머니는 지금 우리보다 얼마나 더 행복하시겠습니까! 정말이지, 저는 그 순간에 어머니와 함께 떠나고 싶었습니다. 이 소망과 갈망에서 저의 세 번째 위안이 찾아왔습니다. 그건 어머니께서 우리를 영원히 떠난 것이 아니며, 우리가 어머니를 다시 만나 이 세상보다 훨씬 더 행복하고 축복받은 삶을 함께 살게 될 것이라는 믿음입니다. 그날이 언제가 될지는 아직 알 수 없지만, 그것이 저를 불안하게 하지는 않습니다. 하느님께서 원하실 때 저는 준비되어 있습니다. 그분의 위대하고 거룩한 뜻이 이루어졌습니다. 그러니 저희는 어머니의 영혼을 위해 경건히 주님께 기도를 바치고, 다른 문제로 생각을 돌립시다. 모든 것에는 때가 있으니까요.

저는 지금 데피네 부인과 그림 씨 댁에서 이 글을 쓰고 있으며, 이제 그들과 함께 살고 있습니다. 아주 전망 좋고 예쁘며 아담한 방이 있고, 제 현재 상황에서 누릴 수 있는 최선의 행복을 누리고 있습니다. 사랑하는 아버지와 누나가 평온함과 굳건함으로 하느님의 뜻에 순종하고, 그분께서 모든 것을 최선으로 주관하신다는 온전한 믿음 속에서 온 마음으로 그분을 신뢰하신다는 소식을 듣는 것은, 제 평온을 되찾는 데 큰 도움이 될 것입니다. 가장 사랑하는 아버지, 무너지지 마십시오! 가장 사랑하는 누나, 굳건하십시오! 당신들은 아직 당신의 오라비가 가진 다정한 마음을 알지 못합니다. 그가 아직 그것을 증명할 기회가 없었기 때문입니다. 기억하십시오, 나의 사랑하는 두 분, 당신들에게는 당신들을 행복하게 만들기 위해 자신의 모든 힘을 바치고자 하는 아들이자 오라비가 있다는 것을요. 언젠가 아버지와 누나가 제 소망과 바람을 적대시하지 않을 날이 오리라는 것을 저는 잘 알고 있습니다(물론 제게 불명예스러운 그런 소망은 결코 아닐 겁니다). 그리고 저를 행복하게 해주기 위해 두 분께서도 힘닿는 데까지 모든 것을 해주시리라는 것을요. 아! 그러면 우리 모두는 이 세상에서 가능한 한 평화롭고, 명예로우며, 만족스럽게 같이 살다가, 마침내 하느님의 선하신 때에 우리 모두가 창조된 목적인 저 높은 곳에서 다시 만나게 될 것입니다.

29일자 아버지의 마지막 편지를 받았고, 하느님께 감사하게도 두 분 모두 건강하시다는 소식을 기쁘게 확인하였습니다. 하이든[144]이 술에 취해 보인 추태에는 정말이지 실컷 웃었습니다. 만약 제가 거기에 있었다면, 틀림없이 그의 귓가에 "아들가서!"라고 속삭였을 겁니다. 그렇게 똑똑한 사람이 술 때문에 하느님을 기리는 축제에서 자기 의무도 다하지 못하다니, 정말 수치스러운 일 아닙니까? 대주교와 모든 궁정 신하가 참석하고, 교회는 사람들로 가득 찼을 텐데, 정말 끔찍했겠군요. 이것이 제가 잘츠부르크를 혐오하는 주된 이유 중 하나입니다—그 거칠고, 단정치 못하며, 방탕한 궁정 음악가들, 그들과는 어떤 정직하고 교양 있는 사람도 도저히 함께 살 수 없습니다! 그들과 어울리며 기뻐하기는커녕, 오히려 부끄러워해야 마땅합니다. 아마 바로 이 이유 때문에 저희 고장에서 음악가들이 사랑도 존경도 받지 못하는 것 같습니다. 아, 잘츠부르크 오케스트라가 만하임처럼만 조직된다면 얼마나 좋을까요! 아버지께서 그곳의 질서와, 칸나비히가 가진 권위를 직접 보셨으면 좋겠습니다. 그곳에서는 모든 것이 진지하게 돌아갑니다. 제가 본 최고의 감독인 칸나비히는 부하들에게 사랑받으면서

144　미하엘 하이든(Michael Haydn)을 의미한다. 레오폴트는 편지에 이렇게 썼다. "하이든이 연도에서 오르간을 연주했는데, 너무나 끔찍한 연주라 모두가 놀랐고, 그가 오르간을 연주하다가 마비 증세를 보인 고 아들가서의 운명을 겪게 될 것이라고 생각했지. 하지만, 그가 단지 다소 취했을 뿐이라는 것이 밝혀졌단다."

도 두려움의 대상이며, 단원들뿐만 아니라 그 자신도 온 도시로부터 존경받습니다. 확실히 그곳 사람들은 행동거지부터가 다르고, 예의 바르며, 옷차림도 단정합니다 (그리고 선술집에 가서 취하지도 않지요). 이런 일은 잘츠부르크에서는 절대 불가능합니다. 군주께서 아버지나 저를 믿고 음악 감독에게 필요한 전권을 주시지 않는 한 말입니다. 그렇지 않으면 모든 것이 헛수고일 뿐입니다. 잘츠부르크에서는 모두가 주인 행세를 하니, 결국 아무도 주인이 아닌 셈입니다. 만약 제가 그 일을 맡는다면, 저는 완전한 권한을 요구할 것입니다. 시종장이 음악 문제에, 아니 음악과 관련된 어떤 점에 대해서도 감히 한마디도 할 수 없도록 말입니다. 고위 관리라고 다 악장이 될 수는 없지만, 악장이라면 마땅히 권위를 가져야 하니까요.

그건 그렇고, 선제후께서 다시 만하임에 계십니다. 칸나비히 부부도 저와 편지를 주고받고 있습니다. 만약 제가 두려워하는 일, 즉 오케스트라가 대폭 축소되는 비극이 닥친다 해도, 제게는 여전히 한 가지 희망이 남아 있습니다. 아버지께서도 아시다시피, 제가 가장 바라는 것은 좋은 일자리입니다. 평판도 좋고, 보수도 좋은 곳 말입니다. 어디든 상관없습니다. 가톨릭 국가이기만 하다면요. 아버지께서는 슈타렘베르크 백작[145]과의 일을 참으로 교묘하게 잘 처리하셨습니다. 시작하신 대로 계속 밀고 나가시되, 속임수에 넘어가지는 마십시오. 특히 혹시라도 그 어리석은 거위[146]와 대화를 나누게 되신다면 경계하십시오. 저는 그녀를 압니다. 그리고 제 말을 믿으십시오. 비록 그녀의 입술에는 꿀이 발려있을지라도, 그 머리와 마음속에는 쓸개가 들어있습니다.

모든 일이 아직 불확실한 상태인 것은 지극히 당연하며, 제가 그 제안을 받아들이기 위해 먼저 많은 것이 양보되어야 합니다. 그리고 만약 모든 조건이 유리하게 조정된다 하더라도, 저는 잘츠부르크보다는 어디든 다른 곳에 있고 싶습니다. 하지만 그 문제로 걱정할 필요는 없습니다. 워낙 많은 것을 요구할 테니, 그들이 제 모든 요청을 받아줄 것 같지는 않기 때문입니다. 물론 불가능한 일은 아니겠지요. 그리고 만약 모든 조건이 제대로 갖춰진다면, 저는 더 이상 망설이지 않을 것입니다. 오직 아버지와 함께할 행복을 위해서요. 만약 잘츠부르크 사람들이 저를 원한다면, 그들은 제 요구를 들어주어야 합니다. 그렇지 않으면 그들은 결코 저를 얻지 못할 것입니다.

그러고 보니 바움부르크의 원장님은 참으로 원장님

답게 돌아가셨더군요. 하지만 신성 십자가 수도원의 원장님도 돌아가셨다는 소식은 금시초문이었습니다. 유감입니다. 그는 좋고, 정직하며, 올곧은 사람이었으니까요. 그래서 아버지께서는 부제 체싱어가 원장이 되리라는 것을 믿지 않으셨군요? 맹세컨대, 저는 결코 다른 것을 추측하지 않았습니다. 정말이지, 다른 누가 그 자리를 얻을 수 있었을지 모르겠습니다. 그리고 음악을 위해 우리에게 이보다 더 좋은 원장님이 어디 있겠습니까?

제 친구 라프 씨가 내일 이곳을 떠납니다. 그는 브뤼셀을 경유하여 아헨과 스파로 갔다가, 만하임으로 갑니다. 그는 도착 즉시 소식을 알려줄 것입니다. 저희는 서신을 주고받기로 했거든요. 라프 씨가 아버지와 누나에게 안부를 전합니다. 아버지께서는 제 작곡 제자에 대해 아주 오랫동안 아무 소식도 듣지 못했다고 쓰셨습니다. 정말 그렇습니다. 하지만 제가 그녀에 대해 무슨 말

---

145 모차르트의 아버지는 당시 볼프강의 복직을 두고 협상 중이었다.
146 대주교의 누이인 프란치스카 백작 부인(Countess Franziska von Walles)을 암시하는 것으로 추측. 모차르트는 그녀가 자신의 잘츠부르크 복귀 문제에 개입하고 있다고 의심했다.

을 할 수 있겠습니까? 그녀는 결코 작곡가가 되지 못할 것입니다. 그녀를 가르치는 데 들이는 노력은 모두 헛수고입니다. 그녀는 엄청나게 어리석을 뿐만 아니라, 엄청나게 게으르거든요.

오페라 건이라면 이미 답장을 드렸습니다. 노베르의 발레에 관해서, 저는 그가 새로운 작품을 구상할 수 있도록 돕는다고만 말씀드렸을 뿐입니다. 그가 전체의 절반 정도를 채워야 했는데, 제가 그 음악을 맡았습니다. 말하자면, 여섯 곡은 다른 사람들이 쓴 낡고 시시한 프랑스 아리아들로 채워져 있고, 교향곡과 콩트르당스, 그리고 그 외의 열두 곡 정도는 제가 쓴 것입니다. 이 발레는 이미 네 번이나 공연되어 큰 박수를 받았습니다. 저는 이제 대가를 미리 알지 못하고는 단 한 줄도 쓰지 않기로 굳게 마음먹었습니다만, 이번 일은 순전히 노베르와의 우정 때문에 한 것입니다.

벤틀링 씨는 지난 5월에 이곳을 떠났습니다. 제가 바흐 남작[147]을 뵙는 일은, 눈이 아주 좋지 않고서야 불가능할 겁니다. 그는 지금 파리가 아닌 런던에 있으니까요. 제가 이 말씀을 안 드렸던가요? 앞으로는 아버지의 모든 편지에 빠짐없이 상세히 답장하겠습니다. 듣자 하니 바흐 남작이 곧 이곳으로 돌아온다고 합니다. 여러 이유로 정말 기쁜 소식입니다. 특히 그의 집에서는 언제든 진지하게 무언가를 시험해 볼 기회가 있을 테니까요. 악장 바흐도 곧 여기에 올 것이고, 아마 오페라를 한 편 쓰고 있을 겁니다.

프랑스인들은 예나 지금이나, 앞으로도 영원히 완전히 멍청이일 겁니다. 그들은 스스로 아무것도 할 수 없어서 외국인에게 의지해야만 합니다. 저는 '콩세르 스피리튀엘'에서 피치니와 이야기했습니다. 그가 저를 우연히 만날 때면 항상 매우 정중하게 대하고, 저 또한 그에게 그렇습니다. 그 외에 저는 그를 포함한 다른 어떤 작곡가들과도 굳이 친분을 쌓으려 하지 않습니다. 그들은 그들의 일을 알고 저는 제 일을 알면, 그것으로 충분하니까요.

저는 이미 '콩세르 스피리튀엘'에서 제 교향곡이 거둔 비범한 성공에 대해 썼습니다. 만약 제가 오페라 작곡을 의뢰받는다면, 물론 골치 아픈 일이 많겠지만 별로 신

---

147 요한 크리스티안 바흐(Johann Christian Bach, 1735~1782). 요한 제바스티안 바흐의 막내아들이다. 모차르트는 어린 시절 런던에서 그를 만나 깊은 음악적 영향을 받았다.

경 쓰지 않을 겁니다. 꽤 익숙하니까요. 단지 그 빌어먹을 프랑스어가 음악에 너무나 혐오스럽다는 점만 빼면요! 정말이지, 너무 짜증이 납니다. 독일어가 오히려 신성하게 느껴질 정도입니다. 그리고 그 가수들이란—그들은 가수라는 이름이 아깝습니다. 노래하는 게 아니라, 코와 목구멍으로 온 힘을 다해 소리치고 고함을 지르니까요.

저는 다가오는 사순절을 위해 '콩세르 스피리튀엘'에서 공연될 프랑스 오라토리오를 작곡할 예정입니다. 르그로 감독은 제게 놀라울 정도로 호의적입니다. 아시다시피(저는 그를 매일 보곤 했지만) 부활절 이후로 그에게 가까이 가지 않았습니다. 그가 제 교향곡을 연주하지 않은 것에 너무나 분개했거든요. 저는 종종 라프 씨를 방문하며 같은 집에 있었고, 그래서 그의 방을 끊임없이 지나쳤습니다. 그의 하인들은 종종 저를 보았고, 그때 저는 항상 그에게 제 안부를 전했습니다. 그가 교향곡을 연주하지 않은 것은 정말 안타깝습니다—그것은 좋은 기회였을 텐데요. 그리고 이제 그는 더 이상 그렇게 할 기회가 없습니다. 그런 네 명의 연주자를 다 찾는 것이 얼마나 힘들겠습니까!

어느 날, 제가 라프 씨를 방문하러 갔을 때, 그는 외출했지만 곧 돌아올 것이라는 말을 들었습니다. 그래서 저는 기다렸습니다. 그때, 르 그로 씨가 방으로 들어와 말했습니다.

"다시 뵙게 되어 정말 영광입니다, 모차르트 씨."

"네, 할 일이 아주 많습니다."

"오늘 저희와 저녁 식사나 함께 하시지요?"

"유감스럽게도 이미 약속이 있습니다."

"모차르트 씨, 저희 정말 조만간 날을 한 번 잡아야 겠습니다."

"그럴 수 있다면 아주 기쁠 겁니다."

긴 침묵이 흐르고, 마침내 그가 입을 열었습니다.

"아참, 성체 축일 날 저를 위해 대 교향곡을 작곡해주실 의향이 있으신가요?"

"안 될 것 있겠습니까?"

"그러면 제가 믿고 맡겨도 되겠습니까?"

"아, 물론입니다! 제 신포니아 콘체르탄테처럼 되지 않고, 반드시 연주될 것이라고 저 또한 확신할 수 있다면 말입니다."

이 한마디에 그는 기다렸다는 듯 변명을 늘어놓기 시작했지만, 별로 할 말은 없었습니다. 요컨대, 교향곡은 높은 평가를 받았고, 르 그로는 그것에 너무나 만족해서 그의 최고의 교향곡이라고 말할 정도입니다. 하지만 안단테는 그의 마음에 드는 행운을 누리지 못했습니다. 그는 안단테가 너무 변조가 많고 길다고 단언합니다. 청중이 첫 악장과 마지막 악장이 끝났을 때처럼 열렬하게 박수를 치지 않는다는 것을 근거로 삼더군요. 하지만 이 안단테는 저 자신뿐만 아니라, 모든 감식가, 아마추어, 그리고 그것을 들은 대부분의 사람들에게 아주 인기가 많습니다. 르 그로가 말하는 것과는 정반대입니다. 단순하고 짧기 때문입니다. 하지만 그를(그리고 의심할 여지없이 다른 몇몇을) 만족시키기 위해, 저는 새로운 안단테를 썼습니다. 각각 나름의 개성이 있는 좋은 곡들입니다. 마지막에 쓴 것이 제 마음에 가장 듭니다.

조만간 보낼 만한 괜찮은 편이 생기는 대로, 이 신포니아 콘체르탄테와「바이올린 교습법」, 피아노곡 몇 개, 그리고 포글러의 책(「음악의 학문과 예술」)을 보내드리겠습니다. 그리고 그때 아버지의 의견을 들을 수 있기를 고대하겠습니다. 8월 15일, 승천일에 제 교향곡이 새로운 안단테와 함께 두 번째로 연주될 예정입니다. 참고로 교향곡은 레 장조, 안단테는 솔 장조입니다. 여기서는 D장조나 G장조라고 말하면 안 되거든요. 르 그로는 이제 완전히 제 편이 되었습니다.

부디 위안을 찾으시고, 끊임없이 기도하십시오. 그것이 저희가 가진 유일한 기댈 곳입니다. 마리아 플라인과 로레토에서 거룩한 미사를 봉헌해주시길 바랍니다. 저도 여기서 그렇게 했습니다.

바르 씨에게 보내는 편지는 제게 보내실 필요가 없다고 생각합니다. 저는 그와 아직 친분이 없습니다. 그가 클라리넷은 잘 불지만, 다른 면에서는 어울리고 싶지 않은 사람이라는 것만 알 뿐입니다. 저는 그런 사람들과는 기꺼이 교제하지 않습니다. 그들에게서는 어떤 평판도 얻을 수 없고, 설령 그가 제게 도움이 될 수 있다 해도, 그에게 저를 추천하는 편지를 주는 것은 정말이지 부끄러운 일일 겁니다. 공교롭게도 그는 여기서 평판이 전혀 좋지 않고, 많은 사람들이 그를 전혀 모릅니다.

두 명의 슈타미츠[148] 중, 동생만 여기에 있습니다. 형

---

[148] 만하임 악파를 창시한 작곡가 요한 슈타미츠(Johann Stamitz, 1717~1757)의 두 아들인 카를 슈타미츠(Carl Stamitz, 1745~1801)와 안톤 슈타미츠(Anton Stamitz, 1750~c.1809)를 의미한다.

(진정한 하페네더[149] 작곡가)은 런던에 있습니다. 그들은 비참한 글쟁이에 도박꾼, 술꾼들이라 저와는 어울리지 않는 부류의 사람들입니다.

그런데, 만약 브루네티가 언젠가 해고된다면, 저는 제 친구 한 명을 대주교께 제1바이올린 주자로 추천하고 싶습니다. 그는 더없이 훌륭하고 매우 견실한 사람입니다. 제 생각에 그는 마흔 살쯤 되었고, 홀아비입니다. 그의 이름은 로트피셔입니다. 그는 나사우-바일부르크 공주님[150]과 함께 키르히하임-볼란트[151]에서 악장으로 있습니다. 우리끼리 이야기지만, 그는 불만을 품고 있습니다. 그의 군주가 그의 음악을 그다지 좋아하지 않기 때문입니다. 그는 제 앞길을 열어달라고 제게 재촉했고, 그처럼 친절한 사람을 돕는 것은 제게 진정한 기쁨을 줄 것입니다.

---

[149] 요제프 하페네더(Joseph Hafeneder, 1746~1784)는 잘츠부르크의 궁정 바이올리니스트로 모차르트 부자는 그의 작곡 실력을 매우 낮게 평가하였다. 하페네더 같다는 말은 그들에게 음악이 형편없다는 뜻의 경멸적 은어였다.
[150] 카롤리나 판 오라녜나사우 공주를 의미한다.
[151] 도시 키르히하임볼란덴(Kirchheimbolanden)을 의미한다.

파리
1778년 7월 18일

제 마지막 두 통의 편지를 받으셨기를 바랍니다.

그 편지들의 주된 내용들은 더 이상 언급하지 않는 게 좋겠습니다. 모든 것이 끝났고, 저희가 그 주제에 대해 아무리 긴 글을 쓴다 한들, 사실을 바꿀 수는 없으니까요.

이 편지를 보내는 가장 큰 이유는 제 사랑하는 누나의 영명 축일을 축하하는 것입니다. 라프 씨가 이곳을 떠났지만, 그가 매우 진실하고 가장 특별한 친구이며, 제가 그의 호의를 전적으로 의지할 수 있다고 썼던 것 같습니다. 저는 그가 저에게 그토록 깊은 애정을 가지고 있다는 것을 몰랐기 때문에 아버지께 그 이야기를 전부 다 쓸 수가 없었습니다. 자, 이 이야기를 제대로 하려면, 처음부터 시작해야겠습니다.

저는 먼저, 라프 씨가 르 그로 씨 댁에 묵었다고 말씀드려야 합니다. 방금 떠올랐는데, 아버지는 이미 이것을 알고 계시군요. 하지만 어쩌겠습니까? 편지를 새로 시작할 수는 없으니 그냥 계속 이어나가겠습니다. 그가 도착했을 때 저희는 마침 저녁 식사 중이었습니다. 이 또한 본론과는 아무런 상관이 없습니다. 그저 파리에서도 다른 곳과 마찬가지로 사람들이 저녁을 먹는다는 사실을 알려드리고 싶었을 뿐입니다. 제가 집에 돌아왔을 때, 저를 위해 베버 씨가 보낸 편지가 와 있는 것을 발견했고, 그 편지를 가져다준 사람이 바로 라프 씨였습니다. 제가 역사가라는 이름에 걸맞은 사람이 되려면, 이 편지의 내용을 여기에 삽입해야 마땅할 것입니다. 그리고 솔직히 말해, 그 내용을 알려드리지 않는 것이 무척이나 꺼려지는 바입니다. 하지만 너무 장황해져서는 안 되겠지요. 간결함은 훌륭한 미덕이며, 아버지께서도 제 편지에서 그 점을 발견하실 수 있을 겁니다. 사흘째 되던 날, 감사를 표하기 위해 그의 집을 찾아갔습니다. 언제나 예의 바르게 행동하는 것은 좋은 일이니까요. 우리가 무슨 대화를 나누었는지는 이제 기억나지 않습니다. 즉시 어떤 거짓말—아니, 어떤 달콤한 말이라고 해야겠군요—이라도 지어내지 못하는 역사가는 필시 유별나게 둔한 사람이겠지요. 뭐, 됐습니다! 우리는 좋은 날씨에 대해 이야기했습니다. 그리고 더 이상 할 말이 없어졌을 때, 우리는 침묵했고, 저는 자리를 떴습니다.

며칠 후—무슨 요일이었는지는 정말 잊었지만, 분명

평일 중 하루였습니다—저는 막 자리에 앉았습니다. 물론 피아노 앞이었죠. 그리고 훌륭한 바순 연주자이신 리터 씨가 제 옆에 앉아 있었습니다.

자, 이 일에서 무엇을 알 수 있겠습니까? 실로 많은 것을 알 수 있습니다. 라프 씨는 만하임 시절 연주회장에서 제 연주를 들은 게 전부였는데, 그때는 하도 시끄럽고 정신이 없어서 무얼 제대로 들을 수조차 없었습니다. 게다가 그가 가진 피아노는 어찌나 형편없었던지, 그런 악기로는 제 실력을 제대로 보여줄 수 없었을 겁니다. 하지만 이곳의 악기는 훌륭했고, 저는 라프 씨가 무언가 생각에 잠긴 얼굴로 제 맞은편에 앉아 있는 것을 보았습니다. 그래서 아버지께서도 짐작하시겠지만, 저는 먼저 피스키에티[152] 풍으로 전주곡 몇 곡을 연주하고, 이어서 불꽃과 기백, 정확성을 담아 하이든 풍으로 화려한 소나타 한 곡을 연주했습니다. 그런 다음 리프와 힐버, 아만의 기법을 모두 동원해 푸가 한 곡을 연주했지요.[153] 제

---

[152] 도메니코 피스키에티(Domenico Fischietti, 1725~1810). 이탈리아 출신 작곡가. 잘츠부르크 궁정의 악장이자 모차르트의 동료였다.
[153] 프란츠 이그나츠 리프(Franz Ignaz Lipp)는 궁정 오르가니스트, 요제프 힐버(Joseph Hilber)는 바이올리니스트였다. 아만(Amman)의 정확한 신원은 알려지지 않았다.

푸가 연주는 어디서든 가장 큰 갈채를 받습니다. 연주를 마쳤을 때(라프 씨는 내내 '브라보!'를 외쳤고, 얼굴에는 진심 어린 기쁨이 가득했습니다), 저는 리터 씨와 이야기를 나누며 파리가 영 마음에 들지 않는다고 말했습니다.

"이곳이 마음에 안 드는 가장 큰 이유는 음악 때문입니다. 게다가 기댈 만한 사람도, 즐길 거리도, 유쾌한 사교 모임도 전혀 찾을 수가 없습니다. 특히 숙녀분들은 더하고요. 평판이 좋지 않은 분들이 많고, 그렇지 않은 분들은 교양이 부족하더군요." 리터 씨도 제 말이 맞다는 것을 부정하지 못했습니다.

그때 라프 씨가 마침내 미소 지으며 말하더군요. "전적으로 이해합니다. 모차르트 씨는 파리의 아름다움을 온전히 감상하러 이곳에 온 게 아니니까요. 모차르트 씨의 마음 절반은 다른 곳에 가 있죠. 바로 제가 방금 떠나온 곳 말입니다." 이 말에 다들 한바탕 웃으며 농담을 주고받았습니다. 하지만 라프 씨는 이내 진지한 목소리로 말했습니다. "진심으로, 당신이 옳습니다. 비난할 생각은 없어요. 그 아가씨는 그럴 만한 자격이 있으니까요. 상냥하고, 아름답고, 선한 아가씨일 뿐만 아니라, 교양과 재능까지 두루 갖춘 훌륭한 사람이더군요."

덕분에 저는 사랑하는 베버 양을 그에게 적극적으로

추천할 절호의 기회를 잡았습니다. 하지만 제가 길게 말할 필요도 없었습니다. 그는 이미 그녀에게 완전히 반해 있었으니까요. 그는 만하임으로 돌아가는 즉시 그녀에게 교습을 시작하고, 그녀를 위해 힘써주겠다고 약속했습니다.

마땅히 여기에 무언가 덧붙여야겠지만, 그전에 먼저 이 우정의 내력부터 마무리지어야겠습니다. 편지에 여백이 남는다면 그때 쓰도록 하지요. 그는 제게 그저 평범한 지인, 그 이상도 그 이하도 아니었습니다. 하지만 저는 종종 그의 방에 들러 함께 시간을 보냈고, 그러면서 점차 그를 더 신뢰하게 되었습니다. 마침내 저는 만하임에서 어떻게 속아 넘어갔고 바보 취급을 당했는지에 대한 그 시절 이야기를 전부 털어놓았고, 아직 그곳에서 일자리를 얻을 수도 있을 것 같다고 덧붙였습니다.

그는 긍정도 부정도 하지 않았습니다. 제가 그 이야기를 넌지시 비칠 때마다, 그는 오히려 점점 더 무관심하고 냉담해 보였습니다. 하지만 마침내 그의 태도가 마음에 들게 변하고 있다는 생각이 들었고, 급기야는 그가 먼저 그 일 이야기를 꺼내기 시작하는 일도 잦아졌습니다. 저는 그를 그림 남작과 데피네 부인께 소개하였습니다. 그러던 어느 날 라프 씨가 제게 와서는, 저와 함께 지킹엔 백작 댁에 저녁 식사를 하러 가게 될 것이라고 말하더군요. 또한 이렇게 덧붙였습니다.

"백작과 제가 이야기를 나누던 중에 제가 이렇게 말씀드렸습니다. '아, 각하. 혹시 저희 모차르트의 연주를 들어보셨습니까?' 그러자 백작께서 '아니요, 하지만 꼭 한번 만나보고 싶소. 만하임에서 그의 재능이 얼마나 놀라운지 편지로 전해 들었거든.'이라고 하시더군요. 그래서 제가 답했습니다. '직접 들어보시면, 들으신 이야기가 오히려 과장이 아니라 부족했다는 것을 아시게 될 겁니다.' 백작께서는 '그게 가능하단 말이오?' 하고 물으셨고, 저는 '물론입니다, 각하.'라고 답해드렸지요."

자, 이것이 바로 라프 씨가 제게 관심을 갖고 있다고 생각하게 된 첫 번째 계기였습니다. 그 후로 그의 호의는 점점 커져갔고, 하루는 제가 그에게 저희 집에 함께 가자고 청했습니다. 그 뒤로는 그가 혼자서도 종종 찾아오더니, 마침내 매일같이 오게 되었습니다. 라프 씨가 이곳을 떠난 다음 날 오전에는, 말끔한 신사 한 분이 그림을 들고 저를 찾아와 이렇게 말했습니다. "안녕하십니까, 저는 이 신사분을 대신해서 왔습니다." 그가 보여준 것은 라프 씨의 초상화였는데, 정말이지 똑같이 그렸더군요. 그는 곧 독일어로 말하기 시작했는데, 알고 보니 선제후의 궁정 화가였습니다. 라프 씨가 제게 여러 번 이야기했지만, 늘 저를 데려가는 것을 잊어버렸던 바로 그 사람이었죠. 아버지께서도 그를 아시리라 생각합니다. 마인츠의 우르슈프링거 부인이 편지에 썼던 사람이 바로 이 사람일 겁니다. 우르슈프링거 댁에서 저희 가족을 자주 뵈었다고 하더군요. 그의 이름은 킴리[154]입니다. 그는 더할 나위 없이 친절하고 상냥한 사람이며, 원칙이 뚜렷하고 명예를 아는, 훌륭한 기독교인입니다. 그와 라프 씨의 우정이야말로 그 증거 중 하나라 할 수 있겠습니다.

이제 라프 씨가 제게 품은 호의와 제 앞날에 대한 그의 진심 어린 관심을 보여주는 최고의 증거를 말씀드리겠습니다. 그는 확실한 성공을 보장하기 전에는 약속하기를 꺼리는 성격이라, 자신의 계획을 당사자에게 말하기보다 신뢰하는 측근에게 먼저 털어놓는다는 점입니다. 이것은 킴리가 제게 직접 해준 이야기입니다. 라프 씨는 매일 아침 킴리를 찾아가 제 이야기를 반복해서 했다고 합니다. "어젯밤에도 모차르트 씨 댁에 다녀왔네.

---

[154] 프란츠 피터 킴리(Franz Peter Kymli, 1745/1748~1813). 독일 출신의 화가.

그는 정말이지, 보통이 아닌 친구야. 틀림없이 비범한 사람일세!"라며 늘 저를 칭찬했습니다. 그는 킴리에게 모든 것을, 심지어 만하임에서 있었던 온갖 이야기까지 전부 털어놓았다고 합니다. 사실, 원칙이 뚜렷하고 신앙심이 깊으며 품행이 바른 사람들은 언제나 서로를 알아보는 법이지요. 킴리는 제게 안심해도 좋다고 말했습니다. 제가 좋은 분의 보살핌을 받게 되었다는 것이죠.

"라프는 확실히 당신을 위해 할 수 있는 모든 것을 할 것입니다. 그리고 그는 영리하게 일을 시작할 신중한 사람입니다. 그는 그것이 당신의 소망이라고 말하지 않고, 오히려 당신의 당연한 권리라고 말할 것입니다. 그는 궁정 마구간 총책임자와도 막연한 사이이니, 믿어보십시오. 일을 그르칠 사람이 아닙니다. 그저 그가 자신의 방식으로 움직이도록 믿고 맡겨두기만 하십시오."

한 가지 더 말씀드릴 것이 있습니다. 마르티니 신부님께서 저를 칭찬하며 라프 씨에게 보내신 편지가 분실된 것이 틀림없습니다. 라프 씨가 얼마 전 신부님께 편지를 받았지만, 제 이야기는 한마디도 없었다고 합니다. 어쩌면 아직 만하임에 편지가 남아있을 수도 있지만, 그럴 가능성은 낮습니다. 그가 파리에 머무는 동안 모든 편지를 빠짐없이 전달받았다는 것을 제가 아니까요. 선제후께서 파드레 마에스트로(마르티니 신부)를 지극히 존경하시니, 아버지께서 부디 친절을 베푸시어, 신부님께 저를 위해 라프 씨 앞으로 편지 한 통만 더 써달라고 청해주시겠습니까? 분명 도움이 될 것이고, 선하신 마르티니 신부님께서도 제 장래가 걸린 일이니 기꺼이 두 번째 수고를 마다하지 않으실 겁니다. 신부님이라면 필요할 경우 선제후께 보여드릴 수 있도록 내용을 잘 꾸며주시겠지요. 이제 이 이야기는 이만하겠습니다. 제가 이 일이 잘되기를 바라는 가장 큰 이유는, 사랑하는 아버지와 누나를 다시 껴안는 행복을 하루빨리 누리고 싶기 때문입니다. 아! 우리가 다 함께 얼마나 즐겁고 행복하게 살게 될까요! 하느님께서 제게 이 은혜를 베풀어주시길 간절히 기도합니다. 부디 하느님의 뜻 안에서, 마침내 새로운 장이 열리기를! 우리 모두가 행복해질 그날이 하루라도 빨리 오리라는 간절한 희망 하나로 버티고 있습니다. 하느님의 이름으로, 저의 천성과 기질, 지식과 감성, 그 모든 것을 거스르는 이곳에서의 삶을 어떻게든 견뎌낼 작정입니다. 믿어주십시오, 아버지. 이것은 과장이 아닌 순전한 진실입니다. 제가 왜 이토록 힘든지 그 이유를 전부 쓰려 한다면, 손가락이 닳아 없어질 때까지 써도 모자랄 겁니다. 저는 이곳에 있고, 제가 할 수 있는 모든 것을 해야만 합니다. 부디 이 시간을 보내는 동안 제 재능이 무뎌지지 않도록 하느님께서 보살펴주시기를! 하지만 이 생활이 제 재능을 갉아먹을 만큼 오래 계속되지는 않기를 바랍니다. 하느님, 제발 그리하여 주소서!

아, 그런데 요전 날 성직자 한 분이 저를 찾아왔습니다. 잘츠부르크 성 베드로 합창단의 지휘자로, 아버지께서도 아주 잘 아시는 분입니다. 이름은 첸도르프인데, 혹 기억하지 못하실지도 모르겠습니다. 그는 이곳, 파리에서 피아노 교습을 하고 있습니다. 그 이름만 들어도 지긋지긋하지 않습니까? 저는 그를 대주교님께 오르가니스트로 강력하게 추천하려 합니다. 그는 300플로린의 연봉이면 만족한다고 하더군요. 그럼 이만 줄입니다. 부디 건강하시고, 마음만은 즐거이 지내시길 바랍니다. 머지않아 아버지의 아들, 진정으로 행복해진 아들과 맛 좋은 라인 와인을 기울이실 그날이 올지도 모른다는 것을 기억하시길 바랍니다. 안녕히!

20일—축하 인사가 너무 늦었습니다. 부디 용서해주십시오. 누이에게 선물할 작은 전주곡을 하나 쓰느라 늦었습니다. 누이가 느끼는 대로 자유롭게 연주하면 될 겁니다. 이 곡은 다른 곡으로 넘어가기 위한 전주곡이라기보다는, 그저 피아노를 시험 삼아 연주해보는 카프리치오 같은 곡입니다.

제 소나타도 곧 출판됩니다. 제가 원했던 가격을 쳐주겠다는 사람이 아무도 없어서, 결국엔 15루이도르를 받고 넘길 수밖에 없었습니다. 그래도 이곳에 제 이름을 알리는 데는 이 방법이 가장 좋겠지요. 소나타가 출판되는 대로, 보내기 좋은 기회를 봐서 (물론 가장 저렴한 방법으로) 아버지께 몇 가지를 함께 부치겠습니다. 아버지의 「바이올린 교습법」과 포글러의 책, 휠만델의 소나타, 슈뢰터의 협주곡, 제 피아노포르테 소나타 몇 곡, 신포니아 콘체르탄테, 플루트 4중주 두 곡, 그리고 하프와 플루트를 위한 협주곡입니다.

그건 그렇고, 혹시 전쟁 소식에 대해 들으신 것이 있으신지요?[155] 지난 사흘은 정말이지 마음이 무겁고 슬펐습니다. 사실 저와는 아무 상관도 없는 일입니다만, 제가 워낙 예민해서 어떤 소식이든 금세 마음을 쓰게 되나

---

155 1778년에 시작되어 이듬해까지 이어진 '바이에른 계승 전쟁'을 가리킨다.

봅니다. 황제께서 패배하셨다는 소문이 들려옵니다. 처음에는 프로이센 국왕이 황제군, 혹은 막시밀리안 대공이 지휘하는 부대를 기습했다는 소문이 돌았습니다. 오스트리아 측에서 2천 명이 전사했고, 황제께서 4만 대군을 이끌고 지원하러 오셨지만 결국 후퇴하셔야만 했다고요. 또 다른 소문에서는 국왕이 황제 폐하를 직접 공격해 완전히 포위했으며, 라우돈 장군이 1,800명의 흉갑기병을 이끌고 구하러 오지 않았더라면 포로가 될 뻔했다고도 합니다. 그 전투에서 흉갑기병 1,600명이 전사하고 라우돈 장군 자신도 총에 맞아 전사했다는 말도 있습니다. 하지만 신문 어디에서도 이런 내용은 보지 못했습니다. 그러다 오늘은 황제께서 4만 대군으로 작센을 침공하셨다는 이야기를 들었는데, 이 또한 사실인지는 모르겠습니다.

참으로 명필이 따로 없군요! 하지만 이제 와서 정성 들여 글자를 쓸 인내심은 없으니, 아버지께서 알아만 보실 수 있다면 만족하겠습니다. 아, 그리고 신문에서 작센군과 크로아티아군 사이의 작은 교전에서 호프가르텐이라는 이름의 작센 척탄병 대위가 전사하여 많은 이들이 애도했다는 기사를 보았습니다. 이 사람이 혹시 저희가 파리에서 폰 보제 씨 댁에서 알게 된, 그 친절하고 훌륭했던 호프가르텐 남작은 아닐까요? 만약 그가 맞다면 정말 슬픈 일입니다. 하지만 저는 그가 이곳의 수많은 젊은이들처럼 방탕과 악덕에 빠져 인생을 망치는 것보다는, 차라리 이렇게 명예로운 죽음을 맞는 편이 낫다고 생각합니다. 아버지께서도 이미 아시겠지만, 이곳의 상황은 예전보다 훨씬 더 나빠졌습니다.

아, 그리고 전주곡의 마지막 부분 악보를 알아보실 수 있으면 좋겠습니다. 박자는 너무 까다롭게 맞출 필요 없습니다. 그저 느끼는 대로 연주하시면 되는 곡이니까요. 그 형편없는 바텔이란 작자가 카테르 양[156]과 결혼하지 않은 것을 생각하면, 정말이지 곤장 스물다섯 대라도 치고 싶은 심정입니다. 제 생각에, 정직한 아가씨를 우롱하고 끝내 저버리는 것만큼 파렴치한 짓은 없습니다. 부디 이 이야기가 사실이 아니기만을 바랍니다. 제가 그녀의 아버지였다면, 진작에 그놈을 가만두지 않았을 겁니다.

---

[156] 카테르(Katherl)는 모차르트 남매의 친구였던 카타리나 길로프스키(Katharina Gilowsky, 1750~1802)를 가리키는 애칭이다.

파리
1778년 7월 31일

지난 11일과 18일에 보낸 제 편지 두 통이
무사히 도착했기를 바랍니다.

저는 그사이 13일과 20일에 쓰신 아버지의 답장을 받았습니다. 첫 번째 편지를 읽고는 사랑하는 어머니의 슬픈 죽음이 떠올라 눈물을 참을 수 없었습니다. 그때의 모든 광경이 다시금 눈앞에 생생히 그려졌습니다. 평생 잊지 못할 겁니다. 아시다시피 저는 누군가의 임종을 한 번도 본 적이 없었는데(종종 그 순간이 어떨지 궁금해하기는 했습니다만), 하필이면 제 어머니의 마지막을 처음으로 지켜보게 될 운명이었나 봅니다. 그 순간에 떠오르던 생각들이 저를 너무 고통스럽게 했습니다. 저는 힘을 달라고 하느님께 간절히 기도드렸고, 하느님께서는 제 기도를 들어주셨습니다. 아버지의 편지가 제 마음을 아프게 하기는 했지만, 한편으로는 아버지와 누이가 마땅히 슬픔을 이겨내고 계시다는 것을 알게 되어 말할 수 없이 기뻤습니다. 이제 사랑하는 두 분을 걱정하지 않아도 된다는 생각에 안도하며, 편지를 읽자마자 저도 모르게 무릎을 꿇고 이 축복을 내려주신 자비로우신 하느님께 뜨거운 감사를 드렸습니다. 이제 세상에 남은 가장 소중한 두 분을 더는 염려하지 않아도 되니 저는 행복합니다. 만약 두 분 마저 힘들어하셨더라면, 이 끔찍한 불행이 저를 완전히 짓눌렀을 겁니다. 그러니 부디 저를 위해서라도 소중한 건강을 돌보아 주십시오. 세상에서 아버지를 가장 사랑하는 존재라 자부하는 이 아들이, 하루빨리 아버지를 다시 껴안을 수 있는 기쁨을 누리게 해주십시오.

아버지의 마지막 편지 역시 아버지의 사랑과 염려를 다시금 느끼게 해주어 기쁨의 눈물이 흘렀습니다. 아버지의 사랑에 보답하기 위해 최선을 다하겠습니다. 보내주신 가루약은 감사히 받았습니다. 하지만 제가 이제는 그 약이 필요 없다는 것을 아시면 분명 기뻐하시리라 믿습니다. 사랑하는 어머니께서 투병하실 때는 꼭 필요했겠지만, 이제 하느님 덕분에 저는 아주 건강합니다. 때때로 슬픔에 잠길 때가 있지만, 그럴 때마다 아버지와 편지를 주고받는 것이 가장 좋은 약이 됩니다. 물론 이런 슬픈 감정은 그럴 만한 이유가 있을 때만 찾아오는 것이겠지요. 아버지께서 어머니의 병환과 그 전후 사정에 대해 자세히 듣고 싶어 하셨지요. 물론 전부 말씀드리겠습니다. 다만 너무 길게 쓰지는 않으려 하니 부디 양해해주십시오. 이미 모든 것은 돌이킬 수 없는 과거가 되었고, 편지 말미에 사업적인 이야기도 좀 적을 공간을 남겨두어야 해서요.

무엇보다 먼저, 그 어떤 것도 어머니를 구할 수는 없었을 거라고 말씀드려야겠습니다. 세상의 어떤 의사도 어머니의 건강을 되돌리지는 못했을 겁니다. 그것은 하느님의 명백한 뜻이었습니다. 어머니의 때가 이르렀고, 하느님께서 그분을 곁으로 불러 가시기로 하셨던 겁니다. 아버지께서는 어머니가 사혈을 너무 오래 미루셨다고 생각하시지요? 조금 미루신 것은 사실이니 그럴 수도 있겠습니다. 하지만 저는 오히려 이곳에서 사혈을 극구 말렸던 사람들의 의견에 더 마음이 기웁니다. 어머니 병의 원인은 내부 염증이었습니다. 사혈을 받으신 후 며칠간은 회복되는 듯했지만, 19일에는 두통을 호소하며 처음으로 온종일 침대에 누워계셨습니다. 20일에는 오한이 온 뒤 열이 나서서 제가 진경제 가루약을 드렸습니다.

그때 다른 의사를 모셔오고 싶어 마음이 탔지만, 어머니께서는 허락하지 않으셨습니다. 간곡히 청해봐도, 프랑스 의사라면 아무도 믿지 못하겠다고 하시더군요. 그래서 독일인 의사를 찾아다녔습니다. 물론 어머니를 홀로 두고 나갈 수는 없었기에, 매일 저희 집에 들르던 하이나 씨를 애타게 기다렸습니다. 하지만 어찌 된 일인지 이틀이 지나도록 그는 나타나지 않았습니다. 마침내 그가 왔을 때는 저희 의사가 정기 방문을 오지 않는 날이라 서로 상의할 수도 없었습니다. 결국 의사가 다시 온 것은 24일이었습니다. 그 전날, 제가 의사를 그토록 기다리고 있을 때 갑자기 어머니의 귀가 들리지 않아 저는 정말이지 어찌할 바를 몰랐습니다. 일흔 살쯤 되어 보이는 늙은 독일인 의사는 어머니께 포도주에 대황을 타서 드렸습니다. 저는 이해할 수 없었습니다. 보통 포도주는 열을 올린다고 생각했기 때문입니다. 하지만 제가 그렇게 말하자, "포도주가 아니라 물이 열을 올린다"며 모두가 한목소리로 외치는 통에 어쩔 도리가 없었습니다. 그 와중에 가엾은 어머니께서는 시원한 물 한 잔을 애타게 원하고 계셨습니다. 제가 얼마나 그 소원을 들어드리고 싶었는지요! 사랑하는 아버지, 제가 어떤 심정이었을지 상상도 못 하실 겁니다. 하지만 의사의 처분에 맡기는 것 외에는 제가 할 수 있는 일이 없었습니다. 제가 양심에 따라 할 수 있는 일이라고는, 하느님께서 어머니를 위해 모든 것을 선하게 이끌어주시기를 끊임없이 기도하는 것뿐이었습니다. 저는 완전히 넋이 나간 사람처럼 돌아다녔습니다. 작곡할 시간은 넘쳐났지만, 단 한 음표도 쓸 수 없는 상태였습니다.

  25일에는 의사가 오지 않았고, 26일에야 다시 어머니를 보러 왔습니다. 그가 갑자기 제게 이렇게 말했을 때 제 마음이 어땠을지 상상해 보십시오. "오늘 밤을 넘기기 어려울 듯합니다. 언제 돌아가실지 모르니, 성사를 받으시도록 준비하는 것이 좋겠습니다." 저는 곧장 쇼세 당탕 거리 끝으로 달려가 바리에르를 넘어 하이나 씨를 찾아 나섰습니다. 그가 어느 백작 댁 연주회에 가 있다는 것을 알았기 때문입니다. 그는 다음 날 아침 독일인 신부님과 함께 오겠다고 약속했습니다. 돌아오는 길에 잠시 데피네 부인과 그림 남작 댁에 들렀습니다. 두 분은 왜 더 일찍 알리지 않았냐며 안타까워했습니다. 진작 알았더라면 자신들의 의사를 보냈을 거라면서요. 어머니께서 프랑스 의사를 원치 않으셨다는 속사정은 차마 말씀드리지 못했습니다. 그들이 그날 저녁에 바로 의사를 보내겠다고 해서 저는 난처한 상황에 놓였습니다.

  집에 돌아와서는 어머니께 이렇게 말씀드렸습니다. 하이나 씨와 독일인 신부님을 만났는데, 그 신부님이 제 이야기를 많이 들었고 제 연주를 듣고 싶어 해서 두 분이 내일 찾아오기로 했다고요. 어머니께서는 꽤 만족스러워하시는 듯했습니다. 의사가 아닌 제가 보기에도 어머니의 상태가 나아진 듯하여, 더는 아무 말도 하지 않았습니다.

쓰다 보니 너무 길어졌군요. 아버지께서 만족하실 것을 생각하니 모든 것을 자세히 알려드리게 되어 오히려 기쁩니다. 하지만 꼭 써야 할 다른 일들이 남아있어, 어머니의 병환에 대한 이야기는 다음 편지에서 마저 들려드리겠습니다. 지난 편지에서 말씀드렸듯, 사랑하는 어머니의 모든 일과 제 일은 잘 정리되어 있습니다. 나중에 이야기할 때가 되면, 모든 일이 어떻게 처리되었는지 말씀드리겠습니다. 하이나 씨와 제가 모든 것을 직접 처리했습니다.

이제 일에 대한 이야기를 좀 하겠습니다. 제가 지난번에 때가 될 때까지 제 생각을 밝히지 않겠다고 말씀드린 것은 너무 깊이 생각하지 마십시오. 부디 그 일로 심려치 마세요. 아직은 말씀드릴 수 없고, 만약 말씀드린다면 득보다 실이 많을 겁니다. 다만 아버지를 안심시켜 드리기 위해, 이 일은 오직 저 자신에게만 관련된 일이라는 점은 말씀드릴 수 있습니다. 이로 인해 아버지의 형편이 더 나아지거나 나빠지는 일은 없을 것이며, 제가 아버지를 더 나은 상황에서 뵐 수 있을 때까지는 이 문제에 대해 더 생각하지 않겠습니다. 우리 가족이 다시 평화롭고 행복하게 다 같이 살 수 있는 날이 온다면 (이것이 제 가장 큰 소망입니다), 바로 그때가 이 이야기를 할 적절한 순간이 될 것이고, 나머지는 아버지의 뜻에 달렸을 겁니다. 그러니 부디 마음 쓰지 마시고, 아버지의 행복과 평화에 관련된 일이라면 제가 언제나 다정한 아버지이자 진정한 친구이신 아버지를 전적으로 신뢰하고 모든 것을 말씀드릴 거라는 점을 믿어주십시오. 그동안 제가 그러지 못했다면, 그 잘못이 온전히 제게만 있는 것은 아닙니다.[157]

얼마 전 그림 남작이 제게 말했습니다. "자네 아버지께는 뭐라고 편지해야 하나? 앞으로 어쩔 셈인가? 여기 남을 건가, 만하임으로 갈 건가?"

저는 그만 웃고 말았습니다. "제가 지금 만하임에서 무얼 하겠습니까? 차라리 파리에 오지 않았더라면 좋았을 것을요! 하지만 이왕 이렇게 된 것, 이곳에서 성공하기 위해 최선을 다해야지요."

그가 말하더군요. "글쎄, 내 생각에 자네가 여기서 잘 되기는 어려울 것 같네."

---

[157] 그는 이전 편지들에서 분명히 드러났듯이, 사랑하는 알로이지아와의 빠른 결혼을 생각하고 있었던 것이 분명하다.

"왜요? 실력도 없는 수많은 어중이떠중이들도 먹고 사는데, 제 재능으로 왜 안 된단 말입니까? 물론 저는 만하임을 좋아하고 그곳에서 자리를 얻고 싶은 마음도 간절합니다. 하지만 그 자리는 명예롭고 평판이 좋은 곳이어야 합니다. 저는 모든 것이 확실해지기 전에는 한 발짝도 움직이지 않을 겁니다."

그가 말했습니다. "자네가 여기서 충분히 활동적이지 않은 것 같아 걱정일세. 너무 사람들을 만나러 다니질 않아."

제가 답했습니다. "그게 저한테는 가장 힘든 일입니다."

게다가 어머니께서 편찮으신 동안 어디에도 갈 수 없었고, 지금은 제자 중 둘은 시골에 가 있고, 세 번째 제자(드 기네스 공작의 따님)는 약혼을 해서 더는 교습을 받을 생각이 없습니다. 그렇다고 큰 손해는 아닙니다. 공작이 다른 사람들처럼 제값을 치르는 것도 아니니까요. 한번 상상해보십시오! 저는 24회 수업을 계약하고 매일 두 시간씩 공작 댁으로 찾아갔습니다(이곳 관례는 12회마다 수업비를 지급합니다). 그들은 시골에 다녀온 지 열흘이 지나도록 제게 아무런 연락이 없었습니다. 제가 혹시나 해서 물어보지 않았더라면, 그들이 돌아온 줄도 몰랐을 겁니다. 제가 찾아갔더니, 가정교사가 지갑을 꺼내며 말하더군요. "죄송하지만, 지금은 돈이 충분치 않으니 12회분만 먼저 받으세요." 참으로 고귀한 처사가 아닐 수 없지요! 그러고는 제게 3루이도르를 주며 덧붙였습니다. "이만하면 만족하시겠지요. 혹시 아니시라면, 부디 말씀해주시고요."

드 기네스 공작은 염치가 없거나, 아마도 제가 그저 어리고 머리 나쁜 독일 놈이라 생각하는 모양입니다(프랑스인들은 늘 우리를 그렇게 여기니까요). 그래서 이 정도면 제가 감지덕지할 거라 생각했겠죠. 하지만 그 '머리 나쁜 독일 놈'은 전혀 만족하지 않았기에, 그 돈을 받지 않았습니다. 공작은 그저 돈 몇 푼 아끼려고 두 시간 수업료를 한 시간 값만 치르려 했던 겁니다. 심지어 제 하프와 플루트 협주곡을 가져간 지 넉 달이 넘도록 아직 곡 값을 지불하지 않고 있습니다. 저는 결혼식이 끝나기만 기다렸다가 가정교사에게 찾아가 제 돈을 요구할 생각입니다. 무엇보다 저를 화나게 하는 것은, 이 어리석은 프랑스인들이 저를 아직도 일곱 살배기로 생각한다는 점입니다. 제가 처음 그들 눈에 띄었을 때가 그 나이였기 때문입니다. 이건 틀림없는 사실입니다. 데피네 부인께서 직접 제게 아주 진지하게 그렇게 말씀하셨으니까요. 그래서 이곳에서 저는 음악가들을 제외하고는 풋내기 취급을 받습니다. 음악가들은 저를 전혀 다르게 생각하지만, 어쩌겠습니까. 다수결이 이기는 법이지요!

그림 남작과 대화한 바로 다음 날, 저는 지킹엔 백작을 찾아갔습니다. 백작께서는 일단 라프 씨가 목적지에 도착할 때까지 참고 기다려보자는 제 의견에 전적으로 동의하셨습니다. 라프 씨가 저를 돕기 위해 온 힘을 다할 것이고, 만약 일이 잘 풀리지 않으면 그때는 자신이 마인츠에서 일자리를 알아봐 주겠다고 약속하셨습니다. 그러니 당분간 제 계획은 음악 교습으로 생계를 꾸리면서 최대한 돈을 모으는 것입니다. 지금 그렇게 하고는 있지만, 어서 빨리 다른 길이 열리기만을 간절히 바라고 있습니다. 솔직히 고백하건대, 이곳을 떠날 수만 있다면 정말 기쁠 겁니다.

이곳에서 음악을 가르치는 건 보통 힘든 일이 아닙니다. 수많은 제자를 받아 몸이 부서져라 일하지 않는 이상 큰돈을 벌기도 어렵습니다. 제가 게을러서 이런 말씀을 드리는 게 아닙니다! 아시다시피 저는 음악에 완전히 미쳐있는 사람입니다. 온종일 음악에만 몰두하고, 사색하고, 연구하고, 성찰하며 지내는 것을 좋아합니다. 하지만 지금의 생활 방식은 그런 삶을 불가능하게 만듭니다. 물론 하루에 몇 시간 자유 시간이 생기기는 하지만,

그 시간은 창작을 위한 일보다는 소진된 기력을 회복하기 위한 휴식에 더 절실히 필요합니다.

오페라에 대해서는 이미 말씀드렸지요. 한 가지는 확실합니다. 저는 대작 오페라를 쓰거나, 아니면 아예 쓰지 않거나 둘 중 하나를 택해야 합니다. 그저 그런 것을 써서는 얻을 것이 거의 없습니다. 이곳은 성공과 실패가 극명하게 갈리는 곳이라, 만에 하나 저 무감각한 프랑스인들의 마음에 들지 않으면 그걸로 끝입니다. 돈도 거의 못 벌고, 평판만 깎아 먹은 채 다음 기회조차 얻지 못하게 되지요. 반면 대작 오페라는 보수도 훨씬 좋고, 무엇보다 제가 가장 좋아하는 분야에서 제 실력을 마음껏 펼칠 수 있으니 인정받을 기회도 훨씬 많습니다. 장담하건대, 오페라 작곡을 의뢰받기만 한다면 저는 어떤 주제든 두렵지 않습니다. 물론 프랑스어는 악마가 만든 언어라는 말이 사실이고, 모든 작곡가들이 그 언어 때문에 겪는 어려움을 저 또한 잘 알고 있습니다. 그럼에도 저는 그 어려움을 극복할 수 있다고 생각합니다. 정말이지, 제 오페라가 무대에 오르는 것을 상상할 때면 제 안에서 불타는 듯한 충동을 느낍니다. 프랑스인들에게 독일인이 어떤 존재인지 제대로 알려주고, 우리를 인정하고 존중하게 만들고, 나아가 두려워하게 만들고 싶은 열망에 온몸이 떨릴 정도입니다. 그러니 저 잘난 프랑스인들이 정작 대작 오페라는 왜 항상 저희 같은 외국인들에게 맡기는 신세인지 알 만하지 않습니까? 제게 가장 힘든 상대는 아마 가수들이 되겠지요. 뭐, 저는 준비되었습니다. 애써 싸움을 걸고 싶지는 않지만, 누가 싸움을 걸어온다면 기꺼이 받아줄 겁니다. 물론 결투까지 가는 일은 없으면 좋겠습니다. 그런 좀스러운 자들과 뒹굴고 싶지는 않으니까요.

부디 하느님께서 곧 좋은 변화가 일어나게 해주시기를! 그때까지 저는 부지런히 애쓰고 노력하며 제 몫을 다할 것입니다. 제 모든 희망은 모두가 시골에서 돌아오는 올겨울에 달려 있습니다. 다시 아버지를 뵙고 품에 안길 행복한 날을 생각하면, 지금도 가슴이 기쁨으로 두근거립니다.

얼마 전 친애하는 친구 베버에게서 편지가 왔는데, 다른 소식과 함께 이런 내용이 있었습니다. 선제후께서 만하임에 도착하신 바로 다음 날, 궁정을 뮌헨으로 옮기시겠다고 공표하셨답니다. 이 소식은 만하임에 마른하늘 날벼락처럼 떨어졌습니다. 바로 전날까지만 해도 선제후의 방문을 환영하며 도시 전체를 밝혔던 축제의 등불이, 말 그대로, 한순간에 꺼져버린 셈이지요. 궁정 음악가 전원에게도 통보가 내려왔는데 같은 급여를 받으며 뮌헨으로 가거나 만하임에 남는 것 중 하나를 택하여 2주 안에 봉인한 서면으로 감독관에게 제출하라는 지시였다고 합니다. 아버지께서도 아시다시피 최악의 상황에 놓인 베버는 이렇게 편지를 썼습니다. "자비로우신 주군을 따라 뮌헨으로 가고 싶은 마음은 간절하지만, 저의 비참한 형편이 발목을 잡는군요."

이 일이 있기 직전 성대한 궁정 연주회가 있었는데, 그 불쌍한 베버 양은 그곳에서 적들의 간계에 시달려야 했습니다. 이번에는 노래를 부르지 못했거든요! 누가 이런 짓을 꾸몄는지는 알 수 없다고 합니다. 그 후 겜밍엔 씨 댁에서 열린 연주회에는 제아우 백작도 참석했습니다. 그녀는 제 아리아 두 곡을 불렀는데, '그녀의 노래 실력이 형편없어졌다'라는 헛소문을 퍼뜨린 저 악랄한 이탈리아 악당들(뮌헨의 가수들 말입니다)의 간계에도 불구하고 다행히 청중의 마음을 사로잡았습니다. 그녀의 노래가 끝나자 칸나비히 씨가 그녀에게 다가가 이렇게 말했답니다. "아가씨, 앞으로도 늘 오늘처럼만 '실력이 떨어지기를' 바라오. 내일 당장 모차르트 씨에게 편지를 써서 당신을 칭찬해야겠소."

한 가지는 확실합니다. 만약 전쟁만 아니었다면 궁정

은 벌써 뮌헨으로 옮겨갔을 겁니다. 그녀를 뮌헨으로 데려오기로 마음먹은 제아우 백작이 어떻게든 손을 썼을 테니, 베버 가족의 형편도 나아질 희망이 있었을 텐데요. 하지만 이제 궁정의 이전 소식은 잠잠해졌으니, 이 가엾은 사람들은 매일 빚이 쌓여가는 것을 보며 하염없이 기다려야 할지도 모릅니다. 제가 그들을 도울 수만 있다면 얼마나 좋을까요! 가장 사랑하는 아버지, 부디 그들을 돌봐주시길 간청드립니다. 그들이 단 몇 년 동안만이라도 1,000플로린을 손에 쥘 수 있다면 얼마나 좋을까요!

파리
1778년 9월 11일

아버지께서 보내신 편지 세 통을 모두 받았습니다.

그중 가장 중요한 마지막 편지에만 답장하겠습니다. 그 편지를 읽었을 때(마침 하이나 씨가 옆에 있었는데, 아버지께 안부를 전해달라고 합니다), 저는 마치 이미 아버지 품에 안긴 듯한 기쁨에 온몸이 떨렸습니다.

솔직히 말씀드리면(아버지께서도 인정하시겠지만) 잘츠부

르크에 대단한 행운이 저를 기다리고 있는 것은 아니겠지요. 그럼에도 아버지와 사랑하는 누나를 다시 껴안을 수 있다는 생각만 하면, 다른 어떤 것도 문제 되지 않습니다. 이곳에 남으라고 아우성치는 사람들에게 제가 내세울 수 있는 유일한 핑계도 바로 그것입니다. 그들에게 저는 언제나 이렇게 대답합니다. "제가 무얼 더 바라겠습니까? 저는 만족하며, 그것으로 충분합니다. 이제 제게는 집이라 부를 곳이 생기고, 그곳에서 존경하는 아버지, 사랑하는 누나와 함께 평화롭고 조용하게 살 수 있습니다. 근무 시간이 아닐 때는 제가 하고 싶은 일을 할 수 있고, 제 삶의 주인이 될 수 있으며, 고정적인 수입도 생깁니다. 원할 때는 언제든 떠날 수 있고, 2년에 한 번씩은 여행도 할 수 있습니다. 이보다 더 바랄 것이 있겠습니까?"

솔직히 잘츠부르크가 꺼려지는 유일한 이유는, 사람들과 격의 있는 교제를 나누기 어렵다는 점, 음악가가 제대로 된 대접을 받지 못한다는 점, 그리고 대주교께서 세상 물정을 아는 식견 있는 사람들의 경험을 신뢰하지 않는다는 점입니다. 장담하건대, 여행을 하지 않는 사람(특히 예술가나 학자)은 비참한 존재일 뿐입니다. 분명히 말씀드리지만, 만약 대주교께서 2년에 한 번씩 제가 여행하는 것을 허락하지 않으신다면, 저는 결코 그 제안을 받아들일 수 없습니다. 평범한 재능을 가진 자는 여행을 하든 안 하든 늘 평범한 수준에 머물겠지만, 비범한 재능을 가진 자(하느님의 은총이 아니고서는 제가 가졌다고 감히 말할 수 없는)는 한곳에만 머물면 퇴보하고 맙니다. 만약 대주교께서 저를 믿어만 주신다면, 저는 얼마 안 가 그분의 궁정 악단을 명성 높은 곳으로 만들 수 있습니다. 이 점은 의심의 여지가 없습니다. 또한 저는 지난 여행이 제 작곡에 결코 헛되지 않았다고 자부합니다. 피아노 연주에 관해서는, 저는 늘 최선을 다해 연주할 따름입니다.

잘츠부르크에 대해 한 가지 더 명확히 해야 할 것이 있습니다. 저는 예전처럼 바이올린을 잡지는 않을 겁니다. 더는 바이올린으로 오케스트라를 지휘하지 않겠습니다. 저는 피아노에 앉아 지휘하고, 아리아 반주도 할 생각입니다. 악장 자리는 서면으로 약속을 받아두는 편이 좋겠습니다. 그렇지 않으면 두 가지 일을 하고 보수는 하나만 받다가, 결국에는 낯선 이방인에게 제 자리를 내어주는 영광스러운 꼴을 당하게 될지도 모르니까요.

너무나 사랑하는 아버지, 단호히 말씀드리지만, 아버지와 누나를 다시 뵙고 싶은 마음이 아니었다면, 저는 결코 이런 결심을 하지 못했을 겁니다. 저는 제가 혐오하는 이 파리를 떠나고 싶습니다. 물론 이곳에서의 제 입지가 나아지기 시작했고, 몇 년만 참고 견디면 분명 성공할 수 있으리라는 것도 압니다. 저는 이제 꽤 유명해졌습니다. 제가 그들을 다 알지는 못해도, 웬만한 사람들은 저를 압니다. 교향곡 두 곡으로 상당한 명성도 얻었습니다. 그러자(제가 떠난다는 소문을 듣고) 이제야 오페라를 써달라고 아우성입니다. 그래서 노베르 씨에게 이렇게 말했습니다. "작품이 완성되는 즉시 공연을 올리는 것을 책임지고, 제가 받을 정확한 액수를 명시해주신다면, 딱 석 달만 더 이곳에 머물겠습니다." 제가 자신감이 없는 것처럼 보일까 봐 단칼에 거절하지는 못했습니다. 하지만 결국 이 일은 성사되지 않았고, 저는 처음부터 그들이 일을 성사시키지 못할 거라는 사실을 알고 있었습니다. 이곳은 그런 식으로 일하는 곳이 아니니까요. 아버지께서도 아마 아시겠지만, 파리는 이렇습니다. 오페라가 완성되면 일단 리허설을 해보고, 저 어리석은 프랑스인들이 별로라고 생각하면 그걸로 끝입니다. 공연도 못 하고, 작곡가는 모든 수고를 날리는 셈이지요. 만약 마음에 들어 하면 그때 무대에 올립니다. 인기가 오르면 보수도 오르는 식이라, 보장된 것은 아무것도 없습니다.

 이런 문제들은 나중에 만나서 더 이야기하기로 하지

요. 솔직히 제 일 자체는 잘 풀리기 시작했습니다. 하지만 서두를 필요는 없지요. '급할수록 돌아가라chi va piano, va sano'라는 말도 있지 않습니까. 제 정중한 태도 덕에 친구와 후원자도 생겼습니다. 만약 이 모든 일을 편지에 다 쓰려면 손가락이 아플 겁니다. 나중에 직접 뵙고 명확하게 말씀드리겠습니다.

그림 남작은 어린아이를 돕는 데는 능하지만, 다 큰 어른은 도울 줄 모르는 사람입니다. 그리고… 아, 이 이야기는 쓰지 않는 편이 좋겠습니다. 아니, 그래도 써야겠습니다! 그가 예전 같을 거라고 생각하지 마십시오. 데피네 부인이 아니었다면 저는 벌써 그 집을 나왔을 겁니다. 그리고 그가 제게 베푼 선행을 그토록 생색낼 이유도 없습니다. 저를 재워주고 먹여주겠다는 집이 네 군데나 더 있었으니까요. 제가 만약 파리에 남았다면, 다음 달에는 당장 그 집을 나와 다른 곳으로 옮길 생각이었다는 것을 그 양반은 꿈에도 모를 겁니다. 그의 집처럼 따분하지도 않고, 친절을 베풀었다며 끊임없이 생색이나 내는 그런 집이 아닌 곳으로요. 그런 태도는 받은 은혜마저 잊게 만들지만, 저는 그보다는 더 너그럽게 행동할 겁니다.

제가 이곳에 남지 않는 것이 아쉬운 단 한 가지 이유는, 제가 더는 그를 필요로 하지 않는다는 것과, 제가 그의 그 잘난 피치니만큼은 해낼 수 있다는 것을 보여주지 못해서입니다. 비록 저는 '독일 놈'일 뿐이지만요! 그가 제게 크게 베푼 것이라고는, 어머니께서 살아계실 때와 돌아가셨을 때 합쳐서 15루이도르를 찔끔찔끔 빌려준 것뿐입니다. 설마 그걸 떼어먹힐까 봐 걱정하는 걸까요? 만약 그렇다면 그는 걷어차여도 쌉니다. 다른 건 몰라도 저를 분노케 하는 이런 의심은 제 정직함(이것 하나만큼은 저를 격분하게 만드는 유일한 것입니다)과 제 재능을 불신하는 셈이니까요. 후자에 대해서는, 저는 그가 제 재능을 믿지 않는다는 것을 확실히 압니다. 한번은 제게 프랑스 오페라를 쓸 능력이 없어 보인다고 직접 말했으니까요. 저는 이곳을 떠날 때, 정중히 인사하며 그 15루이도르를 던져주고 올 생각입니다.

돌아가신 어머니께서도 종종 제게 말씀하셨습니다. "왠지 모르겠지만, 그 사람이 좀 변한 것 같구나." 하지만 저는 늘 그의 편을 들었지요. 속으로는 저 역시 똑같이 느끼고 있었으면서도 말입니다. 그는 누구에게도 제 이야기를 거의 하지 않았고, 하더라도 늘 어리석다거나, 분별없다는 식으로 깎아내렸습니다. 끊임없이 저를 피치니나 카리발디(이곳의 형편없는 오페라 부파입니다)를 보러 가라고 닦달했지만, 저는 늘 "아니요, 절대 안 갈 겁니다"라고 답했습니다. 요컨대, 그는 이탈리아 파벌입니다. 그는 불성실하고, 저를 짓밟으려고 합니다. 믿기 어려우시지요? 하지만 틀림없는 사실이고, 그 증거는 얼마든지 댈 수 있습니다. 저는 진정한 친구인 줄 알고 제 모든 속마음을 털어놓았는데, 그는 그걸 아주 잘 이용해 먹더군요! 제가 자기 말을 따를 줄 알고 늘 나쁜 조언만 했습니다. 하지만 그게 먹힌 건 두세 번뿐이었고, 최근에는 아예 그의 의견을 묻지도 않았습니다. 그가 무언가 조언을 하면, 저는 결코 그대로 하지 않았습니다. 다만 그의 무례함을 더는 참고 싶지 않아서, 늘 동의하는 척했을 뿐입니다.

 이 이야기는 이만하겠습니다. 만나서 직접 말씀드릴 수 있겠지요. 어쨌든 데피네 부인께서는 그보다 훨씬 좋은 분이십니다. 제가 머무는 방은 남작의 방이 아니라 부인의 방입니다. 이곳은 환자 방으로, 집안에 아픈 사람이 생기면 쓰는 곳입니다. 전망 하나 빼고는 내세울 게 아무것도 없습니다. 횅한 벽 네 개에, 서랍장 하나 없고, 그야말로 아무것도 없습니다. 제가 이런 곳에서 더 견딜 수 있었을지 아버지께서 판단해 보십시오. 진작에 편지에 썼어야 했지만, 아버지께서 제 말을 믿지 않으실까 봐 두려웠습니다. 하지만 이제는 더 참을 수 없습니다. 믿으시든 안 믿으시든 말씀드려야겠습니다. 아니, 아버지께서는 저를 믿어주실 겁니다. 아버지께서 제 말을 믿어주실 거라는, 그 정도의 신뢰는 아직 제게 남아있겠지요.

저는 데피네 부인과 함께 식사하는데, 그 비용을 남작이 댈 거라고 생각하시면 안 됩니다. 사실 저는 부인께 거의 짐이 되지 않습니다. 제가 언제 집에 있을지 모르니, 저 때문에 식사를 달리 준비하는 일도 없습니다. 밤에는 과일과 와인 한 잔이 전부입니다. 제가 이 댁에 머문 두 달이 넘는 시간 동안, 기껏해야 열네 번 정도 저녁을 함께 먹었을 뿐입니다. 제가 감사히 갚으려는 15루이도르를 제외하면, 그가 저 때문에 쓰는 돈이라고는 고작 촛불 값이 전부입니다. 만약 제가 그 촛불 값마저 내겠다고 나선다면, 그가 아니라 오히려 제가 더 부끄러울 겁니다. 제 성격에 차마 그런 말은 할 수가 없습니다. 얼마 전 그가 제게 그토록 거칠고 무례하게 굴었을 때도, 저는 그 15루이도르 같은 건 걱정 말라는 말 한마디 할 용기가 없었습니다. 그의 심기를 건드릴까 두려워서요. 저는 그저 그가 말을 마칠 때까지 잠자코 들은 뒤, 할 말은 다 하셨냐고 묻고는 자리를 떴을 뿐입니다!

그런 그가 감히 제게 일주일 안에 이곳을 떠나라고 합니다. 그리 서둘러서 말입니다. 저는 그건 불가능하다며 그 이유를 설명했습니다. 그러자 그가 말하더군요.
"아! 그런 건 상관없소. 그게 자네 아버지의 소원이니까."

"실례하지만, 아버지의 마지막 편지에는 다음 편지로 제 출발 시기를 알려주시겠다고 쓰여 있었습니다."

"어쨌든 여행 준비나 하시길."

하지만 솔직히 말씀드려, 제가 이곳을 떠나려면 다음 달 초, 아무리 빨라도 이달 말이 되어야 합니다. 보수가 좋은 아리아를 아직 여섯 곡 더 써야 하고, 르 그로 씨와 드 기네스 공작에게서 돈도 받아내야 합니다. 또한 이달 말에 궁정이 뮌헨으로 가니, 그때 그곳에 가서 선제후비께 제 소나타를 직접 헌정하고 싶습니다. 어쩌면 하사금을 받을 수도 있으니까요. 저는 제 협주곡 세 곡을 출판업자에게 팔 생각입니다. 현금만 준다면요. 하나는 제노미 양에게, 다른 하나는 리차우 양에게 헌정되었고, 세 번째는 B플랫 장조입니다. 할 수만 있다면, 난이도가 높은 소나타 여섯 곡도 그렇게 할 생각입니다. 큰돈은 안 되더라도, 없는 것보다는 낫겠지요. 여행길에는 돈이 많이 필요하니까요. 교향곡들은 대부분 이곳 사람들 취향에 맞지 않습니다. 시간이 나면 몇 곡을 바이올린 협주곡으로 편곡해서 길이도 줄일 생각입니다. 독일에서는 긴 곡을 좋아하지만, 짧고 좋은 것이 더 나은 법이니까요.

다음 편지에는 분명 제 여행에 대한 지침이 있겠지요. 다만 아버지께서 저에게만 직접 편지를 보내주셨으면 합니다. 저는 그림 남작과 더는 엮이고 싶지 않습니다. 부디 그렇게 해주십시오. 그 편이 훨씬 낫습니다. 우리 친구 게슈벤더와 하이나가 그 잘난 신흥 남작보다 일 처리를 더 잘할 것이 분명하니까요. 정말이지, 그깟 푼돈짜리 촛불 값으로 빚을 따지든 말든, 저는 남작보다 하이나 씨에게 더 큰 신세를 졌습니다. 이 문제에 대한 빠른 답장을 기다리겠습니다. 답장이 올 때까지 저는 파리를 떠나지 않겠습니다. 서둘러 떠날 이유도 없거니와, 이곳에서 시간만 낭비하고 있는 것도 아닙니다. 한 푼이라도 더 벌기 위해, 저는 방에 틀어박혀 일하고 있으니까요.

아직 드릴 요청이 한 가지 남았습니다. 부디 거절하지 않으시길 바랍니다. 만약 베버 가족이(그러지 않기를 간절히 바라지만) 뮌헨이 아닌 아직 만하임에 머물고 있다면, 그곳에 들러 그들을 만나고 싶습니다. 인정하건대 가는 길에서 다소 벗어나 있긴 하지만, 그리 먼 길은 아닙니다. 적어도 제게는 그렇게 느껴지지 않습니다. 물론 그럴 필요는 없으리라 믿습니다. 뮌헨에서 그들을 만날 수 있을 테니까요. 이 점은 내일 편지를 보내 확인해보겠습니다. 하지만 만약 그들이 만하임에 있다면, 아버지께서 이 작은 바람을 허락해주시리라 믿습니다.

가장 사랑하는 아버지, 만약 대주교께서 새로운 가수를 원하신다면, 맹세컨대 베버 양보다 더 나은 사람은 찾을 수 없습니다. 대주교께서 타이베린이나 드 아미치스 같은 대가를 데려올 수 있는 것도 아니고, 다른 가수들은 그녀보다 확실히 실력이 떨어집니다. 제가 안타까운 점은 단 하나, 다음 사육제 때 잘츠부르크 사람들이 몰려와 「로자문데」 공연을 볼 때, 그들이 베버 양을 마음에 들어 하지 않거나 그녀의 진가를 제대로 알아보지 못할 것이라는 점입니다. 그녀가 맡은 역할이 거의 대사도 없는 비참한 단역이기 때문입니다. 고작 합창 중간에 몇 소절 부르는 게 전부입니다. 그나마 간주 덕분에 무언가 보여줄 만한 아리아가 한 곡 있기는 합니다만, 성악 파트는 (슈바이처가 늘 그렇듯) 마치 개가 짖는 것처럼 썼더군요. 그나마 2막에 있는 론도 형식의 아리아 한 곡만이 그녀가 목소리를 제대로 뽐낼 수 있는 유일한 곡입니다. 슈바이처 같은 작곡가 손에 걸리는 가수는 정말 불행합니다. 그는 평생 가수를 위해 작곡하는 법을 배우지 못할 테니까요.

제가 잘츠부르크에 도착하면, 제 사랑하는 친구를 위

해 발 벗고 나설 것입니다. 그동안 아버지께서도 그녀를 위해 힘써주시리라 믿습니다. 그렇게 해주시는 것이 아들에게는 가장 큰 기쁨이 될 테니까요. 저는 지금 곧 아버지를 껴안을 수 있다는 생각 외에는 아무것도 하지 않습니다. 부디 대주교께서 아버지께 약속하신 모든 것, 그리고 제가 제 자리로 못 박은 피아노 앞에 앉는다는 조건이 확실히 지켜지도록 애써주십시오. 제 모든 친구들, 특히 불링거 씨에게 다정한 안부를 전해주십시오. 우리가 얼마나 즐겁게 지내게 될까요! 이 모든 광경이 벌써부터 제 생각 속에, 제 눈앞에 선합니다. 안녕히!

슈트라스부르크
1778년 10월 15일

**아버지께서 보내신 편지 세 통 모두 무사히 받았습니다만,
도저히 일찍 답장을 드릴 수가 없었습니다.**

아버지께서 편지에 쓰신 그림 남작에 대한 이야기는, 물론 제가 이곳에서 직접 겪고 있으니 더 잘 알지요. 그가 겉으로는 온갖 예의를 차렸다는 점은 부정하지 않습

니다. 만약 그가 그러지 않았다면, 저 또한 그에게 격식을 차려 대하지는 않았을 겁니다. 제가 그에게 빚진 것이라곤 15루이도르가 전부이고, 아직 갚지 못한 것은 전적으로 그의 책임입니다. 이 점은 제가 그에게 직접 이야기했습니다. 하지만 더 따져본들 무슨 소용이겠습니까? 그 이야기는 잘츠부르크에서 직접 뵙고 나누지요.

제 사정을 마르티니 신부님께 그토록 간곡히 말씀해 주시고, 라프 씨에게도 편지를 써주신 점, 진심으로 감사드립니다. 아버지께서 당신의 아들이 행복해하는 모습을 보고 싶어 하신다는 것을 잘 알기에, 그리 해주셨으리라 믿어 의심치 않았습니다. 그리고 아버지께서도 아시다시피, 뮌헨만큼 저를 행복하게 할 곳은 없었을 겁니다. 잘츠부르크와 가까워 아버지를 수시로 뵐 수 있었을 테니까요.

베버 양, 아니 이제는 저의 사랑하는 '베버린Weberin'이 드디어 급여를 받게 되고 그녀의 재능이 마침내 제대로 인정받게 되었다니, 그녀의 모든 일에 마음을 쓰는 저로서는 더할 나위 없이 기쁩니다. 저는 여전히 아버지께 그녀를 적극적으로 추천합니다. 비록 이제는, 아아! 제가 그토록 바라던 일, 즉 그녀가 잘츠부르크와 계약하는 것에 대한 희망은 모두 버려야겠지만요. 대주교께서 그녀가 지금 받는 급여를 맞춰줄 리가 없을 테니까요. 이제 우리가 바랄 수 있는 것은 그녀가 가끔 잘츠부르크에 와서 오페라에 출연해주는 것뿐입니다. 그들이 뮌헨으로 떠나기 전날, 그녀의 아버지가 급히 보낸 편지를 받았는데, 그 편지에도 이 소식이 적혀 있었습니다. 이 가엾은 사람들은 한 달 넘게 제 소식이 없자(제 마지막 편지가 분실되는 바람에) 제가 죽었을 거라고 생각하며 몹시 괴로워했다고 합니다. 사랑하는 제 어머니께서 전염병으로 돌아가셨다는 만하임의 헛소문이 그들의 걱정을 확신으로 바꾸었던 모양입니다. 그래서 온 가족이 제 영혼을 위해 기도를 해왔다고 합니다. 그 가엾은 아가씨는 매일 카푸친 성당에 가서 저를 위해 기도했답니다. 혹시 이 이야기를 듣고 웃으셨습니까? 저는 웃지 못했습니다. 오히려 너무나 깊이 감동했습니다.

    이야기를 계속하겠습니다. 아버지 편지를 보니 도나우에싱겐에서는 돈을 거의 벌 수 없을 것 같아, 저는 슈투트가르트를 거쳐 아우크스부르크로 갈 생각입니다. 하지만 슈트라스부르크를 떠나기 전에 다시 한번 편지로 모든 것을 알려드리겠습니다.

    가장 사랑하는 아버지, 장담하건대, 아버지를 다시 껴안을 수 있다는 기쁨이 없었다면 저는 결코 잘츠부르크로 돌아가지 않았을 겁니다. 가족을 향한 이 기쁘고도 당연한 마음이 아니었다면, 제가 지금 하는 일은 세상에서 가장 어리석은 짓일 테니까요. 부디 안심하십시오, 이것은 다른 누구의 생각도 아닌 온전한 제 생각입니다. 제가 파리를 떠나기로 마음먹었다고 알렸을 때, 사람들이 제 앞에 여러 현실적인 문제들을 늘어놓았고, 제가 내세울 수 있는 유일한 무기는 다정하신 아버지에 대한 저의 진실한 사랑뿐이었습니다. 물론 그들은 제 마음을 칭찬하면서도 이렇게 덧붙이더군요. "만약 자네 아버지가 이곳의 밝은 전망을 제대로 아셨더라면(그리고 어떤 '친절한 친구'를 통해 왜곡된 인상을 받지 않으셨더라면), 아들의 앞길을 막는 그런 어조로 편지를 쓰지는 않으셨을 걸세."

그 말을 듣고 속으로 생각했습니다. 만약 제가 그 집에서 그토록 시달리지만 않았더라면, 그리고 돌아오라는 편지가 마른하늘에 날벼락처럼 떨어져 차분히 생각할 시간을 주지 않았더라면, 저는 아버지께 파리에 조금만 더 머물게 해달라고 애원했을 겁니다. 장담컨대, 저는 이곳에서 명성과 명예, 부를 얻어 아버지의 빚까지 갚아드릴 수 있었을 겁니다.

하지만 이제 결정은 내려졌습니다. 그리고 제가 후회한다고는 조금도 생각지 마십시오. 오직 아버지, 가장 사랑하는 아버지만이 잘츠부르크의 쓴맛을 희석시켜 주실 수 있습니다. 그리고 저는 아버지께서 그리해주시리라 믿습니다. 또한 솔직히 말씀드리면, 만약 제가 맡을 공식적인 직책이 아니었다면, 저는 잘츠부르크에 한결 가벼운 마음으로 돌아갔을 겁니다. 바로 그 생각이 저를 가장 견딜 수 없게 만듭니다. 아버지, 직접 생각해보십시오. 제 입장이 되어보십시오. 잘츠부르크에서 저는 제 위치가 무엇인지 도무지 알 수가 없습니다. 어떤 날은 제가 전부인 것처럼 대접받다가, 어떤 날은 아무것도 아닌 존재가 됩니다. 저는 대단한 것을 바라는 것도, 보잘것없는 것을 바라는 것도 아닙니다. 그저 제가 무언가 가치 있는 존재라면, 그에 합당한 '무언가'가 되고 싶을 뿐입니다! 다른 곳에서는 제 역할이 무엇인지 명확합니다. 바이올린 연주자는 바이올린에만 충실하고, 피아노 연주자도 마찬가지입니다. 부디 이 점이 앞으로 잘 조율되어, 모든 것이 제 행복과 만족을 위해 결정되기를 바랍니다. 저는 전적으로 아버지만 믿습니다.

여기 사정은 좋지 않습니다. 하지만 모레, 토요일인 17일에, 저는 비용을 아끼기 위해 오케스트라 없이 저 혼자서 몇몇 친구들과 애호가들을 위해 예약제 연주회를 열 생각입니다. 오케스트라와 조명까지 빌렸다면 3루이도르가 넘게 들었을 텐데, 그만큼 벌 수 있을지는 아무도 모르니까요. 제 소나타는 아직도 출판되지 않았습니다. 9월 말에 나온다고 약속했었는데도 말입니다. 이게 바로 직접 일을 챙기지 않은 결과입니다. 그 고집불통 그림 남작에게도 책임이 있습니다. 제가 직접 교정을 보지 못했으니, 아마 악보는 실수투성이일 겁니다. 다른 사람에게 교정을 맡길 수밖에 없었고, 저는 뮌헨에 제 소나타도 없이 가게 생겼습니다. 이런 일이 비록 사소해 보이지만, 때로는 성공과 명예, 부를 가져다주기도 하고, 반대로 불행을 가져오기도 하는 법이지요.

슈트라스부르크
1778년 10월 20일

프랑크 씨와 다른 슈트라스부르크 유지분들의 조언에 따라 제가 아직 이곳에 머물고 있다는 것을 아실 겁니다.

하지만 내일은 떠납니다. 지난 편지에 썼듯이, 이곳 연주회는 잘츠부르크보다도 형편없어서, 17일에는 일종의 시연회 삼아 작은 연주회를 열었습니다. 물론 성공적으로 마쳤습니다. 손해를 보지 않으려고 연주자 없이 저 혼자 연주했는데, 3루이도르를 벌었습니다. 주된 수입은 사방에서 터져 나온 '브라보!'와 '브라비시모!' 함성이었지요. 츠바이브뤼켄의 막스 공작께서도 참석하시어 자리를 빛내주셨습니다. 모두가 만족했다는 것은 두말할 필요도 없고요.

저는 그대로 여행을 계속할 생각이었지만, 다음 토요일까지 머물러 극장에서 대규모 연주회를 열라는 권유를 받았습니다. 그래서 그렇게 했습니다. 그리고 모든 슈트라스부르크 시민들이 놀라고 분개하며 부끄러워할 만한 일이 벌어졌는데, 제 수입이 지난번과 정확히 똑같았던 겁니다. 극장장인 드 빌뇌브 씨는 이 지긋지긋한 도시의 주민들을 향해 온갖 독설을 퍼부었습니다. 물론 수입금이 조금 더 많기는 했지만, 악단 비용(연주는 형편없었으면서 보수는 엄청났습니다), 조명, 인쇄물, 경비, 검표원 비용을 제하고 나니 남는 게 없었습니다. 하지만 박수와 환호성만큼은 귀가 먹먹할 정도로 대단했다는 점은 말씀드려야겠군요. 극장 전체가 미쳐버린 것 같았습니다. 자리에 있던 사람들은 오지 않은 동료 시민들을 향해 공개적으로 쓴소리를 했고, 저는 그들에게 "이렇게 적은 분들이 오실 줄 알았다면, 차라리 극장을 가득 채우는 기쁨을 위해 무료로 연주했을 겁니다"라고 말했습니다. 그리고 진심으로 그 편이 더 나았을 겁니다. 맹세컨대, 쉰 명을 위해 차린 식탁에 고작 세 명만 앉는 것보다 더 삭막한 광경은 없을 테니까요. 게다가 날씨까지 너무 추웠습니다. 하지만 저는 곧 몸을 덥혔습니다. 슈트라스부르크 신사분들께 제가 얼마나 개의치 않는지를 보여주기 위해, 그리고 저 자신을 위해 아주 오랫동안 연주했거든요. 약속한 것에 더해 협주곡을 한 곡 더 연주하고, 마지막에는 즉흥 연주까지 덧붙였습니다. 이제 다 끝났지만, 어쨌든 명예는 얻었습니다.

혹시 몰라 셰르츠 씨에게 8루이도르짜리 환어음을 끊어두었습니다. 여행길에는 무슨 일이 생길지 모르니, '돈이 있었더라면'하고 후회하는 것보다 '돈을 가지고 있다'라고 말하는 편이 나으니까요. 아버지께서 저 때문에 노심초사하시며 프랑크 씨에게 보내신, 아버지의 애정이 듬뿍 담긴 편지도 읽었습니다.[158] 제가 낭시에서 편

---

[158] 아들이 위독하여 직접 편지를 읽을 수 없다고 생각한 아버지 레오폴트는 편지에 이렇게 썼다. "네 누이와 나는 고해성사를 하고 성체를 모셨으며, 너의 회복을 위해 하느님께 간절히 기도했다. 우리의 훌륭한 불링거도 매일 너를 위해 기도하고 있단다."

지를 쓸 때만 해도 저 자신도 몰랐으니, 아버지께서 제가 좋은 기회를 기다리느라 이토록 오래 머물 줄은 모르셨 겠지요. 저와 동행하는 상인에 대해서는 마음 놓으셔도 좋습니다. 세상에서 가장 정직한 사람으로, 자기 자신보 다 저를 더 챙겨줍니다. 오로지 저를 위해 아우크스부르 크와 뮌헨, 어쩌면 잘츠부르크까지도 함께 가줄 겁니다. 그와 헤어져야 한다는 생각만 하면 눈물이 날 지경입니 다. 학식 있는 분은 아니지만 경험이 많고, 저희는 아이 들처럼 잘 지냅니다. 그가 파리에 두고 온 가족 생각에 잠길 때면 제가 위로하고, 제가 우리 가족을 그리워할 때 면 그가 저를 위로해 줍니다.

10월 31일—제 영명 축일에는 두어 시간 동안 연주하며 저와 다른 사람들 모두 즐거운 시간을 보냈습니다. 프랑 크 씨와 드 베르제 씨의 거듭된 요청에 연주회를 한 번 더 열었는데(이번엔 비용이 거의 들지 않아) 경비를 제하고 1루 이도르를 순수익으로 남겼습니다! 이제 슈트라스부르크 가 어떤 곳인지 아시겠지요! 편지 서두에는 27일이나 28 일에 떠난다고 썼지만, 갑작스러운 홍수 때문에 불가능 했습니다. 아마 신문에서 보셨을 겁니다. 여행이 불가능 해진 김에 연주회를 한 번 더 열었던 것입니다.

내일 저는 합승 마차를 타고 만하임으로 갑니다. 놀라지 마십시오. 타지에서는 경험 많은 사람의 조언을 따르는 것이 현명합니다. 이곳에서는 슈투트가르트로 가는 대부분의 여행자들이 길이 좋다는 이유로 8시간을 돌아 만하임 길을 택한다고 합니다.

가장 사랑하는 아버지, 다가오는 아버지의 영명 축일을 진심으로 축하드립니다. 아들이 그토록 존경하고 사랑하는 다정하신 아버지께 세상의 모든 좋은 일이 함께하기를 기원합니다. 아버지께서 다시 한번 건강하게 이 날을 맞으실 수 있게 해주신 하느님께 감사드리며, 제 평생토록(저는 앞으로도 꽤 오래 살고 싶습니다만) 매년 아버지를 축하드릴 수 있는 은혜를 내려주시길 간청합니다. 이 소원이 아버지께는 이상하고 우습게 들릴지 몰라도, 진심에서 우러나온 것이라는 점만은 알아주십시오. 슈트라스부르크에서 보낸 제 마지막 편지는 받으셨으리라 믿습니다. 그림 남작 이야기는 더 쓰고 싶지 않지만, 제 소나타가 아직 인쇄되지 않았거나 제가 받지 못한 것은, 전적으로 제 출발을 그토록 재촉한 그의 어리석음 때문입니다. 그리고 받아봤자 아마 악보는 실수투성이일 겁니다. 제가 파리에서 사흘만 더 머물렀더라면 직접 교정을 보고 가져올 수 있었을 텐데요. 제가 직접 교정을 볼 수 없다고 말했을 때, 인쇄업자는 절망하더군요.

　제가 왜 서둘러야 했는지 아십니까? 그림 남작과 한 집에 사흘 더 있기 싫어서, 소나타 교정 때문에 지킹엔 백작 댁에 머물겠다고 했더니, 그가 눈에 불을 켜고 이렇게 말했습니다. "자네가 파리를 떠나기 전에 내 집을 나간다면, 평생 나를 다시 볼 생각 말게. 그런 줄 알고 두 번 다시 내 근처에 얼씬도 말고, 나를 자네의 가장 지독한 원수로 여기게나." 정말이지 간신히 참았습니다. 이 일에 대해 아무것도 모르시는 아버지를 생각하지 않았더라면, 저는 분명 이렇게 쏘아붙였을 겁니다. "원수가 되시지요, 얼마든지! 당신은 이미 내 원수요. 그렇지 않았다면 내가 내 일을 마무리 짓는 것을 방해하지 않았을 테니. 당신만 아니었다면 나는 약속도 지키고, 명예도 지키고, 돈도 벌고, 어쩌면 행운까지 잡았을 거요. 뮌헨에서 선제후비께 내 소나타를 헌정했다면, 명예는 물론이고 하사금까지 받아 재산도 불렸을 텐데!" 하지만 실제로는 그저 고개를 숙이고 아무 말 없이 방을 나왔습니다. 그러나 파리를 떠나기 전 이 모든 말을 그에게 쏟아냈을 때, 그는 완전히 이성을 잃은 사람처럼, 아니 차라리 이성이 없는 척하는 악의적인 사람처럼 굴더군요. 하이나 씨에게 두 번이나 편지를 보냈지만 답장이 없습니다. 소나타는 9월 말에 나왔어야 했고, 그림 남작이 즉시 보내주기로 약속했기에 슈트라스부르크에서 받을 수 있을 줄 알았는데 말입니다. 하지만 그는 편지에 '아직 소식이 없다, 소식이 닿는 대로 보내겠다'라고만 하니, 곧 받을 수 있기를 바랄 뿐입니다.

슈트라스부르크는 제가 없으면 안 될 지경입니다. 제가 이곳에서 얼마나 존경받고 사랑받는지 상상도 못 하실 겁니다. 사람들은 제가 사심 없고 한결같으며 정중하다고 칭찬합니다. 모든 사람이 저를 압니다. 제 이름을 듣자마자 두 분의 질버만[159] 씨와 헤프 씨(오르가니스트), 그리고 악장인 리히터 씨도 저를 찾아왔습니다. 그는 요즘 매우 절제하며 지낸답니다. 하루에 와인 40병 마시던 것을, 이제는 20병만 마신다고 하더군요! 저는 이곳에서 질버만 씨가 만든 최고의 오르간 두 개, 즉 루터 교회와 신 교회의 오르간과 토마스 교회의 오르간을 공개적으로 연주했습니다. 만약 제가 도착했을 때 위독하시던 추

---

[159] 최고의 오르간 제작자들이었던 질버만 가문의 사람들. 요한 안드레아스 질버만(Johann Andreas Silbermann, 1712~1783)과 그의 아들 중 한 명으로 추정된다.

기경이 돌아가셨더라면, 저는 좋은 자리를 얻을 수도 있었을 겁니다. 리히터 씨가 일흔여덟 살이거든요.

이제 안녕히 계십시오. 쾌활하게 지내시고 기운 내십시오. 그리고 아버지의 아들은, 하느님 은총으로, 잘 지내고 있으며 그 행복한 날이 매일 가까워지고 있음에 기뻐하고 있다는 것을 기억해주십시오. 지난 일요일에는 리히터 씨의 새 미사곡을 들었는데, 아주 매력적이더군요.

만하임
1778년 11월 12일

저는 6일에 이곳에 무사히 도착했고, 갑작스러운 제 등장에 사랑하는 모든 친구들은 무척 놀라며 기뻐했습니다.

사랑하는 만하임에 다시 오게 되다니, 하느님 감사합니다! 장담하건대, 아버지께서 이곳에 계셨더라면 똑같이 말씀하셨을 겁니다. 저는 칸나비히 부인 댁에 머물고 있는데, 부인과 가족들, 그리고 이곳의 모든 좋은 친구들이 저를 다시 보고는 기뻐서 어쩔 줄을 몰라 합니다. 부인께서 제가 없는 동안 있었던 온갖 변화와 사건을 말씀해주셔서 저희의 이야기는 아직도 끝이 나질 않았습니다. 이곳에 온 뒤로 집에서 저녁을 먹은 적이 한 번도 없습니다. 다들 저를 서로 데려가려고 야단이거든요. 한마디로, 제가 만하임을 사랑하는 만큼 만하임도 저를 사랑합니다.

물론 확실하지는 않지만, 저는 이곳 만하임에서 일자리를 얻을 수도 있겠다는 생각이 듭니다. 뮌헨이 아니라 바로 이곳에서요. 제 생각에 선제후께서는 곧 다시 만하임에 거처를 잡으실 겁니다. 저 상스러운 바이에른 신사들을 오래 견디지는 못하실 테니까요. 만하임 극단이 뮌헨에 가 있는 것은 아시지요. 그곳에서 최고의 여배우인 토스카니 부인과 우르반 부인이 야유를 받는 수모를 겪었다고 합니다. 소란이 어찌나 심했던지 선제후께서 직접 귀빈석 너머로 몸을 숙여 "조용히!"라고 외치셨지만 아무도 듣지 않았답니다. 그래서 제아우 백작을 보내 몇몇 장교들에게 소란을 멈추라고 전하게 했지만, 돌아온 대답은 돈 내고 들어왔으니, 누구도 이래라저래라 할 수 없다는 것뿐이었다고 합니다. 제가 참 바보 같군요! 아버지께서는 이 이야기를 저희… 쪽을 통해 이미 들으셨겠지요.

이제 드릴 말씀이 있습니다. 저는 여기서 40루이도르 정도를 벌 수 있을지도 모릅니다. 그러려면 만하임에 6주, 길어야 두 달은 머물러야 합니다. 아버지께서도 명성을 익히 아시는 자일러 극단이 이곳에 와 있는데, 극단장인 달베르크 씨가 제가 듀오드라마[160] 한 편을 써주기 전에는 절대 못 보낸다고 합니다. 사실 저도 오래 망설이지 않았습니다. 예전부터 이런 형식의 작품을 꼭 한 번 써보고 싶었거든요. 제가 처음 이곳에 왔을 때 이 이야기를 편지에 썼었는지 기억이 나질 않네요. 그때 비슷한 작품을 두 번 보았는데, 정말이지 대단한 감동을 받았습니다. 그렇게 놀란 적은 처음이었습니다. 저는 늘 이런 종류의 작품은 별다른 효과가 없을 거라고 생각했거든요. 아시다시피 여기에는 노래 없이 낭송만 있고, 음악은 오블리가토 레치타티보[161] 처럼 흐릅니다. 때로는 음악이 계속되는 동안 대사를 말하는데, 그 효과가 실로 엄청납니다. 제가 본 것은 벤다[162] 의 「메데아Medea」였습니다. 그의 또 다른 작품인 「낙소스의 아리아드네Ariadne auf Naxos」도 정말 훌륭합니다. 모든 루터파 악장들 중에서 벤다가 최고의 작곡가라는 것은 아버지께서도 아시지요. 저는 이 두 작품이 너무나 좋아서 항상 악보를 가지고 다닙니다. 그토록 쓰고 싶었던 작품을 드디어 쓰게 되었으니 제 기쁨이 얼마나 크겠습니까! 제 생각이 뭔지 아십니까? 대부분의 오페라 레치타티보를 이런 식으로 처리하고, 음악이 가사를 완벽하게 표현할 수 있을 때만 노래를 불러야 한다는 겁니다.

이곳에 파리의 '아마추어 아카데미' 같은 것이 생길 예정인데, 프란츨 씨가 악장을 맡고, 저는 지금 바이올린과 피아노를 위한 협주곡을 쓰고 있습니다. 사랑하는 친구 라프 씨를 이곳에서 만났지만, 그는 8일에 떠납니다. 그는 이곳에서 저를 무척이나 칭찬하며 진심 어린 관심을 보여주었습니다. 뮌헨에서도 그러길 바랍니다.

그 빌어먹을 제아우 녀석이 여기서 무슨 말을 했는지

---

160 듀오드라마(Duodrama). 노래 없이 낭송되는 대사 위로 오케스트라 음악이 깔리는 극 형식.
161 오블리가토 레치타티보(Obbligato Recitative). 오페라에서 말의 억양을 살려 노래하는 부분인 레치타티보(Recitativo)의 한 종류. 오케스트라의 특정 악기가 단순한 반주에 머무르지 않고 성악가의 노래와 대화를 나누는 듯한 필수적인 선율을 연주하는 것이 특징이다.
162 게오르크 안톤 벤다(Georg Anton Benda, 1722~1795). 독일의 작곡가. 듀오드라마(멜로드라마) 장르에 영향을 끼친 개척자. 모차르트는 가톨릭 작곡가였음에도, 종교적 전통이 다른 프로테스탄트(루터파) 궁정에서 활동한 벤다를 최고의 작곡가 중 한 명으로 꼽았다.

아십니까? 제 오페라 부파가 뮌헨에서 야유를 받았다고 떠들었답니다! 다행히 그 말을 한 곳이 저를 잘 아는 사람들이 있는 곳이라 망정이지, 그의 뻔뻔함에 화가 치미는군요. 뮌헨에 가보면 사람들이 정반대의 이야기를 할 텐데요. 마침 이곳에 바이에른 사람들이 한 무리 와 있는데, 그중에 파울리 양(지금 성은 모릅니다)도 있습니다. 그녀가 저를 보자마자 부르길래 만나고 왔습니다. 아! 팔츠 사람들과 바이에른 사람들 사이에는 어쩜 이리 큰 차이가 있는지요! 그 사투리는 또 어떻고요! 너무나 상스럽습니다! 그 말투까지 전부요! 그들의 '호벤haben'과 '올레스alles', 그리고 '나으리' 같은 말을 다시 듣자니 정말 짜증이 나는군요.[163]

이제 그만 줄입니다. 부디 답장을 빨리 주십시오. 주소는 그냥 제 이름만 쓰시면 됩니다. 우체국에서 제가 어디 있는지 다 아니까요. 제가 여기서 워낙 유명해서 편지가 분실될 염려는 없습니다. 제 사촌이 편지를 보냈을 때 실수로 '프랑코니아 호텔'이라고 썼는데도, 주인이 즉시 제가 지난번에 묵었던 세라리우스 씨 댁으로 보내주었더군요.

만하임과 뮌헨 소식을 통틀어 가장 기쁜 소식은, 베버 씨의 일이 아주 잘 풀렸다는 것입니다. 이제 그 댁 수

입이 1,600플로린이나 됩니다. 따님이 1,000, 아버지가 400, 그리고 프롬프터 일로 200플로린을 더 받거든요. 칸나비히 씨가 그들을 위해 가장 애썼습니다. 제아우 백작에 얽힌 이야기는 아주 긴데, 만약 모르신다면 다음 편지에 자세히 써드리겠습니다.

간청하건대, 가장 사랑하는 아버지. 이 일을 잘츠부르크에서 활용하여, 대주교가 '이러다간 모차르트가 정말 안 올 수도 있겠다'라고 생각할 만큼 아주 단호하고 강경한 어조로 말씀해주십시오. 그래서 그가 제게 더 나은 급여를 제시하도록 만들어야 합니다. 저는 정말이지 차분한 마음으로는 그곳으로 돌아갈 생각을 할 수가 없습니다. 대주교는 잘츠부르크에서의 그 '노예살이'에 대해 제게 충분한 보상을 해줄 수 없습니다. 전에 말씀드렸듯, 아버지를 뵈러 간다는 생각은 더할 나위 없이 기쁘지만, 그 '거지 같은 궁정'에 저 자신을 다시 내보일 생

---

163 각각 표준 독일어 '하벤(가지다)'과 '알레스(모든 것)'의 바이에른 지방 사투리 발음. 모차르트는 당시 세련된 문화 중심지였던 만하임(팔츠 지역)과 비교하며, 바이에른 사람들의 억양이 촌스럽고 교양 없다고 비웃고 있는 것이다.

각을 하면 짜증과 비참함뿐입니다. 대주교는 더 이상 예전처럼 제게 위세를 부려서는 안 됩니다. 그러지 않으면 제가 그에게 한 방 먹여줄지도 모릅니다. 이건 결코 불가능한 일이 아니며, 아버지께서도 그때 저와 같은 통쾌함을 느끼리라 확신합니다.

만하임
1778년 12월 3일

두 가지를 용서해주십시오.

첫째는 너무 오랫동안 편지를 쓰지 못한 점, 둘째는 이번에도 짧게 쓸 수밖에 없다는 점입니다. 답장이 늦어진 것은 다름 아닌 아버지, 그리고 만하임에서 보내신 아버지의 첫 편지 때문입니다. 저는 정말이지 믿을 수가 없었습니다…. 하지만 그만! 이 주제에 대해서는 더는 말하지 않겠습니다. 이걸로 끝입니다.

다음 주 수요일인 9일에 이곳을 떠납니다. 더 일찍 떠날 수가 없는 것은, 제가 이곳에 두 달은 머물 줄 알고 제자 몇 명을 받았는데, 약속한 12회의 교습을 모두 채워

주고 싶기 때문입니다. 장담하건대, 아버지께서는 제가 이곳에 얼마나 다정하고 진실한 친구들을 두었는지 상상도 못 하실 겁니다. 시간이 증명해주겠지요.

제가 왜 이토록 짧게 편지를 쓸 수밖에 없느냐고요? 일이 손에 넘쳐서 그렇습니다. 갬밍엔 씨와 저 자신의 즐거움을 위해, 의뢰받았던 멜로드라마의 1막을 쓰고 있는데, 이제는 보수 없이 작업하고 있습니다. 악보는 집으로 가져가서 마무리할 생각입니다. 제가 이런 종류의 작품에 얼마나 큰 애정을 느끼는지 아시게 될 겁니다. 물론 대본은 폰 갬밍엔 씨가 썼습니다. 작품의 제목은 「세미라미스Semiramis」입니다.

다음 주 수요일에 출발하는데, 누구와 함께 여행하는지 아십니까? 바로 카이저스하임[164]의 존경하는 원장님이자 주교님입니다. 제 친구 한 명이 그분께 제 이야기를 했더니, 즉시 저를 알아보시고 저와 동행하게 되어 기쁘

---

164 당시 신성 로마 제국 황제가 직접 관할하던 부유하고 영향력 있는 제국 수도원(Imperial Abbey). 모차르트는 이 수도원의 원장과 동행하여, 잘츠부르크로 돌아가는 길에 이곳에 머물렀다.

다고 말씀하셨답니다. 성직자이심에도 정말 다정한 분이십니다. 그래서 저는 슈투트가르트가 아닌 카이저스하임을 거쳐 가게 되었습니다. 하지만 어느 쪽이든 상관없습니다. 가뜩이나 얇은 지갑인데, 여행 경비를 조금이라도 아낄 수 있게 되어 다행이니까요.

부디 다음 질문들에 답해주십시오. 잘츠부르크의 희극 배우들은 마음에 드시는지요? 노래하는 젊은 아가씨가 카이저린 양이 맞습니까? 피알라 씨는 잉글리시 호른165을 연주하나요? 아! 잘츠부르크에도 클라리넷이 있다면 얼마나 좋을까요! 플루트와 오보에, 클라리넷이 함께하는 교향곡이 얼마나 장려한 효과를 내는지 상상도 못하실 겁니다. 대주교를 처음 뵙는 날, 저는 그분께 새로운 사실들을 많이 알려드리고 몇 가지 제안도 할 생각입니다. 아, 대주교께서 마음만 먹으시면 우리 악단이 얼마나 더 훌륭해질 수 있을까요!

아참, 아무 말씀 없으시지만 트렁크는 받으셨으리라 생각합니다. 만약 못 받으셨다면 그건 폰 그림 씨 책임

---

165 잉글리시 호른((English horn). 오보에의 일종으로, 그보다 더 크고 낮은 소리를 낸다. 특유의 부드럽고 애상적인 음색이 특징이다.

입니다. 그 안에 제가 베버 양을 위해 쓴 아리아가 들어 있을 겁니다. 악기 반주와 연주될 때 그 아리아가 어떤 효과를 낼지 상상도 못 하실 겁니다. 악보만 봐서는 그렇게 느껴지지 않을지도 모르지만, 이 곡은 반드시 베버 양이 불러야만 합니다!

부디, 절대로 다른 사람에게 넘겨주지 마십시오. 그건 정말 말도 안 되는 일입니다. 이 곡은 오로지 그녀만을 위해 쓴 것이고, 꼭 맞는 장갑처럼 그녀에게만 어울리니까요.

카이저스하임
1778년 12월 18일

하느님 감사합니다,
13일 일요일에 이곳에 무사히 도착했습니다!

저는 아주 즐겁게 여행했고, 이곳에서 아버지의 편지를 받고 믿을 수 없이 기뻤습니다. 바로 답장을 못 드린 것은 제 출발 날짜를 확실히 알려드리고 싶었기 때문입니다. 저는 아직 아무것도 정하지 않았었거든요. 하지만 마침내 원장님께서 26일이나 27일에 뮌헨으로 가신다고 하여, 다시 그분과 동행하기로 마음먹었습니다. 다만 그분은 아우크스부르크를 거치지는 않습니다. 그래도 제게는 별 상관없습니다. 만약 아버지께서 제가 필요한 일이 있으시다면, 언제든(거리도 가까우니) 뮌헨에서 잠시 다녀올 수 있으니까요. 만하임을 가벼운 마음으로 떠나는 사람이었다면, 이번 여정이 더할 나위 없이 즐거웠겠지요. 원장님과 그 정직하고 상냥한 비서관은 한 마차에 탔고, 주류 담당관, 다니엘 수사, 안톤 수사, 또 다른 비서, 그리고 저는 항상 그들보다 30분에서 한 시간 정도 앞서 갔습니다. 하지만 만하임을 떠나는 것만큼 가슴 아픈 일이 없는 제게는, 이번 여행의 즐거움도 절반뿐이었습니다. 만약 제가 어릴 적부터 수많은 사람과 도시를 떠나는 일에 익숙해지지 않았더라면, 그리고 헤어진 친구들을 다시 만날 수 있다는 작은 희망조차 없었다면, 이 여행은 즐겁기는커녕 끔찍하게 지루했을 겁니다.

솔직히, 저뿐만 아니라 제 모든 친구들, 특히 칸나비히 가족은 제 출발이 결정된 마지막 며칠 동안 마음이 찢어지는 듯했습니다. 저희는 마치 다시는 못 볼 사람들처럼 굴었습니다. 저는 아침 8시 반에 떠났는데, 칸나비히 부인은 방에서 나오지 않았습니다. 저와 작별 인사를 차마 할 수가 없었던 겁니다. 저 또한 그녀를 더 힘들게 하고 싶지 않아, 얼굴도 보지 않고 집을 나섰습니다. 가장 사랑하는 아버지, 저는 그녀가 제 가장 진실한 친구 중 한 명이라고 단언할 수 있습니다. 저는 밤낮으로 친구의 안위를 생각하고, 그의 행복을 위해 모든 인맥을 동원해 애쓰는 사람만을 친구라고 부르니까요. 이것이 바로 칸나비히 부인의 모습입니다. 물론 여기에도 약간의 이해타산이 섞여 있을 수는 있겠지요. 하지만 이 세상에 이해타산이 전혀 섞이지 않은 일이 어디 있겠습니까? 제가 그녀를 가장 좋아하는 이유는, 그녀가 결코 그런 점을 숨기려 하지 않는다는 것입니다. 나중에 만나면, 저희가 단둘이 있을 때 그녀가 어떤 식으로 말하는지 들려드리겠습니다. 저희는 아주 은밀한 이야기까지 나누게 되거든요. 그녀의 집을 드나드는 모든 친구들 중에서, 오직 저만이 그녀의 온전한 신뢰를 받고 있습니다. 그녀 집안의 모든 문제와 비밀을 아는 사람은 저뿐이니까요. 저희는 처음 만났을 때만 해도 이렇게까지 가깝지는 않았습니다. 서로를 잘 이해하지 못했지요. 하지만 한집에 살면서 서로를 더 깊이 알게 되었습니다. 제가 파리에 있을 때, 믿을 만한 소식통을 통해 그녀 부부가 저를 얼마나 걱정하는지 전해 듣고 나서야 비로소 칸나비히 가족의 진정한 우정을 이해하기 시작했습니다. 많은 이야기는 만나서 직접 드리겠습니다. 제가 파리에서 돌아온 이후 많은 것이 변했지만, 모든 것이 변하지는 않았습니다.

이제 제 수도원 생활에 대해 말씀드리겠습니다. 수도원 자체는, 유명한 크렘스뮌스터 대수도원을 본 뒤라 그런지 큰 감흥은 없었습니다. 물론 아직 제대로 둘러보지 못하고 외부와 '궁정 광장'이라 불리는 곳만 본 소감입니다. 제 눈에 가장 우스꽝스러워 보인 것은 삼엄한 경비병들이었습니다. 대체 뭣 때문에 저러는지 모르겠습니다. 밤마다 끊임없이 "누구냐?" 하는 고함이 들리는데, 저는 늘 "맞혀보시지!" 하고 대답합니다. 원장님께서 얼마나 좋은 분인지는 아버지께서도 아시지요. 하지만 제가 그분의 총애를 받는 사람 중 하나라는 것은 모르실 겁니다. 이게 제게 득이 될지 실이 될지는 모르겠지만, 세상에 친구 한 명 더 늘어나는 것은 언제나 기쁜 일입니다.

듀오드라마에 대해 덧붙이자면, 이 장르는 한 음도 노래하지 않고 오직 말로만 진행되기 때문에 성악가가 전혀 필요 없습니다. 요컨대 악기 반주가 딸린 레치타티보인데, 가수가 노래하는 대신 배우가 말을 하는 것이지요. 피아노로만 들어도 분명 만족하실 겁니다. 하지만 제대로 된 공연으로 보신다면, 완전히 넋을 잃으실 겁니다. 이건 제가 보장합니다. 물론 뛰어난 배우가 있어야겠지요.

제 소나타도 없이 뮌헨에 도착하게 된다면 정말 창피할 겁니다. 왜 이렇게 늦어지는지 이해할 수가 없습니다. 이건 그림 남작의 어리석은 농간이었고, 저는 그에게 그렇게 편지를 썼습니다. 그는 이제 자신이 너무 서둘렀다는 것을 깨닫게 될 겁니다. 이것만큼 저를 화나게 한 일은 없습니다. 한번 생각해보십시오. 제 소나타는 11월 초에 출판된 것을 압니다. 그런데 저, 작곡가는 아직도 그걸 받지 못했고, 당연히 그것을 헌정하기로 한 선제후비께 드리지도 못했습니다. 하지만 일단 받을 수 있도록 조치는 해두었습니다. 아우크스부르크의 제 사촌이 이미 받았거나, 그녀 앞으로 배송되었기를 바랍니다. 그녀에게 즉시 제게 보내달라고 편지를 썼습니다.

제가 직접 찾아뵐 때까지, 아우크스부르크 출신의 오르가니스트이자 훌륭한 피아니스트인 뎀러 씨를 아버지의 보살핌에 맡깁니다. 그를 깜빡 잊고 있었는데, 여기서 그의 소식을 듣게 되어 매우 기뻤습니다. 그는 상당한 재능을 가졌지만, 그 재능을 이끌어줄 좋은 스승이 필요합니다. 그리고 저는 아버지보다 더 좋은 스승을 알지 못합니다. 그가 엇나간다면 정말 안타까운 일일 겁니다.

그 우울한 작곡가 슈바이처의 「알체스테」가 뮌헨에서 공연될 예정입니다. 그 오페라에서 가장 좋은 부분은 (몇몇 아리아의 피날레를 제외하면) 레치타티보 "O Jugendzeit"의 시작 부분입니다. 이것마저도 라프 씨 덕분에 좋아진 겁니다. 그가 아드메트 역을 맡은 하르티히를 위해 악보에 표현법을 꼼꼼히 표시해주어 진짜 감정을 불어넣었거든요. 하지만 최악은 단연 서곡입니다. 오페라 대부분이 그렇지만요.

트렁크에서 없어진 자질구레한 물건들에 대해서는, 그런 상황에서 무언가 분실되거나 도난당하는 것은 당연한 일이지요. 작은 자수정 반지는 사랑하는 어머니를 돌봐준 간호사에게 주어야 한다고 생각했습니다. 어머니의 결혼반지는 그분 손가락에 그대로 남겨두었습니다.

잉크병이 너무 가득 차 있었는데, 아시다시피 제가 펜을 너무 급하게 담그는 버릇이 있어서요.

시계에 대해서는, 아버지께서 정확히 맞히셨습니다.

팔았지만, 고작 5루이도르를 받았습니다. 그나마 기계 장치가 좋아서 그 정도 받은 겁니다. 모양은 아시다시피 구식이어서 완전히 시대에 뒤떨어졌으니까요. 시계 이야기가 나와서 말인데, 저는 이번에 제대로 된 파리제 시계 하나를 가져갈 겁니다. 아버지께서는 제 보석 박힌 시계가 어땠는지 아시지요. 소위 보석이라는 것들은 얼마나 조악했고, 모양은 또 얼마나 투박했습니까. 수리비만 아니었어도 그냥 썼을 텐데, 하루는 두 시간이 빨라졌다가 다음 날은 그만큼 늦어지곤 했습니다. 선제후께서 주신 것도 마찬가지였고, 그건 기계 장치가 훨씬 더 나빴습니다. 저는 이 낡은 시계 두 개와 시곗줄을 20루이도르 가치의 파리제 시계 하나와 맞바꿨습니다. 그래서 이제는 마침내 지금이 몇 시인지 알 수 있게 되었습니다. 예전에 시계 다섯 개를 가지고도 결코 알 수 없었던 것을요! 이제는 네 개 중 하나는 믿을 만한 게 생겼네요.

뮌헨
1778년 12월 29일

저는 베케 씨 댁에서 이 편지를 씁니다.

하느님 은총으로, 25일에 이곳에 무사히 도착했지만, 지금까지는 도저히 아버지께 편지를 쓸 수가 없었습니다. 모든 이야기는 우리가 기쁘게 다시 만날 그날까지 아껴두겠습니다. 그때가 되면 아버지와 다시 한번 마음껏 이야기 나눌 행복을 누릴 수 있겠지요. 오늘은 그저 울 수밖에 없습니다. 마음이 너무 여려서 견딜 수가 없습니다.

그나저나, 카이저스하임을 떠나기 전날 소나타 악보들을 받았다는 소식을 전해드립니다. 그러니 선제후비께 직접 헌정할 수 있을 겁니다. 저는 이곳에서 오페라 공연이 올라갈 때까지만 머물 생각입니다. 공연이 끝나면 즉시 뮌헨을 떠날 겁니다. 다만, 이곳에 더 머무는 것이 제게 큰 이득이 된다고 판단되면 예외겠지요. 만약 그런 경우라면, 아버지께서도 분명 기뻐하시며 제게 그리하라고 조언해주시리라 믿어 의심치 않습니다.

저는 본래 글씨를 아주 못 씁니다. 제대로 배워본 적

이 없으니까요. 그럼에도 제 평생 오늘처럼 글씨를 엉망으로 쓴 적은 없었습니다. 정말 아무것도 할 수가 없습니다. 마음이 온통 눈물로 가득 차서요. 부디 곧 편지를 보내시어 저를 위로해주십시오. 주소는 우체국 보관함으로 해주시면 제가 직접 찾으러 가겠습니다. 저는 베버 가족과 같이 지내고 있습니다. 하지만 역시 아버지의 편지는 저희 친구 베케 씨 편에 부치시는 것이 더 낫겠습니다.

이것은 극비입니다만 저는 이곳에서 미사곡을 한 편 쓸 생각입니다. 제 모든 친구들이 그렇게 하라고 권하고 있습니다. 칸나비히와 라프 씨가 제게 얼마나 좋은 친구들인지 모릅니다. 이제 그만 줄입니다. 가장 다정하고 사랑하는 나의 아버지! 부디 답장 빨리 주십시오.

행복한 새해 맞으세요! 오늘은 더 이상 쓸 기운이 없습니다.

*

이 편지는 서둘러 휘갈겨 쓴 흔적이 역력하며, 다른 편지들과는 사뭇 다른 격렬한 감정의 동요를 보여준다. 여행 내내 모차르트가 그토록 고대했던 것은 오직 하나, 바로 뮌헨에서 사랑하는 베버 양과 재회하는 것이었다. 그는 이 재회를 위해 심지

어 자신의 사촌에게 '중요한 역할'을 맡길 계획까지 세워두었을 정도였다. 하지만 그를 기다리고 있던 운명은 알로이지아의 변심을 확인하는 것뿐이었다.

훗날 모차르트의 전기를 집필한 니센은 당시의 상황을 이렇게 전한다. "모차르트는 어머니를 애도하는 의미로 프랑스 관습에 따라 검은 단추를 단 붉은 코트를 입고 나타났다. 하지만 그는 곧 알로이지아의 마음이 자신에게서 떠났음을 알게 되었다. 그녀는 한때 자신을 그토록 애타게 그렸던 사람을 거의 알아보지 못하는 듯 굴었다. 이에 모차르트는 곧장 피아노 앞으로 가 노래를 불렀다. '나를 원치 않는 아가씨는 기꺼이 떠나보내리*Ich lass das Madel gern, das mich nicht will*'라고."

게다가 아버지 레오폴트는 아들의 귀향이 늦어지는 것에 분노가 폭발하기 직전이었고, 대주교가 아들의 임명을 철회할까 봐 노심초사하고 있었다. 이런 상황에서 볼프강은 집에 돌아가더라도 아버지에게서 따뜻한 환영을 받지 못할 것이라는 불안감에 시달려야 했다.

뮌헨
1778년 12월 31일

방금 친구 베케 씨를 통해
아버지의 28일자 편지를 받았습니다.

 이틀 전 그의 집에서 아버지께 편지를 썼습니다. 그렇게 눈물로 쓴 편지는 제 평생 처음이었습니다. 이 다정한 친구가 아버지의 따뜻한 사랑과 제게 베푸시는 관용, 그리고 제 장래를 위한 신중한 배려에 대해 어찌나 길게 이야기해주던지, 저는 그만 감정이 복받쳐 울고 말았기 때문입니다. 하지만 28일자 아버지의 편지를 읽고 나니, 베케 씨가 저를 위로하려 다소 과장되게 이야기했다는 것을 똑똑히 알겠습니다.

 이제 분명하고 단호하게 말씀드립니다. 오페라 공연이 끝나자마자 이곳을 떠나겠습니다. 합승 마차가 다음 날 떠나든, 그날 밤에 떠나든 상관없습니다. 만약 아버지께서 로비니히 부인과 미리 이야기하셨더라면, 그분과 함께 집으로 갈 수도 있었을 텐데요. 어쨌든 오페라(「알체스테」)는 11일에 공연되니, 12일에 (마차가 있다면) 저는 출발합니다. 이곳에 조금 더 머무는 것이 제게는 더 이득이겠지만, 잘츠부르크에서 두 배로 보상받으리라는 희망을 품고, 기꺼이 아버지를 위해 이 기회를 포기하겠습니다.

소나타에 대한 아버지의 생각은 전혀 마음에 들지 않습니다. 설령 악보를 받지 못하더라도 즉시 뮌헨을 떠나라니요. 그러고는 궁정에 얼굴을 비치지 말라고 조언하시고요. 저처럼 이곳에 잘 알려진 사람에게 그런 일이 어떻게 가능하겠습니까. 하지만 걱정 마십시오. 저는 카이저스하임에서 소나타 악보를 받았고, 제본이 끝나는 대로 선제후비께 헌정할 생각입니다.

아, '즐거운 꿈'이라니, 그게 무슨 말씀이십니까? 저는 꿈꾸기를 그만두고 싶지 않습니다. 이 세상에 꿈꾸지 않는 인간이 어디 있겠습니까? 그것도 즐거운 꿈, 평화롭고 달콤하며 기운을 북돋우는 꿈을요. 만약 이루어졌더라면, 지금의 이 슬픈 삶을 조금이나마 견딜 만하게 만들어주었을 그런 꿈들을 말입니다.

1월 1일—방금 잘츠부르크 마차꾼 편에 또 아버지의 편지를 받았습니다. 읽고는 정말이지 소스라치게 놀랐습니다. 제발 말씀을 해주십시오. 제가 당장이라도 출발 날짜를 정할 수 있다고 생각하시는 겁니까? 아니면 제가 아예 돌아갈 생각이 없다고 믿으시는 겁니까? 이렇게 가까운 곳까지 와 있는데, 그 점에 대해서는 안심하셔도 좋지 않겠습니까. 그 마부가 자신의 여정을 설명할 때, 저도 모르게 그와 함께 떠나고 싶은 충동을 느꼈지만, 지금 당장은 정말 그럴 수가 없습니다. 내일이나 모레 선제후비께 소나타를 헌정해야 하고, 그 뒤에는 아무리 재촉을 받는다 해도 하사금을 받기 위해 며칠은 기다려야만 합니다.

한 가지는 맹세합니다. 아버지를 기쁘게 해드리기 위해 오페라 관람은 포기하겠습니다. 기대했던 하사금을 받는 바로 다음 날 이곳을 떠나겠습니다. 물론 이것이 제게 얼마나 힘든 결정인지 고백하지 않을 수 없습니다. 하지만 그 며칠의 있고 없음이 아버지께 그토록 중요하다면, 그리하겠습니다. 이 점에 대해 즉시 답장을 주십시오.

1월 2일—아버지와 직접 대화할 날을 고대합니다. 그래야만 아버지께서도 이곳에서의 제 사정을 제대로 이해하실 테니까요. 라프 씨에 대한 불신을 거두어 주십시오. 그는 편지 쓰기를 싫어할 뿐, 세상에서 가장 정직한 사람입니다. 그의 침묵은 섣부른 약속을 하기보다, 작은 희망이라도 확실해졌을 때 기쁨을 주려는 마음 때문일 겁니다. 그는 칸나비히 씨처럼, 저를 위해 온 힘을 다해 주었습니다.

뮌헨
1779년 1월 8일[166]

제 마지막 편지를 받으셨으리라 믿습니다.

아버지께서 보내신 모든 편지는 베케 씨를 통해 무사히 받았습니다. 저는 그에게 제 편지를 읽어주었고, 그 역시 제게 자신의 편지를 보여주었습니다.

장담하건대, 가장 사랑하는 아버지. 저는 이제 아버지께 돌아간다는 생각에 기쁨으로 가득합니다. 하지만

---

166 이 편지가 쓰인 1779년 1월 8일은 모차르트가 알로이지아 베버에게 실연당한 직후다. 바로 이날, 모차르트는 그녀를 위해 작곡한 콘서트 아리아 "Popoli di Tessaglia! - Io non chiedo, eterni dei"의 악보를 완성했다. 이 아리아는 극심한 고뇌와 슬픔을 표현하는, 기술적으로 가장 어려운 소프라노 곡 중 하나로 꼽힌다.

잘츠부르크로 돌아가는 것은 아닙니다. 아버지의 마지막 편지를 읽고, 아버지께서 예전보다 저를 더 잘 이해해주신다는 것을 알았기 때문입니다. 제가 귀향을 망설였던 이유는 오직 하나, 아버지께서 저를 믿지 않으실 거라는 의심 때문이었습니다. 그 의심이 참을 수 없는 슬픔을 낳았고, 결국 친구 베케에게 모든 것을 털어놓게 만들었습니다. 제가 무슨 잘못을 했겠습니까? 아버지께 꾸중들을 만한 짓은 아무것도 하지 않았습니다. 저는(기독교인으로서나, 명예로운 사람으로서나) 그 어떤 잘못도 저지르지 않았습니다.

요컨대, 저는 이제 기쁩니다. 그리고 가장 즐겁고 행복한 나날을 고대하고 있습니다. 하지만 오직 아버지와 사랑하는 누나와 함께할 때만 그렇습니다. 저는 잘츠부르크와 그곳 사람들을 견딜 수 없다고 맹세합니다(잘츠부르크 토박이들 말입니다). 그들의 말투와 태도는 정말이지 참을 수가 없습니다. 로비니히 부인이 이곳에 왔을 때 제가 얼마나 괴로웠는지 상상도 못 하실 겁니다. 그렇게 어리석은 사람은 정말 오랜만에 봤습니다. 설상가상으로, 그 멍청하고 지루하기 짝이 없는 모스마이어까지 함께 있더군요.

이야기를 계속하겠습니다. 저는 어제 사랑하는 친구

칸나비히와 함께 선제후비께 제 소나타를 헌정하러 갔습니다. 그분의 방은 제가 언젠가 갖고 싶은 방의 모습 그대로였습니다. 아주 예쁘고 깔끔하며, 개인 서재 같은 느낌이었죠. 전망만 빼고요. 전망은 끔찍했습니다. 저희는 그곳에서 꼬박 한 시간 반을 머물렀고, 그분은 매우 자애로우셨습니다. 제가 며칠 안에 떠나야 한다고 말씀드렸으니, 일이 좀 서둘러지기를 바랄 뿐입니다. 제아우 백작은 걱정하지 마십시오. 이 일이 그의 손을 거칠 거라고 생각하지도 않고, 설령 그렇다 해도 그는 감히 아무 말도 못 할 겁니다.

다시 한번 말씀드리지만, 아버지와 사랑하는 누나를 껴안고 싶은 마음이 얼마나 간절한지 믿어주십시오. 잘츠부르크만 아니라면요! 하지만 그곳에 가지 않고는 두 분을 뵐 수가 없으니, 기꺼이 발걸음을 옮깁니다. 우편이 곧 떠나니 서둘러야겠습니다.

제 사촌이 이곳에 와 있습니다. 왜냐고요? 바로 저, 그녀의 사촌을 기쁘게 해주기 위해서지요. 이것은 표면상의 이유입니다. 하지만… 그 이야기는 잘츠부르크에서 하지요. 바로 그 이유 때문에, 저는 그녀가 저와 함께 잘츠부르크에 가기를 간절히 바랐습니다. 이 편지 넷째 장에 그녀가 직접 쓴 글 몇 줄이 붙어있을 겁니다. 그녀는 기꺼이 가고 싶어 합니다. 그러니 아버지께서도 그녀를 만나는 것이 진정 기쁜 일이라 생각하신다면, 부디 그녀의 오빠에게 즉시 편지를 보내주시어 일이 잘 처리되도록 해주십시오. 직접 만나보시면, 그녀가 분명 마음에 드실 겁니다. 누구에게나 사랑받는 아이니까요.

4부

불멸의 멜로디
1780년 ~ 1781년

Cuperem scire, de qua causa, a quam plurimis adolescentibus
ottium usque adeo oestimetur, ut ipsi se nec verbis,
nec verberibus ad hoc sinant abduci.

모차르트는 1780년 가을까지 잘츠부르크에 머물렀다. 그는 별다른 명성을 얻을 활동 없이 이름 없는 곳에서 젊은 시절을 보내야 한다는 사실에 큰 불만을 품고 있었지만, 창작 활동만큼은 그 어느 때보다 왕성했다. 두 편의 미사곡, 몇 편의 저녁 기도, 「타모스 왕Thamos, König in Ägypten」을 위한 장대한 극음악, 그리고 배우이자 극작가인 쉬카네더를 위한 오페레타 「차이데Zaide」 등 웅장한 작품들이 바로 이 시기의 결실이었다. 마침내 모차르트는 크게 기뻐할 만한 소식을 듣게 된다. 뮌헨으로부터 1781년 사육제 기간에 상연할 대작 오페라를 작곡해달라는 제안이 들어온 것이다. 그 작품은 바로 「이도메네오, 크레타의 왕Idomeneo, re di Creta」이었다. 11월 초, 모차르트는 주역 가수들의 목소리에 맞게 아리아를 현장에서 직접 다듬고 그들과 같이 연습하기 위해 다시 한번 뮌헨으로 떠났다. 대본은 잘츠부르크의 바레스코 신부가 썼는데, 작품을 만드는 과정에서 많은 수정이 필요했다. 이 수정 작업은 뮌헨의 모차르트와 잘츠부르크의 바레스코 사이에서 아버지 레오폴트가 중간 다리 역할을 맡아 진행되었다.

뮌헨
1780년 11월 8일

이곳에 도착한 것은 참으로 운 좋고 즐거운 일이었습니다.

여행 중에 아무 사고가 없었으니 운이 좋았고, 이 짧고도 끔찍한 여정이 끝나는 순간만을 애타게 기다렸으니 즐거웠던 것이지요. 장담하건대, 저희는 밤새 단 한숨도 자지 못했습니다. 마차는 영혼까지 뒤흔들었고, 좌석은 돌멩이처럼 딱딱했으니까요! 바서부르크를 지날 때부터는 뼈를 온전히 추려서 뮌헨에 도착하기는 글렀다고 생각했습니다. 두 구간을 지나는 동안에는 끈을 붙잡고 공중에 매달려 감히 앉을 엄두도 내지 못했습니다. 하지만 괜찮습니다. 이제는 다 지나간 일이니까요. 앞으로는 합승 마차를 타느니 차라리 걸어가겠다는 교훈을 얻었지만요.

이제 뮌헨 소식입니다. 저희는 오전 1시에 도착했고, 그날 저녁 바로 극장 감독인 제아우 백작을 찾아갔지만 부재중이라 쪽지만 남겼습니다. 다음 날 아침 베케 씨와 함께 다시 찾아갔지요. 백작은 만하임 사람들에게 휘둘려 아주 유해졌습니다.

바레스코 신부님께 드릴 요청이 있습니다. 2막 2장에 나오는 일리아의 아리아, "Se il padre perdei, in te lo ritrovo"는 제가 원하는 바에 맞게 조금 수정되어야 합니다. 이 부분은 더할 나위 없이 좋습니다만, 바로 뒤에 제가 늘 부자연스럽다고 생각했던 부분이 나옵니다. 바로 아리아 도중에 방백을 하는 것입니다. 일반 대화라면 몇 마디쯤 방백[167]으로 슬쩍 말할 수 있으니 자연스럽습니다. 하지만 아리아에서는 가사를 반복해야 하므로 아주 나쁜 효과를 낳습니다. 설령 반복하지 않더라도, 저는 끊어지지 않는 아리아를 더 선호합니다. 시작 부분은 그대로 두셔도 좋습니다. 아주 자연스럽고 매력적인 선율이라 가사에 얽매이지 않고 쉽게 써 내려갈 수 있으니까요. 저희는 여기에 플루트, 오보에, 호른, 바순, 이렇게 네 관악기가 함께하는 안단티노 아리아를 넣기로 합의했습니다. 부디 이 아리아를 최대한 빨리 보내주시길 바랍니다.

이제 불평거리입니다. 주역 가수이자 이다만테 역을 맡은 무지코인 달 프라토[168] 씨를 아직 직접 만나 뵙는 영광은 누리지 못했습니다만, 전해 듣기로는 차라리 체카렐리[169]가 더 낫다고 해야겠습니다. 우리 무지코는 종종 아리아 한가운데서 숨이 넘어가곤 한답니다. 게다가 그는 무대 경험이 전무하고, 라프 씨는 연기가 목석같습니다. 1막의 그 장면을 한번 상상해보십시오!

하지만 좋은 소식도 있습니다. 도로테아 벤틀링[170] 부인께서는 자신이 부를 셰나[171]에 대단히 만족해서, 세 번이나 연달아 불러보자고 고집했다는 점입니다. 어제는 독일 기사단 총장께서 도착하셨습니다. 궁정 극장에서는 「에식스Essex」가 공연되었고, 웅장한 발레도 곁들여졌습니다. 극장은 환하게 불을 밝혔더군요. 시작은 칸나비히의 서곡이었는데, 그의 최신작 중 하나라 저는 처음 들어보는 곡이었습니다. 장담컨대, 아버지께서도 들으셨다면 저만큼 기뻐하셨을 겁니다. 그리고 미리 듣지 않으셨다면, 그게 칸나비히의 곡이라고는 결코 믿지 못하

---

167 무대의 다른 인물에게는 들리지 않고 오직 관객에게만 자신의 속마음을 이야기하는 대사.
168 빈첸초 달 프라토(Vincenzo dal Prato, 1756~1828). 이탈리아 출신의 무지코(카스트라토)로, 모차르트는 그의 부족한 음악적 재능을 혹평했다.
169 프란체스코 체카렐리(Francesco Ceccarelli, 1752~1814). 당시 잘츠부르크 궁정에서 활동하던 카스토라토 소프라노.
170 도로테아 벤틀링(Dorothea Wendling, 1736~1811). 벤틀링 음악가 가문의 일원이자 소프라노. 요한 밥티스트 벤틀링의 아내.
171 Scena. '장(場)'을 의미하는 이탈리아어.

셨을 겁니다. 부디 이 곡을, 그리고 이 오케스트라를 감상하러 어서 오십시오.

더 할 말은 없습니다. 오늘 저녁에 대규모 연주회가 있는데, 마라 부인[172]이 아리아 세 곡을 부를 예정입니다. 잘츠부르크에도 이곳처럼 눈이 많이 오는지 알려주십시오. 쉬카네더 씨에게 제 안부를 전해주시고, 제가 부탁받은 아리아를 아직 보내지 못한 것을 너그러이 용서해달라고 말씀해주십시오. 아직 완성하지 못했거든요.

뮌헨
1780년 11월 13일

정말 급하게 이 편지를 씁니다.

아직 옷도 못 입었는데, 제아우 백작 댁에 가야 하거든요. 칸나비히, 콰글리오[173], 그리고 발레 감독인 르 그랑 씨도 그곳에서 오페라에 필요한 것들을 논의하며 저녁 식사를 하기로 했습니다.

칸나비히와 저는 어제 바움가르텐 백작 부인(결혼 전 성은 레르헨펠트입니다)의 댁에서 저녁을 먹었습니다. 제 친구 칸나비히는 그 댁에서 가족이나 마찬가지인데, 이제 저도 그렇습니다. 이곳에서 저를 가장 아껴주고 가장 도움이 되는 분들입니다. 그분들의 친절 덕분에 모든 일이 잘 풀리고 있고, 앞으로도 그러리라 믿습니다.

이제 막 옷을 입으려던 참이지만, 가장 중요한 것, 이 편지의 주된 목적을 빠뜨릴 수는 없겠지요. 가장 사랑하고 다정하신 아버지, 아버지의 영명 축일을 맞아 세상의 모든 행운이 깃들기를 기원합니다. 또한 아버지의 따뜻한 사랑이 계속되기를 간청하며, 아버지의 뜻에 언제나 순종할 것을 약속드립니다. 라 로즈 백작 부인께서 아버지와 누나에게 안부를 전하며, 칸나비히 가족, 두 벤틀링 가족, 람, 에크 부자父子[174], 베케, 그리고 마침 제 곁에 있는 달 프라토 씨도 모두 안부를 전합니다. 어제 제아

---

172 게르트루트 엘리자베트 마라(Gertrud Elisabeth Mara, 1749~1833). 독일 출신의 소프라노 가수.
173 로렌초 콰글리오(Lorenzo Quaglio, 1730~1804). 이탈리아 출신 화가이자 건축가, 무대 디자이너.
174 민하임에서 활동하던 호른 연주자인 아버지 게오르크 에크(Georg Eck)와 그 아들을 의미한다.

우 백작이 저를 선제후께 소개해드렸는데, 아주 자애로 우셨습니다. 만약 지금 아버지께서 제아우 백작을 만나 신다면, 만하임 사람들이 그를 완전히 딴사람으로 만들어놓아서 거의 알아보지 못하실 겁니다.

저는 바레스코 신부님의 이름으로 공식적인 답장을 써달라는 부탁을 받았습니다만, 시간이 없기도 하거니와, 저는 비서로 태어난 몸이 아닙니다. 1막 8장과 관련하여 무대 디자이너인 콰글리오 씨가 저희가 처음 가졌던 것과 똑같은 이의를 제기했습니다. 즉, 왕이 배에서 완전히 혼자 내리는 것은 부자연스럽다는 겁니다. 만약 신부님께서, 끔찍한 폭풍우 속에서 배도 없이 홀로 버려져 위험에 처한 왕의 모습을 그리는 것이 더 극적이라고 생각하신다면, 그대로 두어도 좋습니다. 하지만 기억하십시오. 무대 위에 진짜 배는 등장하지 않습니다. 그러니 왕이 배 안에 혼자 있을 수는 없는 노릇입니다. 다른 방식을 택한다면, 몇몇 장군이나 부하들이 그와 함께 내려야 합니다. 그러면 왕은 충신들에게 몇 마디 말을 건네고, 비통한 심정으로 잠시 자리를 비켜달라고 청할 수 있을 테니 훨씬 자연스러울 겁니다.

그리고 두 번째 듀엣은 완전히 빼야 합니다. 그래야 오페라에 실보다 득이 많을 겁니다. 그 장면을 읽어보시면 아시겠지만, 거기에 아리아나 듀엣이 들어가면 극의 흐름이 늘어지고 맥이 빠집니다. 아무 일 없이 멀뚱히 서 있어야 하는 다른 배우들에게는 아주 고역일 테고요. 게다가 일리아와 이다만테 사이의 고결한 감정 대립이 너무 길어져 전체적인 감동을 해치게 될 겁니다.

마라 부인은 제 마음에는 들지 않았습니다. 기교 면에서는 바스타르델라[175]에 한참 미치지 못하고, 감정을 표현하는 데는(그게 그녀의 스타일이긴 하지만) 베버 양이나 다른 분별 있는 가수들처럼 마음을 울리기보다 너무 과장되어 있습니다.

추신—참, 이곳 번역가들의 실력이 너무 형편없어서 제아우 백작은 오페라 대본을 잘츠부르크에서 번역하고, 아리아 부분만 운문으로 하기를 원합니다. 저는 시인과 번역가의 보수를 한꺼번에 처리하는 계약을 맺어야 합니다. 이 점에 대해 빨리 답장을 주십시오. 안녕히!

가족 초상화는 어떻게 되어갑니까? 많이 닮았나요?

---

175 이탈리아 소프라노 루크레치아 아구야리(Lucrezia Aguiari, 1741~1783)의 별명. 고음과 기교로 유명했다.

누나 것은 아직 시작도 안 했습니까? 오페라 초연은 1월 26일로 예정되어 있습니다. 부디 제가 가진 미사곡 두 개의 총보와, B플랫 장조 미사곡도 보내주시면 감사하겠습니다. 제아우 백작이 곧 선제후께 그 곡들을 선보일 예정이라, 저도 이곳에 제 다른 스타일의 음악도 알리고 싶습니다. 방금 그라운[176]의 미사곡을 들었는데, 그런 곡이라면 하루에 대여섯 개는 거뜬히 쓰겠습니다. 이 가수, 달 프라토가 이 정도로 형편없는 줄 알았더라면, 진작에 체카렐리를 추천했을 텐데요.

뮌헨
1780년 11월 22일

가장 사랑하는 나의 아버지께!

오래전에 약속했던 쉬카네더 씨를 위한 아리아를 마침내 동봉합니다. 이곳에 온 첫 주 동안은 저를 이곳에 오게 한 바로 그 일 때문에 도무지 끝낼 수가 없었습니다. 게다가 방금 전까지 발레 감독인 르 그랑 씨가 와 있었는데, 그 지긋지긋한 수다쟁이 때문에 합승 마차 시간까지 놓쳤습니다.

누나가 부디 건강하기를 바랍니다. 저는 지금 지독한 감기에 걸렸는데, 이런 날씨 탓인지 이곳에서는 감기가 크게 유행입니다. 하지만 곧 나으리라 믿습니다. 가래와 기침이 점차 잦아들고 있으니까요. 아버지의 마지막 편지에 "아! 내 불쌍한 눈! 눈이 멀도록 글을 쓰고 싶지는 않구나. 밤 8시 반인데, 안경도 없이 쓰고 있단다!"라고 반복해서 쓰셨더군요. 도대체 왜 밤에, 그것도 안경 없이 글을 쓰시는 겁니까? 저는 이해할 수가 없습니다.

저는 아직 제아우 백작과 이야기할 기회가 없었지만, 오늘 뵐 수 있기를 바랍니다. 소식이 있는 대로 다음 편지에 알려드리겠습니다. 당분간은 모든 것이 그대로겠지요. 라프 씨가 어제 아침에 저를 찾아왔기에 아버지의 안부를 전했더니 무척 기뻐하는 듯했습니다. 그는 정말이지 더할 나위 없이 훌륭한 신사입니다. 그저께 달 프라토가 연주회에서 노래를 했는데, 그야말로 망신스러운 수준이었습니다. 장담컨대, 그 친구는 리허설은커녕

---

176 카를 하인리히 그라운(Carl Heinrich Graun, 1704~1759). 베를린 궁정 악장을 지낸 작곡가.

오페라 본공연까지 절대 못 해낼 겁니다. 무슨 속병이라도 있는 게 틀림없습니다.

똑똑!—판차키 씨로군요! 아르바체 역을 맡은 가수입니다. 벌써 저를 세 번이나 찾아왔는데, 방금 일요일에 같이 저녁을 먹자고 초대하더군요. 예전에 커피 마실 때처럼, 그가 제게 'se la sa' 대신 'se co la'로, 아니면 아예 '도레미파솔라'로 노래를 불러도 되냐고 묻는 그런 일만 없기를 바랄 뿐입니다.

아버지께서 자주 편지를 써주시면 정말 좋겠습니다. 다만 밤에는, 특히 안경 없이는 절대 쓰지 마십시오. 하지만 제가 답장을 길게 못 하더라도 용서해주십시오. 매 순간이 너무나 소중하니까요. 게다가 아침에는 너무 어두워서 저는 주로 밤에 글을 써야 합니다. 그러고 나서 옷을 입고 나면, 집주인 바이저 씨의 하인이 때때로 성가신 손님들을 들여보냅니다. 달 프라토가 오면 그의 노래를 봐줘야 합니다. 그의 파트 전체를 어린아이 가르치듯 떠먹여 줘야 하거든요. 그의 창법은 정말 한 푼의 가치도 없습니다.

다음번에는 더 길게 쓰겠습니다. 가족 초상화는 어떻게 되어갑니까? 누나에게 혹시 심심하면, 제가 없는 동안 공연된 좋은 희극들 제목이나 적어두라고 전해주십시오. 쉬카네더는 여전히 돈을 잘 법니까? 제 모든 친구들과 길로프스키 댁의 카테르에게 안부를 전합니다. 저 대신 강아지 핌펄에게 스페인 코담배 한 꼬집, 좋은 와인에 적신 빵 한 조각, 그리고 뽀뽀 세 번을 보내주십시오. 저는 조금도 그립지 않으신지요? 모든 분들께, 수천 번의 인사를! 안녕히!

온 마음을 다해 두 분을 껴안으며, 누나가 어서 쾌차하기를 빕니다.[177]

---

177 누나 난네를은 당시 실연의 아픔 등으로 인한 가슴 통증으로 고통받고 있었는데, 이는 폐병으로 악화될 위험이 있었다.

뮌헨
1780년 11월 24일

**카타리나 길로프스키 폰 우라초바 양에게
정중한 안부를 전해주십시오.**

그녀의 영명 축일에 온갖 행운이 함께하기를 기원한다고도 전해주시고요. 무엇보다, 제가 그녀를 '양'이라고 부르며 축하하는 것이 이번이 마지막이기를 바랍니다. 아버지께서 쓰신 자인스하임 백작[178]에 대한 이야기는 이미 다 끝난 일입니다. 그들 모두 한 사슬의 고리들이지요. 저는 이미 그와 한 번, 바움가르텐과 두 번, 그리고 바움가르텐 양의 아버지인 레르헨펠트와도 한 번 저녁을 먹었습니다. 이들 중 누군가가 칸나비히 댁에 오지 않는 날이 없을 정도입니다.

가장 사랑하는 아버지, 제 오페라는 너무 걱정하지 마십시오. 모든 것이 잘되리라 믿습니다. 물론 좀스러운 음모들이 없지는 않겠지만, 가소로운 콧방귀 한 번으로 모두 날려버릴 수 있을 겁니다. 이곳의 가장 명망 높은 귀족 가문들이 제 편이고, 최고의 음악가들은 모두 저를 지지하니까요. 칸나비히가 얼마나 좋은 친구인지 모릅니다. 정말 부지런하고 적극적이지요! 한마디로, 그는 늘 친구를 도울 기회만 엿보고 있는 사람입니다.

마라 부부에 대한 이야기를 전부 들려드리겠습니다. 제가 이전에 쓰지 않았던 것은, 아버지께서 소문을 듣지 않으셨더라도 이곳에 오시면 어차피 자세히 알게 되실 거라 생각했기 때문입니다. 하지만 이제는 모든 진실을 말씀드릴 때가 되었습니다. 아마 이야기에 살이 좀 붙었을 테니까요. 적어도 이 도시에서는 온갖 다른 버전으로 이야기가 떠돌고 있습니다. 제가 그 자리에 있었으니, 저만큼 이 일을 잘 아는 사람은 없을 겁니다.

첫 교향곡이 끝나고 마라 부인이 노래할 차례가 되자, 그녀의 남편이 첼로를 들고 뒤로 슬그머니 들어오는 것이 보였습니다. 저는 첼로 오블리가토[179]가 있는 아리아를 부르려나 보다 생각했지요. 수석 첼리스트인 늙은 단치 씨도 반주를 꽤 잘합니다. 그런데 갑자기 퇴스키(그는 감독이지만, 칸나비히가 있으면 아무 힘도 못 씁니다)가 자신의 매

---

178 요셉 프란츠 마리아 폰 자인스하임(Joseph Franz Maria von Seinsheim, 1707~1787). 바이에른 외무장관을 역임한 최고위급 관료.
179 오블리가토(Obbligato). 악기가 단순한 반주를 넘어, 성악가의 노래와 거의 대등한 수준의 중요하고 화려한 독주 선율을 연주하는 것.

부이기도 한 단치에게 일어나서 마라 씨에게 자리를 내달라고 말했습니다. 이 광경을 본 칸나비히가 소리쳤습니다. "단치, 그대로 있게. 선제후께서는 우리 궁정 연주자들이 반주하는 것을 더 좋아하시네."

아리아가 시작되었고, 마라 씨는 양처럼 순한 얼굴로 아내 뒤에 서서 첼로를 계속 들고 있었습니다. 그들이 연주회장에 들어서는 순간부터 저는 두 사람 모두에게 반감을 느꼈습니다. 그렇게 거만한 사람들은 본 적이 없었으니까요. 아리아에는 2부가 있었지만, 마라 부인은 오케스트라에 그 사실을 미리 알려주지 않았습니다. 마지막 간주가 끝나자 그녀는 늘 하던 대로 뻔뻔스럽게 객석으로 내려와 귀족들에게 인사를 했습니다. 그사이 그녀의 남편은 칸나비히에게 시비를 걸었습니다. 모든 것을 자세히 쓸 수는 없습니다. 너무 길어질 테니까요. 요컨대, 그는 오케스트라와 칸나비히의 인격을 모두 모욕했고, 잔뜩 화가 난 칸나비히는 그의 팔을 붙잡고 말했습니다. "여기서 당신과 왈가왈부할 생각 없소." 마라 씨가 맞서려 하자, 칸나비히는 입을 다물지 않으면 끌어내겠다고 으름장을 놓았습니다. 모두가 그의 무례함에 분노했습니다.

그다음 람의 협주곡이 연주되는 동안, 그 상냥한 부

부는 제아우 백작에게 달려가 불평을 늘어놓았습니다. 하지만 백작과 다른 모든 이들에게서 '잘못은 당신들에게 있다'라는 말만 들었을 뿐입니다. 마침내 마라 부인은 어리석게도 선제후께 직접 하소연을 했고, 그동안 그녀의 남편은 거만한 목소리로 떠들었습니다. "내 아내가 지금 선제후께 하소연하고 있으니, 칸나비히는 이제 큰일 났군." 하지만 사람들은 그의 얼굴에 대고 비웃을 뿐이었습니다. 선제후께서는 마라 부인의 불평에 이렇게 답하셨습니다. "부인, 남편이 반주를 안 했는데도 천사처럼 노래하시더군요." 그녀가 계속해서 불만을 늘어놓으려 하자, "그건 제 일이 아니라 제아우 백작의 일이오."라고 잘라 말하셨습니다.

아무것도 얻지 못할 것을 알자, 그들은 아직 아리아 두 곡이 남았음에도 불구하고 퇴장해버렸습니다. 이는 선제후에 대한 모욕이나 다름없었지요. 만약 대공과 다른 외국 손님들이 없었다면, 그들은 훨씬 혹독한 대접을 받았을 겁니다. 이 일로 화가 난 제아우 백작이 즉시 사람을 보내 그들을 다시 데려왔습니다. 그녀는 남은 두 곡을 불렀지만, 남편은 반주하지 않았습니다. 마지막 곡에서는(저는 마라 씨가 일부러 그랬다고 확신합니다) 칸나비히의 악보에서만 두 마디가 빠져 있었습니다. 연주가 어긋나자,

마라 부인이 칸나비히의 팔을 붙잡았고, 그는 즉시 실수를 바로잡았지만, 이내 활로 보면대를 내리치며 모두가 들으라는 듯 소리쳤습니다. "이 악보는 완전히 엉터리야!" 아리아가 끝나자 그는 말했습니다. "마라 씨, 충고 한마디 하지. 앞으로는 오케스트라 감독의 팔을 붙잡는 일은 없도록 하게. 그랬다간 따귀를 대여섯 대는 맞을 각오를 해야 할 테니." 마라 씨의 기세는 완전히 꺾였습니다. 그는 용서를 빌며 변명하기에 급급했지요.

이 사건에서 가장 파렴치한 부분은, 모두의 말처럼 형편없는 첼리스트인 마라 씨가 칸나비히가 아니었다면 궁정 연주회에 명함도 못 내밀었을 거라는 점입니다. 칸나비히가 그를 위해 무척 애썼거든요. 제가 오기 전 첫 연주회에서 그는 아내를 반주한다며 단치에게 말 한마디 없이 자리를 빼앗았는데, 그때는 그냥 넘어갔습니다. 선제후께서는 그의 반주를 전혀 마음에 들어 하지 않으셨고, 우리 연주자들이 더 낫다고 말씀하셨습니다. 칸나비히는 이걸 알고 연주회 전에 제아우 백작에게 마라 씨가 연주하는 것은 좋지만, 단치도 연주해야 한다고 말해 두었던 겁니다. 마라 씨는 이 말을 전해 듣고도 그런 무례를 저지른 것이지요. 이 사람들을 직접 보시면, 그들의 얼굴에 쓰인 자만심과 오만불손함을 단번에 아실 수 있을 겁니다.

누나는 이제 부디 완쾌되었겠지요. 제발 제게 더는 우울한 편지를 쓰지 마십시오. 지금 제게는 쾌활한 마음과 맑은 정신, 일에 대한 의욕이 필요합니다. 마음이 슬퍼서는 이 중 어느 것도 가질 수 없습니다. 믿어주십시오, 아버지께서 얼마나 휴식과 평화를 누릴 자격이 있는지 저는 마음 깊이 느끼고 있습니다. 하지만 제가 그 평화를 가로막는 장애물입니까? 그러고 싶지는 않지만, 그런 것 같아 두렵습니다. 만약 제가 이곳에서 성공하여 품위 있게 살 수 있게 된다면, 아버지는 즉시 잘츠부르크를 떠나셔야 합니다. 물론 그런 날이 오지 않을지도 모른다고 말씀하시겠지요. 어쨌든, 저는 노력과 수고를 아끼지 않을 겁니다.

부디 곧 저를 보러 오십시오. 우리 모두 함께 살 수 있습니다. 제 첫 번째 방에는 침대 두 개가 들어가는 넓은 골방이 있는데, 아버지와 제가 쓰기에 아주 좋을 겁니다. 누나 방은 옆방에 난로 하나만 놓으면 됩니다. 4~5플로린이면 될 일입니다. 제 방은 난로를 새빨갛게 달구고 문까지 열어두어도 견딜 만하게 데워지지 않을 정도로 끔찍하게 춥습니다.

바레스코 신부에게 2막 합창곡 "Placido è il mare"에서, 엘렉트라의 첫 소절이 끝난 뒤 합창이 반복될 때, 그러니까 두 번째 합창이 끝난 뒤에 곡을 끝낼 수는 없는지 물어봐 주십시오. 너무 깁니다.

저는 감기 때문에 이틀 동안 집에만 있었습니다. 다행히도 식욕이 별로 없습니다. 안 그랬다면 여기서 계속 식비를 내는 것이 곤란했을 테니까요. 이 문제에 대해 백작에게 쪽지를 보냈더니, 곧 이야기하자는 답을 받았습니다. 맹세컨대, 그는 부끄러운 줄 알아야 합니다! 저는 단 한 푼도 내지 않을 겁니다.

뮌헨
1780년 12월 1일

리허설은 대성공이었습니다.

바이올린은 총 여섯 대뿐이었지만, 필요한 관악기는 모두 있었습니다. 제아우 백작의 누이와 젊은 자인스하임 백작[180] 외에는 아무도 들어오지 못했습니다. 이번 주 금요일에는 바이올린 열두 대를 동원해 1막을 다시 리허설하고, 그다음에는 2막을 리허설할 예정입니다. 모두가 얼마나 기뻐하고 놀랐는지 이루 다 말씀드릴 수가 없습니다. 하지만 저는 다른 결과를 기대하지 않았습니다. 장담컨대, 저는 마치 연회에라도 가는 듯 아주 태연한 마음으로 리허설에 임했으니까요. 자인스하임 백작은 제게 이렇게 말했습니다. "맹세컨대, 당신에게 많은 것을 기대했지만, 이 정도일 줄은 몰랐소."

칸나비히 가족과 그 댁을 드나드는 모든 분들은 저의 진정한 친구들입니다. 리허설이 끝난 뒤, 백작과 논의할 거리가 많아 칸나비히와 함께 댁으로 갔더니, 칸나비히 부인께서 직접 나와 리허설이 성공적으로 끝난 것에 기뻐하며 저를 껴안아주었습니다. 곧이어 람과 랑이 흥분해서 거의 정신이 나간 채로 달려왔습니다. 제 진정한 친구인 부인께서는, 아픈 딸 로제와 단둘이 집에 있으면서도 저 때문에 마음을 졸이고 계셨던 겁니다. 나중에 람을 만나보시면 아시겠지만, 그는 하고 싶은 말은 면전에 대고 바로 해버리는 진정한 독일인입니다. 그가 제게 말했습니다. "솔직히 고백하는데, 어떤 음악도 내게 이런

---

180 막시밀리안 요제프 폰 자인스하임(Maximilian Joseph von Seinsheim, 1751~1803). 요제프 프란츠 마리아 폰 자인스하임 백작의 아들.

인상을 준 적은 없었소. 그리고 맹세컨대, 나는 연주를 들으며 적어도 쉰 번은 자네 아버지를 떠올렸고, 그분께서 이 오페라를 들으시면 얼마나 기뻐하실지 생각했소."

이 이야기는 이만하겠습니다. 리허설 때문에 감기가 조금 악화되었습니다. 명예가 걸린 일이니 아무리 태연한 척해도 흥분하지 않을 수가 없더군요. 아버지께서 알려주신 처방대로 다 해보았지만 아주 더디게 낫고 있습니다. 지금은 이게 특히나 불편하군요. 하지만 감기 이야기를 아무리 쓴들 기침이 멎는 것도 아니니, 계속 편지를 써야겠습니다. 오늘부터 제비꽃 시럽과 아몬드유를 조금 먹기 시작했는데, 벌써 한결 편안해져서 다시 이틀간 집에 머물렀습니다.

어제 아침에는 라프 씨가 다시 저를 찾아와 2막의 아리아를 들었습니다. 그는 마치 혈기 왕성한 젊은이가 아름다운 연인에게 반하듯 자신의 아리아에 완전히 반해버렸습니다. 잠들기 전 마지막으로 부르는 노래도, 아침에 눈 떠 처음 부르는 노래도 바로 그 아리아입니다. 이미 다른 소식통을 통해 들었지만, 이제는 그에게 직접 확인했습니다. 그가 피어렉 씨와 카스텔 씨에게 이렇게 말했다더군요. "저는 늘 제 파트를 제게 맞게 바꾸곤 했습니다만, 이 아리아는 단 하나의 음표도 제 목소리에 맞지 않는 것이 없어 그대로 두었습니다." 요컨대, 그는 왕이라도 된 듯 행복해하고 있습니다.

한편, 그가 부를 또 다른 아리아를 조금 수정하고 싶어 하는데, 저도 같은 생각입니다. 'era'라는 단어로 시작하는 부분이 마음에 들지 않는다고 합니다. 저희가 이 장면에 원하는 것은 차분하고 평온한 분위기의 아리아이기 때문입니다. 단일 악장으로만 구성된다면 더욱 좋고요. 2부로 구성하려면 중간에 다른 주제를 넣어야 하는데, 그러면 작곡의 흐름이 방해를 받게 됩니다. 「스키로의 아킬레Achille in Sciro」에 나오는 아리아 "or che mio figlio sei"가 바로 그런 종류의 곡이지요.

누나가 보내준 희극 목록에 정말 감사합니다. 그중 「복수를 위한 복수Rache für Rache」는 참 신기하군요. 이곳에서 아주 최근까지도 큰 환호 속에 자주 공연되었거든요. 저는 가보지 못했지만요.

부디 테레제 폰 바리자니[181] 양에게 제 진심 어린 경

---

[181] 마리아 테레지아 폰 바리자니(Maria Theresia Barisani, 1761~1864). 의사이자 모차르트 가족의 친구였던 지크문트 폰 바리자니(Sigmund von Barisani) 박사의 딸. '테레제'는 그녀의 애칭이다.

의를 전해주십시오. 만약 제게 형제가 있었다면, 그에게 그녀의 손에 겸허히 입 맞추라고 시켰을 겁니다. 하지만 누나만 있는 편이 낫군요. 누나에게 제 이름으로 가장 다정한 방식으로 그녀를 껴안아달라고 부탁할 수 있으니까요. 아참, 칸나비히에게 편지를 좀 써 주십시오. 그는 그럴 자격이 있고, 편지를 받으면 무척 기뻐할 겁니다. 그가 답장을 안 한다고 해서 무슨 상관입니까. 그의 태도로 그를 판단해서는 안 됩니다. 그는 누구에게나 똑같이 구는 것뿐이고, 아무 악의도 없습니다. 그를 제대로 알려면 먼저 겪어봐야 합니다.

뮌헨
1780년 12월 13일

가장 사랑하는 아버지께!

아버지의 마지막 편지들이 어찌나 짧게 느껴졌던지, 혹시 보내신 게 더 없나 싶어 제 검은 외투 주머니를 샅샅이 뒤졌습니다. 빈과 모든 제국령에서 6주 뒤부터는 다시 오락 활동이 허용된다고 합니다. 아주 현명한 조치입니다. 지나친 애도는 고인에게 아무런 이득이 되지 않고 산 사람만 해칠 뿐이니까요. 쉬카네더 씨는 잘츠부르크에 계속 머무를 예정입니까? 그렇다면 제 오페라도 볼 수 있겠군요. 이곳 사람들은 당연하게도, 선제후께서 돌아가셨을 때는 애도 기간이 6주뿐이었는데 왜 이번에는 석 달이나 되어야 하는지 이해하지 못합니다. 그래도 극장은 평소처럼 계속됩니다.[182]

아버지께서는 에서 씨가 제 소나타를 어떻게 반주했는지, 잘했는지 못했는지 써주시지 않았더군요. 희극「사람들이 이 일을 어떻게 해석하는가 Wie man sich die Sache deutet」는 아주 매력적인 작품입니다. 제가 봤냐고요? 아니요, 보지는 못하고 읽기만 했습니다. 아직 공연되지 않았거든요. 게다가 저는 극장에 딱 한 번밖에 가지 않았습니다. 저녁 시간이 제가 일하기 가장 좋은 때라, 극장에 갈 여유가 없었습니다.

만약 자비로우신 로비니히 부인께서 이번 기회에 뭔

---

[182] 신성 로마 제국 황후인 마리아 테레지아(Maria Theresa) 여제가 1780년 11월 29일에 사망했고, 모든 제국령에 공식적인 애도 기간이 선포되었다.

헨 여행 일정을 바꾸지 않으신다면, 제 오페라를 단 한 음도 듣지 못하실 겁니다. 하지만 제 생각에, 그분께서는 현명하게도, 아버지의 훌륭한 아들을 기쁘게 해주기 위해 자비롭게 며칠 더 머무는 데 동의하시리라 믿습니다.

아버지의 초상화 작업은 이제 시작되었겠지요. 누나 것도 물론 마찬가지일 테고요. 어떻게 나올 것 같습니까? 베를라어에 있는 대사에게서 아직 답장을 받지 못하셨나요? 이름은 잊었습니다만, 푹스였던 것 같습니다.

두 대의 피아노를 위한 이중주곡 말입니다. 뭐든 명확히 해두는 것은 언제나 좋은 일이지요. 그리고 아마 그렇겠지만, 이솝 우화 아리아 악보들은 아직도 식탁 위에 놓여 있겠지요? 합승 마차 편으로 제게 보내주시면, 제가 직접 폰 둠호프 씨에게 전해드리겠습니다. 그가 우편료 없이 부쳐줄 겁니다. 누구에게냐고요? 헤크만에게지요. 참 매력적인 친구 아닙니까? 열렬한 음악 애호가이기도 하고요.

요전 날, 리젤 벤틀링[183]과 저녁을 먹고 르 그랑 씨와 칸나비히 댁으로 마차를 타고 갔습니다(눈이 많이 내리고 있었거든요). 창문 너머로 저희를 본 그 댁 식구들은 마차에 탄 사람이 아버지와 저인 줄 알았답니다. 카를과 아이들이 모두 저희를 맞으러 계단을 내려왔는데, 르 그랑 씨를 보고는 왜 아무 말 없이 당황해하는지 저는 이해할 수가 없었습니다. 위층으로 올라가서야 그 이유를 알았지요.

아버지께서 너무 드물게 편지를 쓰시니, 저는 이제 더는 아무것도 쓰지 않겠습니다. 딱 한 가지, 방금 잃어버린 칼을 찾으러 제 방에 기어들어 온 에크 씨가 트레젤, 핌펄, 융퍼 미처, 카테르 길로프스키, 누나, 그리고 마지막으로 아버지께 안부를 전한다는 것만 빼고요.[184] 저 대신 트레젤에게 입 맞춰주시고, 핌펄에게는 천 번의 뽀뽀를 보내주십시오.

---

[183] 엘리자베트 아우구스타 벤틀링(Elisabeth Augusta Wendling, 1746~1786)의 애칭. 당대 가장 유명한 오페라 가수 중 하나로, 모차르트는 「이도메네오, 크레타의 왕」의 엘렉트라 역을 그녀에게 맡겼다.

[184] 트레젤은 하녀 테레제 펭클, 핌펄은 애완견 핌페스, 융퍼 미처는 집주인 마리아 안나 라프를 가리킨다.

뮌헨
1780년 12월 16일

에서[185] 씨가 어제 처음으로 저를 찾아왔습니다.

그는 잘츠부르크에서 걸어 다녔습니까, 아니면 이곳에서처럼 늘 마차를 타고 다녔습니까? 잘츠부르크에서 번 그 푼돈이 그의 지갑에 오래 머물지는 못할 것 같군요. 일요일에 저희는 칸나비히 댁에서 같이 저녁을 먹기로 했는데, 거기서 그의 '영리하면서도 어리석은' 솔로 연주를 들려주겠지요. 그는 여기서 연주회를 열 생각도, 궁정에 얼굴을 비칠 생각도 없다고 합니다. 굳이 애쓰지는 않겠지만, 만약 선제후께서 듣고 싶어 하신다면 "뭐, 좋죠! 저야 여기 있습니다만. 불러주시면 영광이겠지요. 하지만 제가 먼저 나서지는 않겠습니다"라는 식입니다.

결국, 그는 훌륭한 바보… 아니, 젠장! 기사라고 해야겠군요. 그가 제게 왜 박차 기사단 훈장을 달지 않느냐고

---

185 카를 미하엘 폰 에서(Karl Michael von Esser, 1736/1737~1795). 기교로 명성이 높은 바이올린 연주자였다.

묻기에, 저는 머릿속에 있는 훈장 하나만으로도 벅차다고 답했습니다. 그는 친절하게도 제 코트의 먼지를 좀 털어주며 말하더군요. "기사끼리 서로 시중들 수 있는 법이지." 그런데 바로 그날 오후, 아마도 건망증 때문이겠지만, 그는 자신의 박차(눈에 보이는 외적인 것 말입니다)를 집에 두고 왔거나, 아니면 그 흔적조차 보이지 않도록 아주 잘 숨겼더군요.

혹시 또 잊어버릴까 봐 말씀드리지만, 칸나비히 부인과 따님 모두 이곳 공기와 물 때문에 목이 점점 붓는다고 불평합니다. 이러다 정말 갑상선종이 될까 걱정입니다. 하늘이시여, 부디! 두 분이 무슨 가루약을 먹고는 있는데, 그게 도통 효과가 없는 것 같습니다. 그래서 제가 나섰습니다. 저희 집안의 '갑상선종 특효약'을 추천하면서(약효를 더 그럴듯하게 보이려고) 제 누나가 한때 갑상선종을 세 개나 가지고 있었는데 이 약 덕분에 완전히 나았다고 허풍을 좀 떨었습니다! 만약 그 약을 여기서 만들 수 있다면, 부디 처방전을 보내주십시오. 하지만 잘츠부르크에서만 구할 수 있다면, 현금으로 사서 다음 합승 마차 편으로 몇 자루만 보내주시길 간청드립니다. 주소는 아시지요.

오늘 오후 백작의 방에서 1막과 2막의 리허설이 또

있습니다. 그 후에는 3막 실내 리허설만 하면, 바로 극장으로 가게 됩니다. 필사자 때문에 리허설이 연기되어 자인스하임 백작이 극도로 분노했습니다.

소위 대중의 취향은 걱정하지 마십시오. 제 오페라에는 목석 같은 사람들만 아니라면 누구나 즐길 수 있는 음악이 들어있으니까요. 아참, 대주교께서는 어떻게 지내시는지요? 다음 주 월요일이면 제가 잘츠부르크를 떠나온 지 6주가 됩니다. 사랑하는 아버지, 제가 오직 아버지를 기쁘게 해드리기 위해 그곳으로 돌아간다는 것을 아시잖습니까. 맹세컨대, 제 마음대로 했다면 이곳에 오기도 전에 마지막 임명장을 찢어버렸을 겁니다! 제 명예를 걸고 말씀드리지만, 잘츠부르크라는 도시 자체가 아니라, 그곳의 군주와 거만한 귀족들이 하루하루 저를 더 견딜 수 없게 만듭니다.

만약 제게 더는 봉사가 필요 없다고 하신다면 오히려 기쁠 겁니다. 이곳에서 얻은 든든한 후원이 있으니, 저의 현재와 미래는 안전할 테니까요. 물론 죽음이야 피할 수 없지만, 독신 남자에게 그게 큰 불행은 아니지요. 하지만 아버지의 기쁨을 위해서라면 세상의 그 어떤 일이라도 하겠습니다. 가끔씩 숨을 돌리러 잠시나마 잘츠부르크를 떠날 수만 있다면 덜 힘들 텐데요. 이번에 떠나오는 것이 얼마나 어려웠는지 아시잖습니까. 그리고 아주 시급한 일이 아니고서는, 다시 떠날 희망은 거의 없을 겁니다. 그 생각만 하면 눈물이 날 지경이라, 더는 말하지 않겠습니다.

안녕히! 부디 곧 뮌헨으로 오셔서 저를 보고 제 오페라도 들어주십시오. 그리고 그때 제가 잘츠부르크를 생각하며 슬퍼하는 것이 과연 부당한 일인지 말씀해주십시오. 안녕히!

뮌헨
1781년 1월 3일

너무나 사랑하는 아버지께!

제 머리와 손이 온통 3막에 쏠려 있어서, 제가 3막 그 자체가 되어버린다 해도 놀랍지 않을 겁니다. 3막 하나에 오페라 전체보다 더 많은 공을 들이고 있으니까요. 정말 흥미롭지 않은 장면이 거의 없습니다. 신탁이 울려 퍼지는 장면의 지하 음악은 오직 다섯 대의 악기—트롬본 세 대와 프렌치 호른 두 대로만 반주되는데, 이 악기들은 신탁의 목소리가 나오는 곳에 함께 배치됩니다. 이 부분에서 무대 아래의 오케스트라 전체는 침묵하지요.

총리허설은 20일, 첫 공연은 22일이 될 것이 확실합니다. 두 분 모두 검은 옷 한 벌과, 격식 없는 친구들을 만날 때 입으실 평상복 한 벌만 있으면 됩니다. 검은 옷을 아껴 입을 수 있도록요. 누나가 원한다면, 무도회에 갈 만한 예쁜 드레스 한 벌도 챙겨오면 좋겠지요.

폰 로비니히 씨는 이미 이곳에 와 있고, 아버지께 안부를 전합니다. 바리자니 가문 두 분도 뮌헨에 온다고 들었는데, 사실입니까? 대주교의 손가락 상처가 별일 아니라니 정말 다행입니다! 처음 소식을 듣고 얼마나 놀랐는지 모릅니다. 칸나비히가 아버지의 재치 있는 편지에 무척 고마워하며, 온 가족이 안부를 전합니다. 정말 유머러스하게 쓰셨다고 제게 말하더군요. 편지 쓰실 때 기분이 좋으셨나 봅니다.

무대 리허설을 하면서 3막은 분명 많은 수정이 필요할 겁니다. 예를 들어 6장에서 아르바체의 아리아가 끝난 뒤, 지문에는 '이도메네오, 아르바체 등 등장'이라고 되어 있습니다.[186] 방금 퇴장한 아르바체가 어떻게 그렇게 금방 무대에 다시 나타날 수 있겠습니까? 다행히 그는 아예 안 나와도 괜찮습니다. 이 장면을 말이 되게 만들기 위해, 저는 대사제 레치타티보에 꽤 긴 전주를 썼습니다. 비탄의 합창이 끝나고 왕과 백성들이 모두 퇴장하면, 다음 지문은 '이도메네오가 신전에서 무릎을 꿇는다'입니다. 이것은 불가능합니다. 그는 모든 수행원을 거느리고 등장해야 합니다. 따라서 여기에 반드시 행진곡이 들어가야 합니다. 그래서 저는 바이올린, 비올라, 베이스, 오보에 두 대를 위한 아주 단순한 곡을 썼는데, 메차 보체[187]로 연주될 겁니다. 이 음악이 흐르는 동안 왕이 등장하고 사제들이 제물을 준비합니다. 그런 다음 왕이 무릎을 꿇고 기도를 시작하는 것이지요.

엘렉트라의 레치타티보에서 신탁의 목소리가 들린 뒤에는, 모두가 퇴장하라는 지시가 있어야 합니다. 인쇄

---

186 모두 오페라의 등장인물들이다. 이도메네오는 크레타의 왕이자 오페라의 주인공이며, 아르바체는 그의 충실한 심복이다. 대사제는 포세이돈 신전의 최고 사제다. 모차르트는 이들의 등장과 퇴장이 극적으로 자연스럽게 보이도록 대본의 지시 사항(지문)을 직접 수정하고 있다.
187 메차 보체(mezza voce). '절반의 목소리로'라는 뜻의 이탈리아어 음악 용어. 소리를 완전히 줄이는 것이 아니라, 음량을 반 정도로 줄여 부드럽고 억제된 톤으로 연주하라는 지시다.

된 대본에 그 지시가 있는지 확인하는 것을 깜빡했네요. 단지 엘렉트라를 무대에 혼자 남겨두기 위해 모두가 허둥지둥 퇴장하는 것은 아주 어리석어 보입니다.

방금 1월 1일자 아버지의 짧은 편지를 받았습니다. 편지를 펼쳤을 때 우연히 빈 공간만 눈에 들어오게 잡는 바람에, 글씨를 찾느라 애먹었습니다. 라프 씨를 위한 아리아를 구하게 되어 정말 기쁩니다. 그가 자기가 찾아온 아리아를 부르겠다고 버티고 있었거든요. 이 문제를 해결할 유일한 방법은(라프 씨를 상대할 때는 늘 그렇지만) 대본에는 바레스코의 아리아를 그대로 인쇄하고, 실제 무대에서는 라프 씨가 고집하는 아리아를 부르게 하는 것뿐이었습니다.

이제 그만 써야겠습니다. 너무 많은 시간을 뺏길 수는 없으니까요. 누나의 새해 인사는 정말 고맙습니다. 저도 진심으로 새해 복을 빌어줍니다. 우리 곧 함께 즐거운 시간을 보내게 되기를! 안녕히! 친구들에게 안부를 전해주시고, 루셔를레[188]에게도 잊지 말고 전해주십시오. 젊은 에크[189]가 그녀에게 키스를 보낸답니다. 물론 달콤한 키스겠지요.

뮌헨

1781년 1월 10일

> **가장 큰 소식부터 전해드리자면,**
> **오페라가 일주일 연기되었습니다.**

총리허설은 27일—바로 제 생일입니다—에야 열릴 것이고, 초연은 29일이 될 겁니다. 왜냐고요? 아마 제아우 백작이 200굴덴을 아끼려는 속셈이겠지요. 저는 오히려 정말 기쁩니다. 이제 더 자주, 그리고 더 신중하게 리허설을 할 수 있게 되었으니까요.

제가 이 소식을 전했을 때 로비니히 가족의 얼굴 표정을 보셨어야 합니다. 루이제[190]와 지그문트는 더 머물

188　모차르트가 그의 소꿉친구. *카타리나 길로프스키(Katharina Gilowsky)를 부르던 또 다른 애칭.
189　만하임 오케스트라의 천재 바이올리니스트였던 요한 프리드리히 에크(Johann Friedrich Eck, 1766~c.1810)를 의미한다. 모차르트의 친구 중 하나였다.
190　마리아 알로이지아 빅토리아(Maria Aloisia Viktoria, 1757~1786). 모차르트의 친구. 루이제는 애칭이다.

게 되어 기뻐했지만, 리제, 그 심술궂은 아이는 어찌나 악의에 찬 잘츠부르크식 험담을 늘어놓던지 정말이지 저를 미치게 하더군요. 그래도 그들이 계속 머물렀으면 좋겠습니다. 루이제를 위해서라도요.

제아우 백작과는 다른 자질구레한 언쟁 외에도, 트롬본 문제로 한바탕 날카로운 논쟁을 벌였습니다. 제가 '날카로운'이라고 표현하는 이유는, 정말 무례하게 굴지 않고서는 제 뜻을 관철시킬 수 없었기 때문입니다. 다음 주 토요일에는 3막 전체를 개인적으로 리허설할 예정입니다.

8일자 아버지의 편지는 큰 기쁨으로 읽었습니다. 보내주신 익살극도 아주 마음에 듭니다. 이번에 답장을 길게 쓰지 못하는 점을 용서해주십시오. 첫째는 보시다시피 펜과 잉크 상태가 나쁘고, 둘째는 마지막 발레에 들어갈 아리아 두어 곡을 더 써야 해서요.

부디 지난번처럼 서너 줄짜리 편지는 더는 보내지 않으셨으면 합니다.

뮌헨
1781년 1월 18일

짧은 편지를 용서하십시오.

지금이 바로 오전 10시인데, 곧장 리허설에 가야 합니다. 오늘 처음으로 극장에서 레치타티보 리허설이 있거든요. 그 빌어먹을 발레 음악에 계속 매달려 있느라 이제야 편지를 씁니다. 하느님 감사합니다, 드디어 그 일을 해치웠습니다. 물론 가장 급한 것들만요.

3막 리허설은 훌륭하게 끝났습니다. 다들 2막보다 훨씬 뛰어나다고 하더군요. 하지만 대본이 너무 길고, 당연히 음악도 너무 깁니다(제가 늘 그럴 거라고 말씀드렸지요). 이 때문에 이다만테의 아리아 "No, la morte io non pavento"는 빼기로 했습니다. 사실 그 아리아는 늘 그 자리에 어울리지 않았습니다. 음악을 들어본 사람들은 모두 아쉬워하지만요. 라프 씨의 마지막 아리아는 더더욱 아쉽습니다. 하지만 아쉬워도 어쩔 수 없지요. 신탁 장면도 여전히 너무 길어서 제가 줄였습니다. 하지만 바레스코 신부에게는 이 사실을 알릴 필요가 없습니다. 대본은 그가 쓴 그대로 인쇄될 테니까요.

로비니히 부인께서 그와 샤흐트너[191]를 위한 대본료를 가져오실 겁니다. 게슈벤더 씨는 돈 받기를 거절했고요. 그러니 제 이름으로 바레스코에게 이렇게 전해주십시오. 그는 제아우 백작에게서 계약금 외에는 단 한 푼도 더 받지 못할 거라고요. 모든 수정은 백작이 아니라 저를 위해 한 것이고, 그 수정 덕분에 자신의 평판을 지킬 수 있었으니 오히려 제게 고마워해야 할 겁니다. 아직도 수정할 부분이 꽤 많습니다. 그리고 장담컨대, 그는 저만큼 자신에게 맞춰주는 작곡가는 다시 만나지 못할 겁니다. 제가 그를 변호해주려고 얼마나 애썼는지 모릅니다.

난로는 비싸서 안 되겠습니다. 골방 옆에 침대 하나 더 놓고, 어떻게든 지내야지요. 제 작은 시계 가져오는 것 잊지 마십시오. 아마 아우크스부르크로 잠시 여행을 갈 텐데, 거기서 그걸 수리할 수 있을 겁니다. 샤흐트너의 오페레타도 가져와 주십시오. 칸나비히 댁에 자주 오는 손님들은, 다들 그런 작품을 듣고 싶어 할 겁니다. 이제 리허설에 가야 합니다. 안녕히!

---

[191] 요한 안드레아스 샤흐트너(Johann Andreas Schachtner, 1731~1795). 잘츠부르크 궁정의 트럼펫 연주자이자 극작가.

*

편지를 받은 레오폴트와 난네를은 뮌헨에 도착했고, 「이도메네오, 크레타의 왕」은 대성공을 거둔다. 아들의 재능을 의심한 적 없었던 아버지 레오폴트였지만, 모차르트가 뮌헨의 최고 가수들과 오케스트라를 지휘하며 만들어낸 장엄한 음악은 그의 예상을 뛰어넘는 것이었다.

이 성공에 히에로니무스 폰 콜로레도 대주교는 모차르트에게 빈으로 오라는 명령을 내린다. 자신의 위세를 과시하기 위해 모차르트를 전리품처럼 데려가려고 한 것이다. 하지만 1781년 5월, 모차르트는 빈에서 대주교와 갈등을 겪은 뒤 사표를 제출했다. 대주교는 이런 사항은 아버지와 논의하고 벌이는 게 자식의 도리라며 사표 수리를 거부했지만, 모차르트는 아버지에 대한 도리를 알아서 할 테니 신경 쓰지 말라고 대꾸했고, 이에 말 그대로 '엉덩이를 발로 차이는 모욕'을 당하며 해고된다. 모차르트는 아버지의 간절한 만류를 뿌리치고, 잘츠부르크로 돌아가는 대신 빈에 남아 자유롭게 살아가겠다고 선언한다. 아들은 마침내 아버지가 원했던 위대한 예술가가 되었고, 바로 그 때문에 아버지를 떠나가야만 했다. 이렇게 '아들' 볼프강의 시대가 끝나고 위대한 거장, 모차르트의 시대가 시작된다.

모차르트의 고백
천재의 가장 사적인 편지들

초판 1쇄 인쇄 2025년 10월 17일
초판 1쇄 발행 2025년 10월 27일

지은이 볼프강 아마데우스 모차르트

펴낸이 이준경
옮긴이 지콜론북 편집부
책임 편집 이주형
책임 디자인 정미정
펴낸곳 (주)영진미디어

출판등록 2011년 1월 6일 제406-2011-000003호
주소 경기도 파주시 문발로 242, 영진미디어 3층
전화 031-955-4955
팩스 031-955-4959
홈페이지 www.gcolon.co.kr
인스타그램 @g_colonbook

ISBN 979-11-91059-71-7 (03800)
값 18,500원

이 책은 저작권법에 의해 보호를 받는 저작물이므로 무단 전재와 복제를 금합니다.
또한 이미지의 저작권은 작가에게 있음을 알려드립니다.
The copyright for every artwork contained in this publication belongs to artist. All rights reserved.

잘못된 책은 구입한 곳에서 교환해 드립니다.
지콜론북은 예술과 문화, 일상의 소통을 꿈꾸는 ㈜영진미디어의 출판 브랜드입니다.